제 3 판

INTRO 조사연구방법론

김 석 용

탑북스

머 리 말

21세기의 사회문제는 과거 어느 시대보다도 급변하고 미래를 예측할 수 없을 정도로 복잡하고 다양하게 연결되어 있다. 특히 사회과학의 경우 사회와 환경 사이에서 나타나는 여러 가지 문제들을 정책이라는 수단을 통해 좀 더 구체적이면서 과학적으로 규명하는 문제해결 능력이 요구된다. 이러한 문제를 과학적으로 접근하는 관점에는 여러 가지 유형이 있을 수 있고 그 중심에 있는 것이 방법론이다.

이처럼 방법론이란 사회문제 해결에 있어 인간의 지적활동의 기반이 되는 주요 핵심적 주제이다. 그런 만큼 이를 둘러싼 인간들 간의 끊임없는 견해차이로 날카롭게 대두되는 이유이기도 하다.

인간이 당면한 사회문제를 해결하는데 가장 합리적인 해결책은 과학적 방법일 것이다. 이러한 과학적 방법을 통해 사회현상을 보다 객관적으로 규명할 수 있다면 합리적인 해결책 내지는 정책이 나올 수 있을 것이다. 이러한 과학적 방법을 통해 사회현상에서 나타나는 문제들이 왜 일어나는지를 규명할 수 있고, 이런 문제들이 향후 어떻게 나아가는지를 진단하고 보다 바람직한 사회문제 해결을 위한 통제를 통해 합리적인 문제 해결책을 예측함으로써 사회문제들이 바람직하게 해결될 수 있는 계기가 될 수 있을 것이다.

이 책은 저자가 조사연구방법론을 학부와 대학원에서 강의해 온 부문들을 정리하였던 내용이며, 저자의 철학이 담겨있는 독창적인 내용이라기보다는 여러 선배 교수님들과 동료 분들이 제시한 자료들을 정리한 것으로 일부분은 거의 인용된 부문도 있다. 이로 인하여 부족한 이 책의 미비점과 부족한 점은 저자의 부득한 소지인 것으로 앞으로 충고와 조언을 지속적으로 받고자 한다.

본 재개정판을 통해 전편에서 부족한 부분들을 보충 보완할 수 있도록 기회를 주신 부산대학교의 김호정 교수님과 부경대학교의 이성봉 교수님께 감사 말씀 올립니다. 마지막으로 본서를 기꺼이 허락해 주신 탑북스의 김광식 대표님과 편집과 출판 과정에 많은 도움을 주신 이신정 주간님께 감사드립니다.

2018. 1월
저자 씀

차 례

제 I 편 과학의 세계

제1장 과학적 방법의 특징

제2장 과학적 연구 논리

제Ⅱ편 실험설계 연구

제3장 비 실험적 방법

제Ⅲ편 조사설계

제1장 과학적 조사 절차

제2장 조사의 기본요소

제3장 측정의 신뢰도와 타당도

제4장 측정의 오차

제5장 표본추출 방법

제Ⅳ편 자료수집방법

제1장 자료수집의 방법

제2장 설문지법

제3장 관찰법

제4장 면접법

부 록

제 I 편 과학의 세계

제 1 장 과학적 방법의 특징

제 1 절 과학의 의미와 목적

과학(science)이란 이제까지 아무도 증명하지 못한 사실을 모든 사람들이 인정하고 이를 활용할 수 있는 지식으로 승화시키는 객관적인 접근방식이다. 따라서 과학은 사회현상들에 대한 '지식'을 탐구하는 것이다.

자연과학(natural science)의 분야는 생리학, 천문학, 화학, 물리학, 의학 등 다양하다. 자연(natural)이란 '자연에 관계된', '자연에 의해서 결정된', 혹은 '인공적이 아닌' 이란 의미를 갖는다. 따라서 자연과학은 인공적이지 않은 자연 그대로를 연구하는 학문이다. 반면에 사회과학(social science)은 인간사회와 관련된 학문 분야를 연구하는 학문이다. 사회학, 인류학, 심리학, 경제학, 정치학, 교육학 등 다양한 분야들이 포함되며, 인간의 삶에서 빚어지는 희로애락을 연구하는 학문을 의미한다. 즉, 인간의 삶 자체를 연구하는 학문이 바로 사회과학이다. 이처럼 사회과학은 사회현상에 대한 지식을 객관적으로 탐구하는 학문이다. 사회현과 자연현상의 차이점은 무엇일까?

❶ 사회현상은 자연현상과 달리 어떤 관점에서 보는지에 따라 동일한 형상이라도 달리 보인다. 그러다보니 인간행위의 본질을 파악하는데 한계가 있다.

❷ 1인간을 대상으로 하는 연구과정에서 윤리적 및 도덕적 문제가 발생할 수 있다.

❸ 사람이 사람을 연구하는 과정에서 개인의 가치를 배제한 엄밀한 객관성을 유지하는 것은 어렵다.

❹ 인간행위로 나타나는 사회현상은 다양하며 일반화하기가 어렵다.

요컨대, 사회과학은 인간이 만들어내는 삶에 관한 것들이며, 사람들이 가지고 있는 태도, 신념, 가치관, 행동 등이 사회과학 연구의 관심대상이 되며, 이러한 관심대상들 안에서 서로 공통적인 규칙성을 찾는 것이다.

제 2 절 과학적 연구

1. 정의

과학은 모든 지식에 대하여 과학적 연구(scientific research)를 전제로 하고 있다. 과학적 연구란 현상들 관계에 대하여 기존에 입증된 이론을 바탕으로 가설을 세우고 이를 체계적으로 입증하려는 통제된 상태에서 진행되는 경험적 연구를 말한다.

따라서 모든 주관적인 신념이나 가치는 객관적인 사실에 비추어 철저히 검증되어야만 과학이 될 수 있다.

2. 특징

일반적으로 과학적 연구는 다음과 같은 특성을 가지고 있다.

❶ 논리적(logical)이다. 과학적 연구는 논리적 이론을 근거로 해서 전개 과정에서 오류나 비약이 없어야 한다. 논리적이란 두 개의 배타적인 상태가 동시에 일어날 수 없거나 현상 등이 서로 앞뒤 이치에 맞아야 한다는 것 등을 의미한다. 예를 들어, 하나의 동전을 한 번 던질 때 동전의 앞과 뒤

가 동시에 나올 수 없다는 것이나 불을 지피지도 않았는데 연기가 먼저 날 수 없음을 말하는 것과 같다.

❷ 확률적 결정론(deterministic)을 전제로 한다. 이것은 모든 현상은 혼자서 스스로 발생하는 것이 아니라 어떠한 원인이 있기 때문에 발생하는 것이며, 그 원인이 논리적으로 확인되어야 함을 전제로 한다. 예를 들어, 대통령 선거에서 유권자의 투표행위에 어떠한 요인(연령, 학력, 직종)이 영향을 미쳤는지를 밝혀 낼 수 있다. 이와 같이 과학적 연구의 결정론적 특징은 하나의 현상이 발생한 데에는 그에 상응하는 원인이 있기 때문이라고 단정하는 것이다.

❸ 일반화(generalization)를 목적으로 한다. 과학적 연구는 하나의 특정한 사건이나 현상만을 설명하는 것을 목적으로 하지 않고, 유사한 대부분의 사건이나 현상에 포괄적으로 적용하여 설명할 수 있는 일반적인 논리나 이에 대한 이해의 추구를 목적으로 한다.

따라서 소크라테스나 홍길동 등과 같은 특정 '개개인'이 죽는다는 사실을 설명하기보다 "모든 사람은 죽는다."라는 원인과 결과 간의 관계를 파악하여 이를 일반화한다.

❹ 간결(parsimonious)해야 한다. 과학적 연구는 최소한의 원인(정보)로 최대한의 결과를 설명할 수 있어야 한다.

일반적으로 필요한 정보의 양과 설명력 사이에는 트레이드오프(trade-off) 관계가 있다. 즉, 많은 설명력을 원하면 그만큼 정확하고 많은 정보가 필요하지만, 얻고자 하는 정보의 양이 증가함에 따라 획득과정에서 발생하는 오차 또한 증가하게 된다. 연구자는 연구결과로 얻고자 하는 설명력과 이에 필요한 정보량 사이의 관계를 정확하게 판단하여 적합한 수준으로 연구를 설계하고 수행해야 한다.

❺ 경험적인 검증이 가능해야 한다. 과학적 연구에 의하여 형성된 지식 그 산출과정이 명확해서 다른 연구자가 같은 방법을 사용해서 이를 다시 입증할 수 있어야 한다. 또한 자신이 이를 반복하여 동일한 방법으로 연구를 수행하는 경우에도 동일한 결론이 도출될 수 있어야 한다.

❻ 상호주관성(inter-subjectivity)이 있어야 한다. 상호주관성이란 비록 연구자들이 주관을 달리할지라도 같은 방법을 사용했을 때는 같은 결과에 도달해야 한다는 것이다. 즉, 연구자마다 서로 다른 주관적인 판단과 지식을 바탕으로 연구를 계획하고 수행해도 그 결과만은 모두 같게 나올 수 있어야 한다는 것을 의미한다.

예를 들어, 대통령 선거에서 당선될 후보자를 예측하는 조사를 동시에 수행할 때 SBS와 KBS 그리고 MBC의 조사 결과가 서로 다르게 나올 수 있는 것은 조사 연구를 설계하고 수행한 연구자의 서로 다른 주관적인 판단이 어느 정도 작용하였기 때문이라고 설명할 수 있다.

❼ 수정가능(open to modification)해야 한다. 과학적 연구 결과로 입증된 이론이나 사실을 검증하다 보면 현상을 둘러싼 변수들이나 이들을 측정한 값들이 크게 변해서 기존의 이론이 맞지 않는 경우가 있다. 이러한 경우에는 기존의 이론이나 사실을 수정할 필요가 있다. 따라서 과학적 연구는 항상 수정을 전제로 하고 또한 수정이 가능해야 한다. 즉, 영원한 진리는 존재하지 않는다. 현재에 진리라고 믿는 이론도 후세에는 얼마든지 바뀔 수 있다. 따라서 과학적 연구는 항상 만고불변의 진리만을 탐구하는 과정이 아니다.

❽ 객관성(objective)을 지녀야 한다. 객관성이란 서로 주관적 동기가 다르더라도 표준화된 도구나 절차가 같으면 같은 결론을 도출할 수 있어야 한다. 즉 다른 사람이 보더라도 동일하게 인식할 수 있어야 한다.

3. 장애 요소

위에서 살펴본 과학적 연구는 다음과 같은 제약을 받게 된다.

1) 부정확한 관찰

지식 탐구 과정의 핵심은 관찰이다. 그런데 대체로 우리는 일상생활에서 일어나는 수많은 사건들은 거의 부주의하게 관찰하는 경향이 있다. 이는 인간 감각기관의 불완전성이나 관찰 대상 자체의 추상성으로 인해 부정확한 관찰이 이루어질 수도 있다는 것을 의미한다.

예를 들어, 지난번에 찾아갔던 식당의 위치를 잘못 기억하거나, 한 두 번 만난 사람의 신체적 특징을 착각하는 경우가 종종 있다. 범죄 사건의 용의자 몽타주를 작성할 때 흔히 우리는 목격자들의 부정확한 관찰로 인해 잘못된 몽타주를 배포하는 경우도 있다.

2) 지나친 일반화

일반화란 소수의 사실들을 다수에게 지나치게 확대 적용하는 것을 말한다. 예들 들면, 경상도 사람에게 사기를 당한 경험으로 경상도 사람들은 일반적으로 정직하지 않다는 결론을 내리는 것은 지나친 일반화이다. 짧은 스포츠형 머리에 검은색 양복을 입은 젊고 신체 건강한 남자를 보면 조직폭력배를 떠올리는 것 역시 지나친 일반화가 될 수 있다.

3) 선택적(선별적) 관찰

지나친 일반화는 종종 선택적 관찰로 이어질 위험이 있다. 선택적 관찰이란 일단 관찰을 통해 어떤 결론을 내리고 나면 그러한 결론과 일치하는 사건에만 관심을 기울이고 일치하지 않는 것에는 주의를 기울이지 않는 경향을 말한다.

예를 들면, 경상도 사람에게 사기를 당해 본 경험이 있는 사람은 그 이후로 경상도 사람들의 정직한 행동을 무시하는 경향이 있다.

4) 비논리적인 추론

비논리적인 추론이란 서로 무관한 독립적 사건 A와 B를 “A이어서 B하다”라는 방식으로 서로 연관시켜 추론하는 오류를 말한다.

예를 들면, 도박판에서 몇 회를 연달아 잃은 사람이 다음 판에는 이길 확률이 높아졌다고 믿는 오류나 구석자리에 앉은 사람이 계속해서 돈을 따면 그 자리에 대한 신념을 가지는 경우 등이다.

제 2 장 과학적 연구 논리

제 1 절 연구의 의미

연구(research) 또는 탐구(inquiry)란 학문적인 것이든 실제적인 것이든 의문점이나 문제(problem)에 대한 해답을 얻는 과정 및 절차를 의미한다. 연구는 특정문제에 대해 의문을 갖는 데에서 출발하여 그 문제에 대하여 잠정적인 해답을 제시한 후 그 해답의 진위를 검증하는 과정이다. 그러한 연구과정의 산물이 바로 연구보고서나 학술논문 등으로 발표되는 것이다.

학술적 연구의 경우 연구자가 무엇을 알고 싶어서 하나의 주제에 대하여 철저히 탐구한다면, 그 사람은 학술적 연구를 한다고 말할 수 있다.

제 2 절 연구방법의 유형

Kerlinger(1973)는 철학자인 Charles Peirce가 제안한 지식(knowing)의 네 가지 방식인 관습적 방법(method of tenacity), 권위의 방법(method of authority), 선험적 방법(a priori method) 그리고 과학적 방법(method of science)을 인용하면서 네 가지 문제해결 접근방식을 설명하고 있다.

1. 관습에 의한 방법(method of tenacity)

관습에 의한 방법이란 사회적으로 이미 형성되어 있는 선례, 관습, 습관들을 비판없이 그대로 수용하여 자신의 지식으로 형성하는 방법을 말한다. 즉, 어떤 문제 상황에 봉착했을 때 그 해결책을 사회적(전통적) 관습을 통해 의심 없이 그대로 수용하는 방법을 말한다.

예를 들면 "과학은 항상 유익한 것이다.", "결혼식 날 비나 눈이 오면 잘 살게 된다.", "노인들이 허리가 아프다고 하면 비가 온다.", "까치가 울면 손님이 온다." 등과 같은 말을 수 없이 반복해서 들어오면서 우리 마음속에 자리 잡게 된 신념(belief)을 말한다.

이렇게 일단 형성된 신념화된 이러한 말들에 대해 우리는 그 진위 여부를 따져 보지도 않고 그대로 사실인 것처럼 믿게 되는 경향이 있다. 무슨 말이든지, 아무리 공허한 말이라도 여러 번 반복적으로 듣게 되면 하나의 습관적인 신념으로 마음속에 자리 잡게 되고 우리는 아무런 비판도 없이 그 말을 지식으로 받아들이게 된다는 것이다. 또한 TV 광고의 메시지나 정치 캠페인을 통해 반복적으로 듣게 되는 슬로건은 알게 모르게 우리의 의식 속에 하나의 지식(신념)으로 자리 잡게 된다. 문제점은 다음과 같다.

❶ 어쩌면 우리가 '사실'이라고 믿고 있는 그 말이 얼마나 정확한지 한번도 검증되지 않은 아무런 타당성이 없는 공허한 것일 수 있다는 것이다. 즉, 우리에게 친숙하거나 다른 많은 사람들에 의해 널리 받아 들여지고 있다는 이유만으로 그것을 믿게 되는 경향이 있다.

❷ 우리 인간은 자신의 신념과 상반되는 정보가 주어지면 그 정보에 의해 자신의 신념을 수정하기보다 오히려 새로운 정보를 무시해 버리는 경향이 강하기 때문에, 많은 사람들에게 습관적 신념으로 자리잡게 되면 그것이 틀렸다고 할지라도 고치기가 매우 어렵다는 점이다.

2. 권위의 방법(method of authority)

권위적 방법이란 자신의 주장 타당성과 설득력을 높이기 위해 사회적 및 정치적으로 자격을 인정받은 사람들의 권위에 의존하여 문제를 해결하고 지식을 얻는 방법을 말한다. 우리는 권위 있는 사람의 생각이나 말을 그대로 받아들이는 경향이 있다. 특히 우리가 모르는 분야일 경우, 그 분야의 권위 있는 사람의 말을 더 잘 믿게 되고 실제 그렇게 하는 것이 유익할 경우가 많다.

오늘날도 권위 있는 의사, 심리학자, 과학자, 주식전문가들과 상담할 경우, 권위자의 판단을 그대로 믿는 경우가 흔히 있다. 예를 들면 부족사회의 부족장, 봉건사회의 군주 및 종교적 문제에 관한 교황의 절대적 권위 및 성경에서 말하는 "믿음과 사랑 및 소망 중에 그 중에서 제일은 사랑이라"는 구절 등이 있다.

문제점으로 권위자 역시 인간이기 때문에 권위자의 판단이나 생각이 항상 정확한 것은 아니다. 즉, 권위자의 주장이 자신의 개인적 견해인지, 전통에 의존해서 주장하는 것인지 또는 직접적인 경험에 근거한 주장인지를 따져 볼 필요가 있으며 주장의 근거로 제시된 정보가 얼마나 타당한 것인지를 검토해 보아야 한다.

3. 선험적(직관적) 방법(a priori method)

선험적(a priori) 방법이란 경험이나 사실을 통해 자료를 수집하지 않고도 논리적 추론적 과정을 통해 알 수 있는 경우를 말한다. 즉, 통찰력에 의해 자명한 진리로 비추어 얻는 지식을 말한다.

예를 들면 "원인 없는 결과는 없다.", "모든 사람은 죽는다." 등과 같은 명제는 우리 모두가 의심 없이 받아들이고 있는 것이다. 하지만 "지구는 평평하다."와 같은 명제도 갈릴레오에 의해 거짓으로 밝혀지기 전까지는 역시 우리 모두가 자명한 것으로 받아들였던 명제였다. 이처럼 직관에 의한 방법으로 받아들여진 명제라 하더라도 항상 자명성(self-evidence)을 지니고 있는 것이 아님을 알 수 있다.

Kerlinger(1973)가 지적한 바와 같이, 선험적 방법으로 받아들여진 명제에 대해서는 항상 의심을 가지고 시험해 보아야 한다고 한다.

4. 과학적 방법(method of science)

사회과학이 과학인 것은 지식을 얻기 위해 사용하는 연구방법이 과학적이기 때문이다. 과학적 방법이란 이론을 근거로 가설을 도출하고 이를 관찰하여 일반화의 반복적 과정을 통해 받아들이는 방법을 말한다.

✔ 과학적 연구의 기본 가정

(1) 자연에는 질서와 규칙성이 있고 이를 이해할 수 있다.

과학에서 말하는 자연은 우리가 관찰할 수 있는 대상이나 현상을 의미한다. 따라서 이러한 현상에는 질서와 규칙성을 갖고 있다는 것이다. 어떤 사건도 우연히 일어나는 것이 아니며, 급격히 변하는 환경에도 그 속에는 일정한 질서와 규칙성이 있다는 것이다. 따라서 인간은 일정한 질서와 규칙성을 갖고 있는 모든 현상을 이해할 수 있다고 가정한다. 예를 들면 경기순환론에서 불황과 호황의 사이클이 규칙적으로 순환하는 것도 한 실례로 볼 수 있다.

(2) 모든 사건에는 원인이 있다.

사회현상에는 사건의 원인을 찾아 규칙성을 파악하고 이를 인과관계의 증거로 활용한다. 우리 주위에서 일어나는 사건이나 현상들은 그저 우연히 일어난 것이 아니라 원인이 있다는 것이다. 이러한 입장을 확률적 결정론적 관점이라고 한다. 이러한 관점은 사회과학의 연구대상이 되는 개인이나 사회의 어떤 사건이나 현상들은 그 사건이나 현상이 일어날 만한 조건이 갖추어졌기 때문에 일어난 것으로 본다.

(3) 자명한 지식은 없다.

자명한 지식이 없다는 것은 어떤 지식을 주장하기 위해서는 이를 객관적으로 증명할 수 있어야 한다는 것을 말한다. 전통이나 관습, 권위 등에 의한 지식이라고 할지라도 과학적으로 검증되어야 한다. 또한 과학적 지식도 틀릴 가능성이 있으므로 객관적인 증명이 필요하다.

(4) 진리는 상대적이다(사회과학)

절대적인 진리는 존재하지 않는다. 상당히 안정적인 지식체계라고 하더라도 지식이 증명되어야 한다. 따라서 기존 지식에 대한 재평가, 재해석이 필요하고, 이러한 과정에서 새로운 지식이 나올 수 있도록 자기수정(self-correction)이 이루어져야 한다.

(5) 경험과 관찰이 지식의 원천이다.

경험과 관찰이 지식의 원천이라는 가정은 어떤 현상에 대한 지식이나 이론들의 타당성이 경험이나 관찰에 의해 입증되어야 한다는 것을 말한다. 물론 이때의 경험이나 관찰은 일상적인 것이 아니라 과학적 이론에 입각한 과정과 절차를 따른 것이다.

제3장 과학적 추론과정의 논리체계

과학이 논리적 근거를 마련하기 위하여 이론을 전개해 가는 과정을 과학적 연구추론과정의 논리체계라 한다. 이론의 형성에 사용되는 대표적인 과학적 연구추론과정의 논리체계로는 연역적 방법과 귀납적 방법의 두 가지 종류가 있다.

연역적 방법은 일반적인 경험이나 사실에서부터 시작하여 특수한 사실을 도출해 내는 방법이다. 즉, “해는 동쪽에서 뜬다.”고 하는 언명을 먼저 제시하고 난 뒤에 관찰을 통해 이 언명을 입증하는 방법을 말한다. 전형적인 과학적 논리체계 방법이라 불리기도 하는 이러한 연역적 방법은 주로 실증주의적 입장에서 이론을 검정하는 방법으로 사용된다.

반면에 귀납적 방법은 연역적 방법과는 정반대로 전개되어, 특수한 경험이나 사건들로부터 이들에게 공통적으로 적용되는 일반적인 원리를 찾아내는 방법이다. 즉, 해가 동쪽에서 뜨는 현상을 여러 차례의 관찰을 통해 확인하고서는 “해는 동쪽에서 뜬다.”라고 주장하는 방법을 말한다. 일명 삼단논법으로 불리기도 하는 이러한 귀납적 방법은 실증주의적 입장에 반대하는 과학적 방법론을 주창하는 학파들에 의하여 주로 사용되었다. 예를 들어, 중세 기독교인들의 ‘천지창조설’에 대항하여 다윈은 ‘진화론’을 주장하였다. 다윈은 화석과 같은 과학적 증거물을 바탕으로 하여 그의 이론을 과학적 이론으로 승화하려 노력하였다. 따라서 ‘천지창조설’이 연역적 방법을 이용하여 도출한 이론임에 반해, ‘진화론’은 귀납적 방법에 바탕을 둔 이론으로 볼 수 있다.

이처럼 논리체계는 과학적으로 이론을 전개하는 과정에서 논리와 경험이 어떻게 결합되는가에 따라 연역적 방법과 귀납적 방법으로 구분된다.

1. 연역적 방법

연역적 방법(deductive logic)은 일반적인 사실로부터 특수한 사실들을 이끌어 내는 방법이다. 즉, 일정한 이론적 전제를 수립해놓고 그에 따라 구체적, 경험적 근거를 수집하고 검정함으로써 다시 이론적 결론을 도출하는 논리적 전개 과정을 말한다. 따라서 연역적 방법을 보편성에서 특수성을 도출하는 것으로 볼 수 있다.

이러한 연역적 방법은 실증주의적(positivism) 입장에서 이론을 개발하는 경우에 주로 사용되는 전통적인 과학적 방법이다. 삼단논법과 양적조사는 연역적 방법의 대표적인 예이다. 따라서 기존의 이론을 토대로 변수 간 관계를 논리적으로 추론하여 가설을 설정하고, 이 가설이 현실에서도 검증될 수 있는지를 관찰하여 확인하는 절차를 취한다. 가설검증을 위한 자료를 수집할 때는 설문지 조사, 실험 등의 방법을 사용할 수 있다.

연역적 방법을 사용해서 이론을 전개하는 과정을 예를 들어 설명하면 [그림 3-1]와 같다.

그림 3-1 연역적 방법

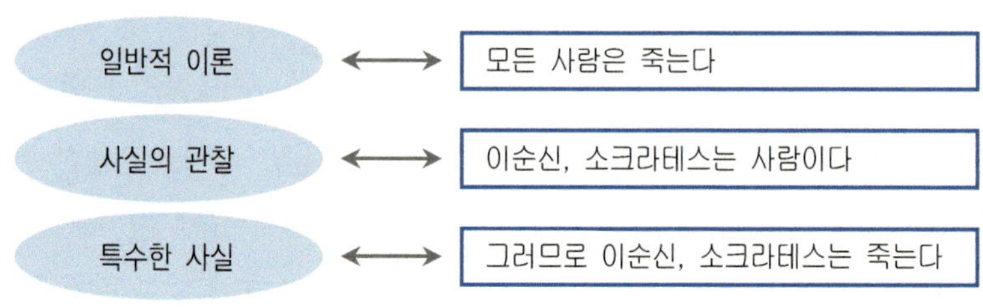

[그림 3-1]의 경우에는 이순신, 소크라테스가 죽었는지 아니면 죽지 않았는지와 같은 개별 사건에 대하여 관심이 있는 것이 아니라 "사람은 죽는다."라는 일반화된 이론에 관심을 가지고 이를 검정하기 위해 이순신, 소크라테스와 같은 특정한 개인들의 생사 여부를 관찰하게 된 것이다. 누구도 이들이 사람임을

쉽게 알 수 있기 때문에 이들의 생사 여부에 대한 관찰을 통해 "사람은 죽는다."라는 일반적인 이론이 옳다는 것을 검정하는 것이다. 논리와 특정한 경험이 이와 같은 형태로 결합되어 하나의 이론을 완성해 가는 방법이 바로 연역적 방법이다.

- 단점: ① 이미 알려진 사실들을 확인하는 것일 뿐, 새로운 지식을 알려주는 것은 아니다.
  ② 일반적인 사실로부터 결론을 도출함으로 일반적인 사실이 잘못되었을 경우 여기서 얻어지는 결론도 잘못될 수밖에 없다.

2. 귀납적 방법

귀납적 방법(inductive logic)은 연역적 방법에서 이론을 형성해 가는 순서와 정반대로 논리와 경험을 결합하여 이론을 형성해 가는 방법이다. 귀납적 방법을 사용하여 이론을 전개하는 과정을 예를 들어 설명하면 [그림 3-2]와 같다.

귀납적 방법은 [그림 3-2]의 예에서처럼 개별 사건들을 관찰한 후에 그 속에 내재해 있는 일반적인 논리를 끌어내어 이론을 도출하는 방법이다. 즉, 특수한 경험이나 사실들 속에 내재하는 공통적 패턴(pattern)이나 유형을 찾아내어 그것을 이론으로 정립하는 과정을 밟는다. 즉, 비슷한 귀납적 절차를 반복해서

그림 3-2 귀납적 방법

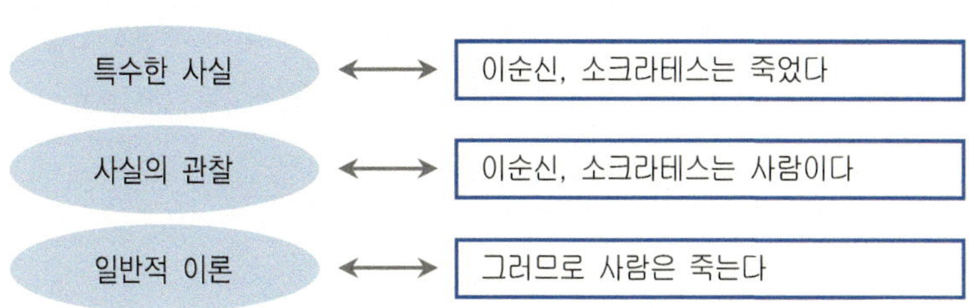

비슷한 결론이 나오면 그 잠정적 결론은 더욱 확실한 입지를 구축하게 되고 결국은 일반화 가능성이 높은 이론이 된다. 따라서 연역적 방법과 달리 가설을 미리 설정하지 않는다.

일반적으로 귀납적 방법을 문화인류학자들에 의하여 문화현상에 대한 설명방법으로 오랫동안 사용되어 왔다. 사실들에 대한 선입견을 배재한 채 사실 그대로를 먼저 관찰한 다음 관찰된 사실들 안에 내제하고 있는 공통적인 유형을 찾아내서 현재의 현상을 설명하는 데에는 귀납적 방법이 비교적 적합하기 때문이다.

그러나 한정된 수의 제한적인 관찰들로부터 찾아낸 사실을 보편적인 진리로 간주하기에는 한계가 있을 수 있다. 따라서 이를 보다 확고하게 입증하기 위해서는 보다 많은 수의 관찰이 요구되기도 한다. 따라서 귀납적 방법은 경험을 바탕으로 하여 도출된 결과를 다시 경험적인 방법으로 검증해야 한다는 모순을 범한다고 볼 수 있으며, 또한 관찰에 기반을 두고 있기 때문에 항상 측정상의 오류가 발생할 수 있다는 문제점이 있다.

연역적 방법과 귀납적 방법이 어떠한 방식으로 이론이나 지식이 개발되는지를 학생공부 시간과 점수 간의 관계를 예로 들어 설명하면 [그림 3-3]과 같다.

두 경우 모두 우리는 시험공부에 소비하는 시간과 그 시험에서 받은 점수 사이의 관계에 관심이 있다. 연역법방법을 사용하면 우리는 그 문제를 논리적으로 고찰하면서 시작한다. 시험을 잘 봤다는 것은 정보를 기억해 내고 조작하는 학생의 능력을 반영한다. 이 두 가지 능력은 시험 전 정보에 노출됨으로써 증가되어야 한다. 이런 방식으로, 공부에 사용한 시간과 시험점수 사이에서 받은 점수 사이의 긍정적인 관계를 제안하는 가설에 도달한다. 공부시간이 증가하면서 점수가 증가할 것으로 기대하기 때문에 '긍정적'이라고 말한다. 증가한 시간이 점수의 감소를 초래한다면 아마 '부정적' 관계라고 볼 것이다. 이 가설은 [그림 3-3]에서 Ⅰ(a)에서 선으로 제시되어 있다.

그림 3-3 연역적 방법과 귀납적 방법

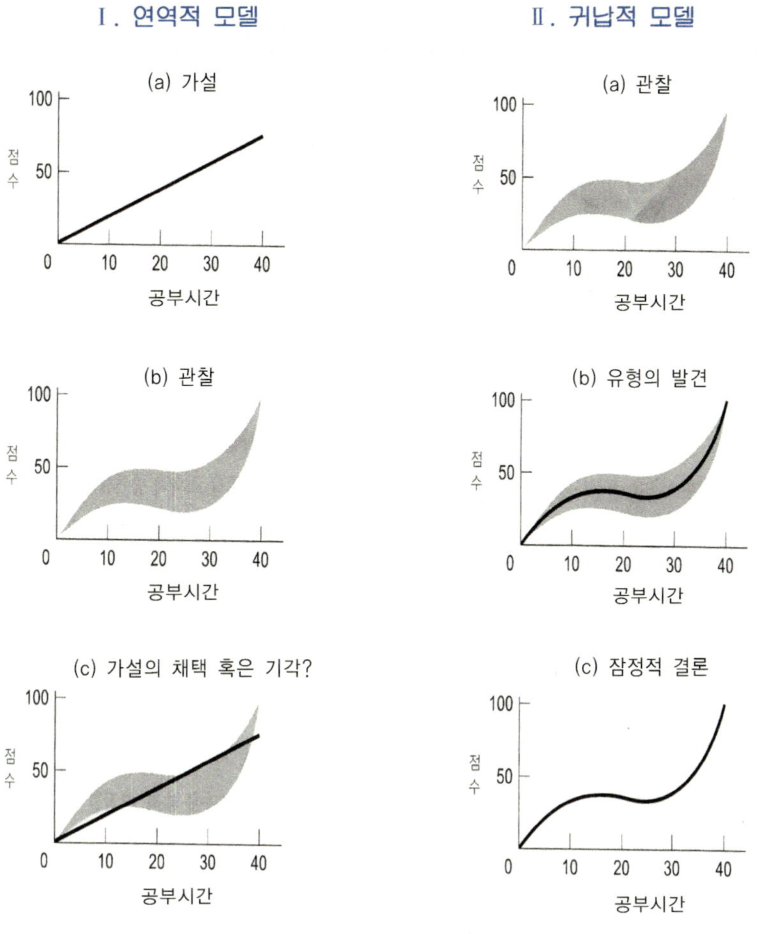

연역적 방법에서는 우리의 가설을 검정하는 것과 연관된 관찰을 하는 것이 다음 단계이다. Ⅰ(b)의 그림자 부분은 학생이 얼마나 많은 시간을 공부했는지, 그들이 받은 점수가 어떤지를 나타내는 수백 명의 서로 다른 학생들의 관찰을 표현한다. 마지막으로 Ⅰ(c)에서 가설과 관찰을 비교한다. 실제 세상에서의 관찰이 우리가 기대하는 것과 부합한다고는 해도 완벽하지 않기 때문에 가설이 확정되었다고 말할 정도로 충분하게 부합했는지를 우리가 결정해야 한다. 즉, 현실세계에서 발생할 수 있는 약간의 변동성을 인정해도, 실제로 발생한 현상들을 관찰한 결과들이 현상들 사이에 존재하는 근본적인 내용을 설명하는 가설을 일반적인 이론으로 받아들이기에 충분하고도 명확한 증거를 제시하고 있는지를 확인하는 것이 필요하다. [그림 3-3]에서 제시하고 있는 I(b)의 예에서 살펴보면 공부시간과 점수 간에는 어느 정도 양(+)의 관계가 성립됨을 알 수 있다. 그러나 I(a)에서와 같은 가설에서 연역적으로 주장하는 것처럼 공부시간과 점수와의 관계는 선형관계가 아니라 I(c)에서처럼 비 선형관계가 성립되는 것으로 관찰결과가 나타나고 있다. 따라서 [그림 3-3]에 있는 예의 경우 관찰결과가 어느 정도 가설을 입증한다고 할 수 있으나 완전하게 입증한다고 볼 수는 없다.

[그림 3-3]에서 예시하고 있는 동일한 문제를 귀납적 논리체계를 사용하여 이론을 도출하는 방법을 그래프로 설명하면 II와 같다. 귀납적 논리체계에서는 관심 있는 내용을 우선 관찰하고, 관찰결과 속에 내재된 일반적인 원리(pattern)을 찾는 방식으로 이론을 개발한다. 즉, 반복적으로 여러 번 관찰한 결과들을 요약하여 이들을 가장 잘 설명할 수 있는 근본적인 패턴을 구할 수 있는데, 이것은 [그림 3-3]의 II(b)에서 보듯이 관찰결과들을 가장 잘 대표할 수 있는 많은 관측치 들의 중심을 지나는 곡선이 된다.

도출된 일반적인 패턴을 나타내는 곡선에 대해 보다 구체적으로 설명하면, 1~15시간 공부할 경우에는 통상 추가적인 공부시간이 시험점수에서 더 높은 점수를 야기한다는 것을 보여준다. 그러나 15~25시간에서는 추가적인 공부시간이 오히려 성적을 약간씩 더 낮게 만드는 것으로 보인다. 반면에 25시간 이상의 공부는 처음의 유형으로 다시 돌아오는 결과를 낳는다. 즉, 더 많이 공부할수록 더 높은 점수를 받는 유형이다. 따라서 공부시간과 성적 간의 관계는 [그림 3-3]의 II(c)에서 제시하고 있는 비선형 곡선으로 일반화하여 볼 수 있다.

이와 같이 귀납적 논리체계에서는 여러 관찰결과를 분석하여 이들에 내재하고 있는 공통적인 유형(pattern)을 도출하게 되는데, 이러한 공통적인 유형(pattern)을 하나의 잠정적인 결론으로 도달하게 된다. 우리가 했던 관찰이 유형에 대한 검정으로 간주될 수 없기 때문에 결론은 잠정적인 것이 된다. 따라서 이들의 유형을 객관적으로 증명하기 위해서는 현상에 대한 분석절차와 방법이 계량적이어야 할 것이며, 이를 위해 통계적인 분석이 필요하다.

3. 연역법과 귀납법과의 논리 관계

일반적으로 과학적 지식은 연역적 과정과 귀납적 과정의 순환을 통하여 축적되며, 이를 그림으로 나타내면 [그림 3-4]과 같다. [그림 3-4]에서와 같이 연역적 과정과 귀납적 과정은 서로 분리되어 있다기보다는 과학적 이론을 구축하는 과정에서 서로 연관되어 순환적으로 작용한다고 볼 수 있다. 따라서 현상에 대한 이해와 이를 바탕으로 하는 지식을 이러한 연역과 귀납의 2가지 과정이 순환적으로 되풀이되면서 축적되어가는 것으로 보는 것이 타당하다. 즉, 관찰로부터 시작해서 이론을 만들어 가는 귀납적 과정과 개발된 이론을 검증하기 위해 관찰을 시도하는 연역적 과정이 순환적으로 되풀이되면서 현상에 대해 설명하는 새로운 이론들이 개발되어 축적된다.

요약하면, [그림 3-4]에 제시된 것처럼 이론은 가설을 창출하고, 가설은 관찰을 제안하며, 관찰은 일반화를 산출하고, 그런 일반화는 이론의 수정을 야기한다. 그러면 수정된 이론은 다소 수정된 가설과 새로운 관찰을 제안하며, 이들은 다소

그림 3-4 과학의 수레바퀴

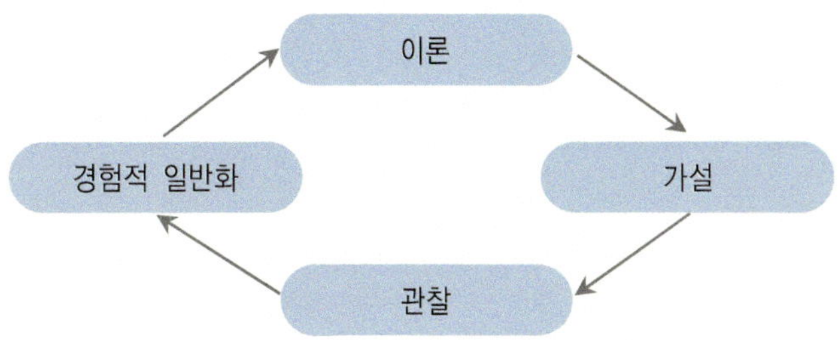

개정된 일반화를 산출하고 나아가 이론을 수정하게 된다. 이 모형은 분명하게 시작도 없고 끝나는 시점도 존재하지 않는다. 이렇듯 두 방법은 상호배타적이지 않으며 상호보완적이다.

관찰에 의해 이론이 만들어지는 귀납적 과정과 그 이론을 검정하기 위해 관찰을 시도하는 연역적 과정이 되풀이 되면서 이론은 더욱 정교해져 간다.

제4장 과학적 조사

과학적 조사의 궁극적인 목적은 사회내의 개인이나, 집단 그리고 이들 간의 상호관계에서 발생하는 현상을 객관적이고 체계적으로 조사(관찰)해서 사회현상의 속성과 그 관계를 기술(descriptive)하고 설명(explanatory)하는 것이다.

이를 위해 연구자는 조사 설계(research design)를 하여야 한다. 조사 설계란 연구목적을 위해 필요한 자료를 수집, 분석하는 과정을 구체화한 실증적인 연구방법을 말한다. 이를 위한 조사 설계 유형으로 탐색적 조사, 기술적 조사 및 설명적 조사 등이 있다.

연구목적이 구체적이지 못하고 이용할 자료가 명확하지 않으면 일단 탐색적 조사를 수행하고, 탐색적 조사결과보다 정확한 정보획득을 위해서 추가적인 연구가 필요하다고 생각되면 기술적 조사나 설명적 조사를 실시한다. 그러나 연구목적과 연구에 필요한 자료가 명확하면 처음부터 탐색적 조사 없이 기술적 조사나 설명적 조사를 하되, 연구목적상 인과과계에 대한 검증이 필요하면 설명적 조사를 하고, 아니면 기술적 조사를 한다.

연구자는 탐색적(exploratory)조사, 기술적(descriptive)조사 및 설명적(explanatory)조사 등의 기본적인 연구방법들 가운데 어떤 것들을 선택할 것인지는 연구의 목적에 따라 달라지며 각각의 연구방법에서 구체적으로 활용되는 조사유형도 서로 다르다.

제 1 절 과학적 조사 목적

모든 자연현상과 사회현상은 과학의 대상이 될 수 있다. 그러나 가치관이나 철학은 그 대상이 되기 힘들며, 사회현상이나 자연현상이 너무 혼란하여 체계적이지 못할 때도 역시 과학의 대상이 되기 힘들다. 이렇듯 모든 현상이 과학의 대상이 될 수 있음으로 과학에서 중요한 것은 연구 대상이라기보다는 진리 규명을 위해 지식을 축적하는 방법론이다. 그런 의미에서 과학의 목적은 다음 4가지로 축약할 수 있다.

1. 현상 기술

기술(description)이란 개인이나 사회현상에 대한 관찰된 사실들을 요약하여 기록함으로써 현상 그 자체의 속성을 있는 그대로 보여주는 것을 말한다. 또한 현상을 기술한다는 것은 연구대상이 가지는 속성의 유사점과 차이점을 정확하게 규명하는 것이다.

이를 통계적 관점에서 보면 특정한 단일변수의 속성을 알고자 하는 기술통계와 둘 이상의 변수들 사이의 관계를 기술하는 것으로 나타낼 수 있다. 전자의 예는 어떤 K대학교 학생들의 수능점수는 평균 몇 점이 될까? 라는 연구문제를 들 수 있다. 후자의 예는 K대학 입학한 학생들을 대상으로 학년에 따라 학교생활만족도와는 어느 정도 관련성이 있을까? 라는 연구문제를 만들 수 있다.

2. 현상 설명

설명(explanation)이란 사회현상이 '왜(why)' 발생하는지를 밝히는 것이다. 즉, 관심 있는 현상에 대한 기술을 넘어 그 현상이 일어나게 된 이유 또는 원인을 법칙을 통해서 규명함으로써 논리적으로 타당한 객관적 근거를 제시하는 것이다. 이러한 법칙에는 보편적인 법칙(universal law)과 통계적인 법칙(statistical law)이 있다. 전자의 경우는 물가에 관한 수요-공급의 법칙, 중력의 법칙 등을 들 수 있다. 이러한 법칙들은 시간과 장소의 제약을 거의 받지 않고 적용되는 포괄적인 법칙을 말한다.

하지만 보편적 법칙이 확립되지 않았을 경우 통계적 법칙으로 설명한다. 통계적 법칙은 "A라는 조건하에서 B가 발생할 가능성은 얼마인가"라는 진술을 말한다. 즉, 과거의 관찰을 토대로 한 확률적 법칙에 의존하는 설명을 확률적 설명 또는 귀납적 설명이라고 부른다.

사회과학에서는 보편적 법칙에 의해 확립된 것은 거의 없으므로 대부분 통계적 법칙에 기반을 두고 있다. 즉, 확률적 설명만이 가능하다. 따라서 통계적 법칙은 일반적으로 한 개인이 주어진 상황에서 어떤 행동을 하였음을 설명하는 것을 확률적 진술로 제시하는 형태를 취한다.

3. 현상 미래 예측

예측(prediction)은 관찰에 의해 입증될 수 있는 미래의 사회적 현상의 특정한 측면에 관한 예상이나 기대의 진술을 의미한다. 즉, 예측이란 이미 알려진 사실로부터 미지의 사건을 추론하는 것이고 또한 사건의 발생순서에 따라 미래의 결과를 예상하는 것이다.

특히 사건의 발생순서에 기반을 둔 미래예측을 위해서는 어떤 현상의 발생원인에 관한 충분한 이해나 설명 없이도 가능하다. 또한 논리적 구조를 볼 때 예측이란 이론이나 법칙 그리고 특정한 조건을 미리 알고 그에 따라 앞으로 발생할 사건이나 현상을 찾는다.

4. 현상 통제

과학의 목적으로서의 통제(control)는 현상을 결정하는 조건을 조작(manipulation)하는 것이다. 이러한 맥락에서 통제는 어떤 현상의 원인 또는 선행조건에 관한 지식을 전제로 이루어진다. 인간의 행태의 원인을 알게 되면, 이러한 원인 또는 선행조건을 조작하여 현상을 바람직한 방향으로 결과를 통제할 수 있다. 예를 들어, 좌절감이 클 때에 공격적인 행태가 발생한다는 사실을 알고 있다고 하자. 이 경우에 어떤 사람으로 하여금 좌절감을 느끼게 하거나 좌절감을 줄임으로써 그 사람의 공격적 행태를 통제할 수 있게 된다.

이상에서 살펴본 과학의 목적 중 현상의 기술과 설명이 과학의 기본적인 목적이라고 할 수 있다. 이러한 지식을 토대로 현상을 예측하고 통제할 수 있기 때문에 예측과 통제는 파생적 목적이라고 볼 수 있을 것이다.

제5장 과학적 조사 유형

제1절 목적에 따른 분류

1. 탐색적 조사

1) 의의와 목적

탐색적 조사(기초조사)는 알려진 바가 없고 연구된 적이 없는 새로운 주제를 조사한다든지 혹은 조사의 실현가능성 타진을 목적으로 초기단계에서 아이디어를 얻기 위해서 주로 사용된다. 즉, 기술적 조사나 설명적 조사에 앞서 그 조사가 과연 실행가능한지를 알고자 할 때 예비적으로 수행된다하여 예비조사(pilot study)라고 불린다.

① 당면한 연구문제를 보다 분명하게 파악하고, ② 구체적인 연구를 실행하기 전에 시행되는 예비연구의 성격을 띠고 있다. ③ 알고자 하는 현상에 대한 유사한 사례(선행연구)가 없는 경우 기초조사를 확보하기 위해 실행된다.

예를 들면, 축구에서 '붉은 악마'라고 상징되는 새로운 사회현상의 생성과 발전과정을 연구하려고 한다면 먼저 다른 나라들에서는 어떤 유사한 현상들이 발생하였는지를 조사해보고, 또 현재 발생하고 있는 현상들을 구체적이고 체계적으로 기술・정리하여야 할 것이다. 이런 형태의 연구는 왜 그런 현상이 발생했는지에 대한 인과관계를 규명하지는 못하지만 향후 연구방향을 찾는데 중요한 역할을 하게 될 것이다. 또 다른 예를 보면, 대학생활에서 '음주문화'같은 병폐에 대해 문제해결을 위해 지속적인 관심을 가질 때 탐색적 연구가 요구된다.

이처럼 탐색적 연구는 통계적으로 완전히 신뢰할 수 있는 결과보다는 지식이 부족한 여건에서 아이디어나 통찰을 얻기 위해 실시됨으로 모집단의 대표성을 고려하지 않은 소규모 표본에 대해 실시한다. 이러한 탐색적 연구의 구체적인 목적은 다음과 같다.

❶ 조사문제를 보다 명확하게 규명한다. 일반적으로 연구자가 조사를 실시하고자 할 경우, 연구문제와 목적이 명확하게 규명되어야 효과적으로 조사를 계획하고 수행할 수 있다. 따라서 연구자는 세밀한 조사를 진행하기에 앞서서 조사문제를 정확하게 파악하여 보다 명확하게 규명할 목적으로 탐색적 연구를 실시한다.

❷ 현재의 문제를 정확하게 파악하고 추가적인 연구에 필요한 정보를 획득하기 위하여 실시한다. 즉, 연구자는 탐색적 연구를 실시하여 현재의 상황과 문제를 보다 정확하게 파악함으로써 앞으로 연구에서 어떠한 정보가 필요한지를 파악하고, 세부적인 조사에 필요한 유용한 변수들을 파악하고 이들 간의 관계에 대한 예비지식을 얻기 위하여 실시한다.

❸ 필요한 지식의 수준이 가장 낮은 경우에 실시하는 조사형태로서, 유용한 지식이 한정되어 있는 미개척 분야에서 기본적 자료를 제공하기 위한 조사라 할 수 있다.

탐색적 조사의 단점은 대부분의 경우 탐색적 조사가 조사 질문에 대한 만족할 만한 답을 주지는 못한다는 점이다. 그 이유는 장님이 코끼리 만지는 격의 조사이므로 일반화가 불가능하다. 결론적으로 탐색적 조사는 현상들 간의 구체적인 인과성을 찾기보다, 새로운 연구문제와 새로운 현상을 발견하는데 있다.

2) 연구방법 유형

탐색적 조사는 정형화되지 않은(unstructured) 형태로 진행되는데. 그 이유는 연구자가 원하는 정보가 명확하게 정의되어 있지 않기 때문이다. 따라서 탐색적 조사는 주로 비정형화된 조사방법을 주로 활용한다. 대표적인 방법으로 문헌조사, 전문가조사, 사례조사, 표적 집단면접 등이 있다.

(1) 문헌조사(2차 자료)

문헌조사는 조사 대상이나 분야에 대해 잘 모르는 경우에 행하는 최초의 조사로서 기존에 발간된 관련분야의 각종 문헌을 조사하는 것이다. 즉, 문제를 규명하기 위한 가장 경제적이고 신속한 방법이다. 문헌조사는 신문이나 잡지, 학술연구지, 정부 보고서(백서) 등과 행정학, 경제학, 경영학, 심리학, 사회학 등을 포함하는 다양한 분야에서 이미 조사된 2차 자료를 활용하여 문제해결에 유용한 부분들을 연구하는 것이다. 예를 들어, 금년도 공공조직의 청렴도를 연구할 경우, 공공조직의 청렴도 지표에 관한 최근 몇 년간의 연구 자료를 바탕으로, 금년도 공공조직의 청렴도의 지표를 개괄적으로 파악하는 것을 말한다.

(2) 전문가조사(expert survey)

전문가조사는 해당 문제에 관하여 전문적인 지식과 경험을 가지고 있는 전문가들로부터 면담을 통해 지식과 정보를 얻어내는 방법으로서 파일럿(pilot)조사라고도 불린다. 즉, 관련된 조사문제에 대해 전문적인 지식이나 경험을 소유하고 그런 경험이나 지식을 과학적으로 전달해 줄 수 있는 사람들로부터 필요한 정보를 획득하는 방법이다. 주로 문헌조사의 보조적 방법으로 사용된다. 이 방법은 전문가들로부터 정확한 해결책을 얻기 위해서라기보다는, 문제의 성격에 대하여 좀 더 명확하게 이해하고, 관련변수들 간의 관계에 대한 전문가들의 견해를 참고하여, 새로운 아이디어를 찾거나 문제해결을 위한 조언을 구하기 위해 실시하는 연구이다.

(3) 사례조사(case study)

사례연구는 연구자가 현재 직면하고 있는 상황과 유사한 사례를 찾아 심층 깊게(in-depth) 분석하는 것이다. 즉, 선정된 한 개의 실제 사례를 깊이 연구함으로써 통찰을 자극시켜 주고 가설을 설정하는 데 도움을 받는 조사를 말한다.

✔ 장 · 단점

- **장점**: ① 소수의 사례를 집중적으로 상세하게 검토하는 연구이기 때문에 처음부터 끝까지 문제의 발단에서 해결방법에 이르기까지에 대한 종합적인 이해가 가능하다.
- **단점**: ① 사후적인 연구방법이기 때문에 그 결과가 현재의 의사결정에 결정적인 영향을 주기보다는 시사적인 의미와 직관을 제공할 뿐이다.
  ② 단일 사례가 가진 신뢰성과 대표성을 검증하기 어려우므로 결과를 일반화하기도 어렵다.
  ③ 조사자의 가치 및 주관이 개입되기 쉬우므로 조사방법의 과학성이 부족하다.

(4) **표적 집단면접**(FGI: focus group interview)

표적 집단면접은 전문 지식을 보유한 사회자가 소수의 전문지식이나 경험자를 응답자 집단으로 선정하여 특정한 주제에 대하여 자유롭게 토론하는 가운데 필요한 정보를 탐색해서 찾아나가는 방법을 말한다.

표적 집단 구성원은 6~12명 정도로 이루어진다. 사회자는 토론주제에 대한 기술능력이나 지식과 경험이 풍부해야 하며, 응답자들이 주제에 대해 자유롭게 토론에 참여하도록 유도하고 연구의 목표에 부합되도록 진행해야 한다.

✔ 장 · 단점

- **장점**: ① 개별면접보다 더 많고 유용한 정보를 얻을 수 있다.
  ② 참가자에 대한 응답을 강요하지 않으므로 참가자의 솔직하고 정확한 의사를 파악할 수 있다.
- **단점**: ① 진행자의 능력에 의하여 연구결과가 많은 영향을 받으므로, 연구자의 편견(bias)이 포함되지 않도록 진행해야 한다.
  ② 비계량적 연구절차로 인하여 결과의 분석과 해석이 난해하다.
  ③ 표적 집단이 전체를 대표하기 어려우므로 일반화하기 어렵다.

전문가 조사가 해당분야에 전문적인 지식을 가진 사람들을 대상으로 하는 연구인 반면에, 표적 집단면접은 일반인들을 대상으로 하는 연구이다.

2. 기술적 조사(실태조사)

기술적 조사의 목적은 관심의 대상이 되는 사회현상의 상황, 현황 및 특징을 정확하게(있는 그대로) 기술(묘사: description)하는 것이다. 즉, 특정한 현상들에 대한 실증적 자료를 수집하고, 통계적 분석을 통하여 이를 이해하거나 이들 간의 관계를 체계적으로 서술하는 것을 목적으로 한다. 이러한 기술에서 중요한 사항은 자료의 정확성(accuracy)이다. 이를 통해 오류를 최소화하고 수집된 증거의 신뢰성을 높일 수 있을 것이다.

예를 들면, 공무원의 직무만족도(5점척도)에 연구자가 관심을 가진다고 한다면 과연 만족도가 평균 몇 점인지를 정확하게 묘사할 수 있을 것이다. 또한 인구통계학적인 속성(연령, 학력, 종교)을 이용하여 직무만족과의 관련성도 파악할 수 있을 것이다. 또 다른 예를 들면, 정부가 차 상위계층에 대한 소득, 직업, 주거상태, 가족구조 등에 관한 정확한 실태조사를 통해 빈곤문제에 대한 정책대안을 창출할 수도 있을 것이다. 따라서 기술적 조사는 행정실무자가 수행하는 가장 기본적인 조사로서 계획, 모니터링 및 평가에 필요한 자료를 산출하기 위해 자주 사용된다. 기술적 조사의 연구결과는 다음과 같이 나타낼 수 있다.

❶ 사회현상에 대한 정확한 파악을 위해 발생빈도를 조사해서 서로 비교 연구하는 것이다. 이러한 단일변수의 빈도분석을 통해 평균값, 도수분포, 분산 등을 파악할 수 있다.

❷ 사회현상에서 설명하는 다중변수들 간의 상호관련성을 파악하기 위한 목적으로 카이스퀴어 검증(X^2-test), 공무원의 성별에 따른 직무만족도의 차이를 파악하는 경우(T-test), 교육수준과 소득 간(F-test)의 관계 등을 파악할 때도 활용된다.

3. 설명적 조사[1](인과적 조사)

1) 의의와 목적

설명적 조사(explanatory study)란 기술적 연구결과의 축적을 토대로 어떠한 사실과 사실과의 관계를 파악해 인과관계를 규명하거나, 이러한 규명 결과를 토대로 미래를 예측하는 조사를 의미한다. 이를 인과관계(causal relationship) 조사라고도 한다.

설명적 조사 목적은 "그 현상이 왜(why) 그리고 어떻게(how)일어났는가"의 원인을 밝히는 것이다. 어떤 질문이 "왜(why)"라는 형태로 제기되는 경우 그에 대한 해답은 "그 이유(because)는 ---"라는 형태의 문장으로 표현된다. 예를 들면 "공무원의 생산성이 왜 떨어지는가?"라는 질문에 대한 그 이유는 "공무원들의 동기부여가 낮기 때문에," 혹은 "조직의 경쟁으로 인한 승진의 한계 때문에," 등으로 답할 수 있다. 또한 "왜 어떤 도시들은 다른 도시들보다 아동학대율이 높은지"를 알아보는 것이다. 이렇듯 "원인과 결과" 사이의 관계를 규명함으로 현상들 간의 '인과관계'를 규명하는데 목적을 둔 연구이다.

이와 같이 왜 어떤 현상이 발생하였는지를 설명하기 위해서는 그 원인(causes)을 찾아서 제시해야 한다. 이때 원인이란 어떤 현상을 일으키거나 변화시키는 요인을 말한다.

2) 성립조건

일반적으로 변수 간에 인과관계는 성립의 조건, 즉 원인이 되는 현상과 그 결과 사이에 구체적으로 어떠한 조건이 갖추어져 있을 때 인과관계가 존재한다고 판단할 수 있다. 인과관계가 성립하기 위해서는 다음과 같은 세 가지의 요건이 모두 성립되어야 한다. 첫째, 공동변화 둘째, 시간적 선행성 셋째, 제3의 변수 통제라고 할 수 있다.

---

1) 설명적 연구를 위한 방법으로는 실험설계방법이 있다. 실험설계방법을 위해서는 실험집단과 통제집단으로 대별되어 실험집단에 실험의 처치(정책)를 하고, 통제집단에는 실험 처치를 하지 않고, 실험기간 이후 나타나는 두 집단 간의 평균의 차이를 정책의 효과(실험 처지의 효과)라고 말할 수 있다.

(1) 공동변화(covariance)

공동변화란 사건의 원인과 결과가 모두 발생하여야 한다는 것이다. 즉, 원인이 되는 것이 있으면 그에 따른 결과가 있어야 한다. 원인만 있고 결과가 없는 경우나 혹은 관측하는 것 자체가 불가능한 경우에는 의미가 없다. 따라서 원인으로 추정되는 독립변수와 결과로 추정되는 종속변수가 모두 존재하며 이들 간에는 연관성이 있어야 한다. 예를 들어, 규모나 모든 여건이 비슷한 상태에서 레스토랑의 서비스 수준이 매출액에 영향을 미친다고 한다면, 원인이 되는 서비스 수준과 결과가 되는 매출액 모두가 발생해야 하며 또한 이들의 변화를 측정하는 것이 가능해야 한다. 또한 흡연과 폐암 사이의 연관성이 있다는 증거가 여러 상황에서 일관성 있게 나오는 경우에 인과적 관계의 가능성은 높아진다.

(2) 시간적 선행성(order time)

시간적 선행성이란 원인(독립변수)가 먼저 발생하고 그 후에 결과(종속변수)가 발생해야 한다는 것이다. 예를 들어, 레스토랑이 서비스 수준과 매출액이 인과관계가 있다고 가정한다면, 매출액 증가 후에 서비스 수준이 향상되는 것이 아니라, 직원교육 등을 통하여 서비스 수준이 먼저 향상된 후에 레스토랑의 매출액이 증가해야 하는 논리적인 시간적 우선순위가 성립해야 한다. 또한 폐암은 흡연에 의해 일어난다고 볼 때 폐암보다는 흡연이 먼저 발생해야 한다.

(3) 외생변수의 통제

인과관계가 성립되기 위해서는 외생변수는 엄격하게 통제되거나 제거되어야 한다. 외생변수란 인과관계와 관련된 원인과 결과변수 외에 이들 간의 관계에 영향을 미치는 다른 변수들을 말하며 제3의 변수(허위변수)라고도 한다.

허위변수(spurious variables)란 독립변수와 종속변수 모두에게 영향을 미치는 제3의 변수이다. 이러한 허위변수가 독립변수와 종속변수 모두에게 영향을 미치기 때문에 사실 독립변수와 종속변수 사이에 아무런 관련성이 없음에도 불구하고 마치 관련성이 있는 것처럼 잘못 판단하게 히는 상황을 유발하여 독립변수와 종속변수 사이에 인과성이 있는 것처럼 잘못 판단하게 한다.

따라서 허위관계가 아님을 증명할 수 있어야 한다. 이를 위해서는 외생변수를 통제할 수 있어야 하며, 외생변수를 통제해도 두 변수의 관계가 유지되면 두 변수의 관계가 실제로 인과관계일 확률이 높아진다. 반대로 외생변수를 통제했을 때 두 변수의 관계가 사라진다면 둘 간의 관계는 허위관계인 것으로 판명된다.

예를 들면, 어른들이 몸이 쑤시면 비가 오는 경우, 몸과 비 사이의 관계는 두 요건을 충족하지만, 실제로 기압이라는 제2의 변수(외생변수)에 영향을 받기 때문에 발생하는 것일 뿐 기압이라는 요소를 통제하면 몸과 비 사이의 관계는 사라진다. 이 경우 몸과 비 사이의 관계는 제3의 변수인 기압 때문에 그렇게 보이는 허위관계일 뿐이다. 따라서 두 변수의 인과관계를 위해서는 두 변수의 관계가 다른 변수로 인해 일어난 것이 되어서는 안된다. 즉, 허위관계는 배제되어야 한다.

혼란변수(confounding variables)란 독립변수와 종속변수 모두에게 영향을 미치는 제3의 변수로서는 허위변수와 같지만, 독립변수가 종속변수에 미치는 영향이 일정하게 있어 독립변수와 종속변수 간에는 관련성이 있다. 하지만 혼란변수의 영향으로 인하여 독립변수와 종속변수 사이의 인과관계가 실제보다 더 강하게 혹은 더 약하게 성립한다는 과장된 결론을 도출하기 쉽다.

예를 들면, 직업훈련교육(독립변수)과 취업(종속변수) 사이의 인과관계와 성취동기(혼란변수)와의 관계를 살펴보자. 직업교육훈련을 받으면 취업률이 높다는 것은 어느 정도의 관련성은 있다고 볼 수 있다. 하지만 이러한 관계에 성취동기(혼란변수)가 독립변수와 종속변수에 각각 영향을 미쳐 실제의 인과관계보다도 더 과장된 결론을 도출할 수 있다는 것이다.

4. 외생변수의 유형

외생변수란 독립(원인)변수가 아니면서 종속(결과)변수에 영향을 주는 일종의 제3의 독립변수로서, 최대한으로 그 영향이 제거되거나 상쇄될 수 있도록 설계해야 한다. 이러한 외생변수들은 향후 논의될 실험설계의 내적 타당도를 위협하는 요소로 작용한다.

내적 타당도란 독립변수와 종속변수 사이의 인과관계가 얼마나 확실한가, 즉 종속변수의 변화가 독립변수로 인해 발생한 것이라고 얼마나 확신할 수 있는가를 의미한다. 따라서 내적 타당도를 높이려면 독립변수와 종속변수 간의 인과관계를 어렵게 만드는 요인, 즉 외생변수를 철저히 통제(배제)할 수 있어야 한다. 즉, 연구결과가 특정한 원인에 의해 정확하게 설명되어 질 때 우리는 내적 타당성이 높다고 말 할 수 있다. 이러한 것은 외생변수의 철저한 통제에 의해 가능하다고 볼 수 있다.

내적 타당도를 저해하는 요인은 크게 내재적 요인과 외재적 요인으로 분류된다. 전자는 조사시행 과정에서 나타나는 요인이고, 후자는 조사를 시행하기 전에 나타나는 요인으로 대표적인 예로 선발효과(selection-bias)뿐이다.

✔ 내적 타당도를 저해하는 내재적 요인

(1) 역사요인

역사적 요인(history factor)이란 실험자가 실험과정에서 전혀 예상치 못한 사건이 발생하여 실험결과(종속변수)에 큰 영향을 미치는 것으로, 이를 우발적 사건이라고도 한다. 예를 들어, 맥주시장에서 광고가 매출액에 어떠한 영향을 미치는가를 실험하는 도중에 두산의 페놀사건이 일어나서 OB맥주 매출액이 급감하는 경우, 이러한 페놀사건은 우발적 사건에 속하는 외생변수가 된다. 이러한 경우, 순수한 실험변수인 광고에 의한 영향과 외생변수인 페놀사건의 영향이 매출액이라는 결과변수에 동시에 영향을 미치므로, 이러한 외생변수를 제거하지 못한 실험의 경우 그 결과는 의미가 없어 일반화하기 어렵다. 따라서 해결방안은 실험조사 기간을 줄이는 것이다.

(2) 성숙요인

성숙효과(maturation effect)란 실험기간 중에 실험집단의 특성변화가 종속변수에 영향을 미치는 것을 말한다. 즉, “시간이 어느 정도 흘렀기 때문에” 자연스럽게 나타나는 실험참여자의 변화를 말한다.

예를 들어, 어린이들의 공부시간이 시험점수에 어떠한 영향을 미치는가를 알아보기 위하여 실험을 실시하는 경우, 만일 매년 동일한 집단을 대상으로 하여 실험을 하게 되면 올바른 결과를 얻기 어렵다. 왜냐하면 어린이들은 성장하고 새로운 것을 학습하게 됨에 따라 매년 지적수준이 크게 향상되기 때문이다. 따라서 같은 시간을 공부해도 1년 전 보다 높은 점수가 나오는데 이러한 현상을 실험대상의 성숙효과라고 한다. 즉, 시험점수의 향상은 공부시간뿐만 아니라 나이를 먹어감에 따라 인지력이 향상되는 성숙효과도 있기 때문이다. 또 다른 예를 보면, 강간피해자들의 상담서비스 효과를 알아보기 위해서 서비스 실시 전, 후를 비교하면 거의 대부분이 효과가 있는 것으로 나타날 것이다. 이 경우에는 서비스 실시 전에는 최악의 상황에 있는 것이므로 시간이 경과하면 자연스런 치유의 과정을 겪기 때문에 어떠한 서비스도 효과가 있는 것처럼 나타나게 되는 것이다. 따라서 해결방안은 실험조사 기간을 줄이는 것이다.

(3) 시험요인

시험요인(testing effect)이란 사전검사와 사후검사에 동일한 검사를 하는 경우 사전검사가 사후검사 점수에 영향을 미칠 수 있는 경우를 말한다. 실험대상자가 과거 유사한 실험에 참가해본 경험을 이용해서 새로이 응답하는 경우 실험 결과 값은 달라진다. 이렇게 과거 유사한 실험에 참여한 실험대상의 경험이 결과변수에 미치는 영향을 시험효과(testing effect)라고 한다. 이러한 시험효과에는 주 시험효과(main testing effect)와 상호작용 시험효과(interaction testing effect)가 있다.

① **주 시험효과**: 주 시험효과는 독립변수의 효과와는 관계없이 종속변수에 대하여 동일한 측정을 반복함으로서 종속변수 값의 변화에 발생하는 효과를 말한다. 예를 들어, 영어 학습량이 시험점수에 어떠한 영향을 미치는지 TOEIC이나 TOFEL 시험점수를 결과변수로 판단하여 측정하고자 할 경우, 되풀이 하여 여러 번 시험을 치를수록 문제유형이나 시험장 분위기에 익숙해져서 대부분의 경우 처음보다 더 높은 점수를 얻는 경향이 있다. 즉, 과거에 결과 변수를 측정할 때의 경험이 현재의 결과 변수 값에

영향을 미칠 수 있다.

이와 같이 주 시험효과는 독립변수 이외의 경험이라는 외생변수가 종속변수에 영향을 미치는 효과를 말한다. 영어를 이용해서 대학원에서의 학습능력을 측정하기 위한 시험인 GRE과 TOFEL 등에서 시험방식을 바꾸는 이유도 바로 이러한 주 시험효과를 최소화하기 위한 노력의 일환으로 볼 수 있다. 또 다른 예를 보면, 동일한 IQ검사를 2회 실시하였을 때 두 번째 검사에서는 첫 번째 검사의 점수나 내용을 전혀 알려 주지 않고 실시하였는데도, 첫 번째 검사의 점수보다 우수한 것이 보통이다.

② **상호작용 시험효과**: 상호작용 시험효과는 독립변수를 가하기 전에 먼저 종속변수를 측정함으로써, 후에 다시 측정할 종속변수에 대하여 생각하게 됨으로써 독립변수 자체의 영향이 달라지는 효과를 말한다. 예를 들어, 특정한 광고가 상표 인지도 향상에 미치는 영향을 측정하기 위하여, 실험집단에게 광고를 보여주기 전에 상표인지도를 연구하고 실험변수인 광고를 보여준 후에 다시 상표인지도를 측정하는 경우, 결과변수의 사전측정과 광고라는 실험변수 간에는 상호작용 시험효과가 발생할 수 있다. 왜냐하면 일차적인 사전측정으로 인하여 사람들은 측정대상이 되는 상표를 미리 인식하고 광고를 보게 되기 때문이다. 이와 같이 사전에 측정한 결과변수와 실험변수 간의 상호작용으로 인하여 사후에 다시 측정하게 되는 결과 변수 값에 미치는 영향을 상호작용 시험효과라고 한다. 이러한 상호작용 시험효과를 제거하여야만 진정한 실험변수의 효과를 알 수 있고, 실험으로부터 얻은 결과를 일반화 할 수 있다.

(4) 측정수단 요인

측정수단(instrumentation)의 변화는 실험을 진행하는 동안 측정수단(측정도구)가 바뀜으로써 측정결과에 미치는 영향을 말한다. 예를 들어, 영어교수법 평가를 위해 사전검사는 TEPS로 하고 사후검사는 TOEFL로 측정하였다면, 영어점수가 영어교수법의 효과 때문인지 또는 문제 난이도 차이 때문인지 판단하기가 어렵다. 해결방안은 측정방법을 표준화하는 것이다.

(5) 통계적 회귀요인

통계적 회귀(statistical regression)란 사전검사에서 극단적으로 높은 점수를 보인 조사 대상자들이 사후검사에서는 낮아지고, 반대로 사전검사에서 극단적으로 낮은 점수를 보인 대상자가 사후검사에서 높아지는 경향을 말한다. 즉, 실험집단이 극단적인 값을 갖기 때문에 재 측정시 평균값으로 돌아가려는 경향 때문에 나타나는 차이를 말한다.

예를 들어, 100m을 평균 9초에 달리는 육상선수가 있다. 하루는 감기몸살로 인하여 컨디션이 좋지 않아 100m 달리기를 한 결과 기록이 10초로 나왔다. 육상 코치는 며칠 동안 웨이트 트레이닝 프로그램을 강하게 시킨 후에 다시 100m 기록을 재어보니 9.1초로 평균기록인 9초에 가깝게 되었음을 알 수 있었다. 육상코치는 기록이 좋아진 이유가 웨이트 트레이닝을 강하게 시킨 결과라고 판단할 수 있다. 그러나 이 선수의 기록이 좋아진 이유는 웨이트 트레이닝 프로그램의 영향이라기보다는 자기의 평균 기록치로 회귀한 결과로 볼 수 있다. 또 다른 예를 보면, 고등학교에서 수학 시험을 실시해 성적이 나쁜 학생들만 보충 수업을 실시한 후에 다시 수학 시험을 치렀을 때 성적이 향상되었다. 그런데, 첫 번째 수학 시험에서 피곤이나 병 혹은 우연히 낮은 점수를 보인 학생이 존재할 경우, 두 번째 수학 시험 성적 향상은 과연 보충 수업의 영향 때문인지 판단하기 어렵다. 따라서 해결방안으로는 극단 값을 갖는 집단이나 개인을 배제시키는 것이다.

(6) 상실요인

실험대상자의 상실(experimental mortality)이란 실험대상자가 실험기간 동안 실험대상에서 이탈(질병, 사망)함으로써 실험결과가 왜곡 되는 현상을 말한다. 예를 들어, 금연 프로그램이 청소년의 흡연율에 어떠한 영향을 미치는지를 분석하기 위하여 1년에 걸쳐 실험하는 경우를 보자. 실험이 진행되면서 처음에 실험대상으로 포함되었던 상당수의 청소년이 실험변수, 즉 금연프로그램에 노출된 후에 시간이 지나면서 성년이 되어 실험대상에서 제외되는 경우가 해당된다.

또 다른 예로, 판촉효과에 따른 소비자의 구매패턴을 측정하기 위하여 패널

연구를 실시하는 경우, 만일 패널에 포함된 실험대상자가 중간에 다른 지역으로 이사를 가게 됨으로써 실험대상에서 제외됨으로써 실험결과가 왜곡되는 경우를 말한다.

따라서 해결방안으로는 실험집단과 통제집단의 구성원의 수에 집착하지 말고, 실험집단과 통제집단의 事前-事後의 변화된 값을 추정하는 것이다.

✔ 내적 타당도를 저해하는 외재적 요인

(1) 선발요인

선발요인(selection-bias)이란 실험집단과 통제집단의 구성원이 다르기 때문에 나타나는 요인이다. 특히 조사자의 주관적 판단으로 집단을 배정하거나, 조사대상자에게 어떤 프로그램에 참여할 것인지 스스로 결정하게 할 경우(지원자로 구성될 때) 강하게 나타나는데 이를 자기선발(self-selection)요인이라고 부르기도 한다.

예를 들어, 실험집단을 여학생으로, 통제집단을 남학생으로 구성할 경우, 이렇게 두 집단의 구성이 이질적이면 종속변수의 차이가 독립변수로 발생한 것인지 애초에 두 집단의 속성이 달랐기 때문에 발생한 것인지 판단하기 어렵다. 따라서 실험대상을 어떻게 구성하는가에 따라 그 결과에 큰 차이가 발생할 수 있다.

〈표 5-1〉 외생변수가 가지는 내적 타당성 · 외적 타당성 위협요인과 해결방안

유 형		의 미	통제방안
다른 요인에 의한 변화	역사요인	실험기간 중 일어난 사건에 의한 대상 집단의 특성변화	· 통제집단의 구성 · 실험(조사)기간의 제한
	성숙요인	시간의 경과에 따른 대상 집단의 특성변화	· 통제집단의 구성 · 실험(조사)기간의 제한 · 빠른 성숙을 보이는 표본의 회피
표본의 대표성 관련요인	선발요인	실험집단과 통제집단이 다르기 때문에 나타나는 차이	· 무작위배정 · 사전측정
	상실요인	실험기간 중 실험대상의 중도포기 또는 탈락 때문에 나타나는 차이	· 무작위배정 · 사전측정

유 형		의 미	통제방안
	회귀요인	실험대상이 극단적인 값을 갖기 때문에 재측정시 평균으로 나타나는 차이	· 극단적인 측정값을 갖는 집단의 회피 · 신뢰성 있는 측정도구 사용
관찰 및 측정방법 관련요인	검사요인	사전검사에 대한 친숙도가 사후측정에 미치는 영향에 따른 차이	· 사전검사를 하지 않는 통제 집단과 실험집단 활용(솔로몬의 4집단 설계) · 사전검사의 위장 · 눈에 띠지 않는 관찰방법
	측정수단 요인	측정기군과 측정수단이 변화함에 따라 나타나는 차이	· 표준화된 측정도구 사용

5. 외생변수의 통제방법

인과관계에서 가장 중요한 것은 외생변수가 결과변수에 영향을 미칠 수 있는 모든 가능성을 파악하고 외생변수의 영향을 철저하게 통제하거나 제거(배제)할 수 있는 방안을 모색하는 것이다. 외생변수를 통제하기 위하여 사용되는 대표적인 방안으로는 다음과 같은 것들이 있다.

1) 제거

제거(elimination)란 인과관계에 영향을 미칠 수 있는 외생변수를 완전히 제거(배제)하는 것이다. 예를 들어, 특정한 경험이 실험에 영향을 미칠 경우, 그 경험을 가진 대상을 실험대상에서 제외시키거나, 또는 그러한 경험을 가진 대상들만을 표본으로 선정함으로써 그 경험에 따른 효과를 제거하는 방법이다.

2) 짝짓기: 준실험

짝짓기(matching)는 외생변수로 작용할 수 있는 변수들을 사전에 알고 있는 경우, 해당 외생변수가 각 실험집단과 통제집단에 동일(균등)하게 영향을 미칠 수 있도록 선정하는 방법이다. 즉, 유사한 성격끼리 둘 씩 짝을 지은 다음, 관련 요인을 실험집단과 통제집단에 동일하게 배정하는 방법을 말한다. 예를 들어, 실험에서 외생변수로 작용할 수 있는 요인이 성별이라고 한다면, 실험대상이 되는 각 집단 내의 구성원들이 성별로 동일한 학력분포를 갖도록 조사 대상 집단들을 구성하는 방법이다.

하지만 짝짓기는 미리 알 수 있는 변수를 통제한다는 점에서 유익하지만, 알 수 없는 변수의 영향력은 통제하지 못한다는 단점이 있다.

3) 무작위화: 진실험

무작위화(randomization)란 종속변수에 미치는 영향에 대해 실험집단이나 통제집단을 모집단에서 무작위 방법(난수표, 제비뽑기)으로 할당하는 방법을 통해 명확하게 알려진 변수는 물론 알려지지 않은 변수까지도 통제할 수 있다. 이렇게 무작위화가 철저하게 이루어지면 실험집단과 통제집단은 통계적으로 동질적인 것으로 판단될 수 있다.

그러나 실험대상의 무작위화는 외생변수를 처리하기 위한 가장 손쉬운 방법이면서 실행하기에는 가장 어려운 방법이다.

4) 통계적 통제(포함): 통계

통계적 통제(statistical control)란 인과관계 형성에 있어 종속변수에 영향을 미치는 독립변수 외에 외생변수를 또 하나의 독립변수로 간주하고 투입하여 분석함으로써 외생변수의 효과를 분리해 내는 방법이다. 따라서 자료를 분석하는 과정에서 그 영향력을 통제한다는 점에서 이 방법은 사후적 통계적 통제방법이다.

예를 들어, 승진이 직무만족에 미치는 영향분석에서 복지수준을 또 하나의 독립변수(외생변수)로 만들어 투입한 후, 결과에서 복지수준의 효과를 빼면 승진만을 측정할 수 있다.

6. 외적 타당성

외적 타당성(external validity)이란 특정 시기와 상황에서 특정 집단을 대상으로 한 실험의 결과가 다른 시기와 상황 및 장소에서도 동일한 결과가 도출될 수 있는지를 나타내는 개념이다. 즉, 조사결과를 얼마나 일반화할 수 있는가를 말한다. 이러한 실험의 결과가 다른 시기와 상황 및 장소에서도 동일한 결과가 도출될 수 있을 때 우리는 외적 타당성이 높다고 말 할 수 있다. 즉, 외적 타당성이란 실험결과의 일반화(generalization)라고 말 할 수 있다.

그러나 외적 타당성은 앞에 설명한 내적 타당성과 서로 트레이드 오프(trade-off)관계에 있다. 만약 내적 타당성을 높이기 위하여 실험조건을 엄격히 통제한다면 현실과 동떨어져 실험결과를 일반화시켜 실제상황에 적용시킬 수 있는 외적 타당성이 낮아진다. 반대로, 현실에 가깝게 실험을 설계 하여 외적 타당성을 높이면 표본의 무작위화나 외생변수의 통제가 제대로 이루어지지 않기 때문에 실험 자체의 내적 타당성이 낮아져 실험의 결과에 대한 신뢰성이 떨어진다. 따라서 연구자는 이들 내적 타당성과 외적 타당성을 상황에 맞게 적절히 조정하여 적당한 수준으로 실험을 설계하고 연구를 수행 하는 것이 필요하다.

내적 타당도와 외적 타당도를 위한 필요조건이지 충분조건은 아니다. 즉, 조사결과의 내적 타당도가 높다고 해서, 외적 타당도가 높은 것은 아니다. 내적 타당도와 함께 외적 타당도를 높이는 것은 중요하다.

✔ 외적 타당도를 저해 요인

(1) 표본의 대표성

표본의 대표성이란 선정된 조사대상자가 전체 모집단을 얼마나 잘 대표하는가를 말한다. 조사대상 표본이 모집단을 대표할수록 외적 타당도는 높아진다. 표본의 대표성은 표본의 크기가 클수록, 확률표본추출방법에 의해 표본을 선정할수록 높아진다.

(2) 호손 효과(Hawthorne effect)

호손 효과란 조사대상자가 자신이 조사 대상이라는 것을 의식하여 조사에 부자연스러운 반응을 보이는 것을 말한다. 관찰되고 있다는 인식하에 의식적으로 보인 반응은 일반화하는데 무리가 있다. 따라서 관찰자의 모습이 드러나지 않도록 신경 쓰는 것이 호손 효과를 줄일 수 있는 방법이다.

(3) 플라시보 효과(위약효과: placebo effect)

플라시보 효과란 조사대상자들에게 실험처치를 주어지지 않았는데도 “실험처치를 받고 있다”고 느끼는 믿음으로 인해 마치 실험처치를 받은 것과 유사한 효과가 나타나는 것을 말한다. 예를 들면 가짜 약을 진짜 약이라고 믿고 먹으며 마치 진짜 약을 먹는 것처럼 호전되는 경우로 가짜 약을 의미하는 위약효과라고 부른다.

7. 분석의 단위

분석의 단위(Unit of Analysis)는 연구대상으로 누구(who) 또는 무엇(what)을 대상으로 하는 연구인가의 문제이다. 사회조사에서 분석의 단위는 일반적으로 개인, 집단, 공식조직, 사회적 가공물 등으로 구분된다.

1) 개인

개인(個人, individual)은 사회과학에서 가장 일반적으로 선택되는 분석단위이다. 즉, 개인들의 정보를 분석대상으로 한다. 예를 들어, 부산시 행정기관에 근무하는 공무원들을 대상으로 직무만족도를 조사하는 경우, 이때 분석의 단위가 공무원 개인인 것이다. 다음은 개인을 분석단위로 하는 경우이다.

- 공무원의 변혁적 리더쉽이 조직몰입에 영향을 미치는가?
- 공무원의 성별(계급)에 따라 사회적 자본에 차이가 있는가?
- 공무원의 근무연한에 따라 직무만족도에 차이가 있는가?
- 일반 국민들의 공공서비스에 대한 인식에 차이가 있는가?

2) 집단(조직)

집단(集團, group)은 그 자체가 하나의 분석단위가 될 수 있다. 한 가지 이해해야 할 것은 집단을 분석의 단위로 한다는 것과 어떤 집단의 구성원의 개인을 분석의 단위로 한다는 것은 다르다는 점이다. 예를 들어, 갱조직의 구성원들에 대해서 연구하기 위해 갱조직에 속한 사람들을 조사하고자 한다면 분석의 단위는 개인이 될 것이다. 반면에, 어떤 도시에 존재하는 모든 갱들을 대상으로 갱조직 간의 여러 가지 차이점을 연구하고자 한다면 그때는 갱이라는 집단이 분석단위가 된다.

집단을 분석단위로 사용하는 경우는 부부, 가족, 또래집단, 동아리, 시, 도, 국가 등이 있다. 또 다른 예를 들면, 장애인고용에 대해 알기 위해 장애인 개개인의 취업 시 어려웠던 점을 조사한다면 분석단위는 장애인 개개인이 되지만, 장애유형별(예: 지체장애, 시각장애, 청각장애, 언어장애 등) 고용률을 비교분석한다면 분석단위는 장애인 집단이 된다.

3) 사회적 가공물(인공물)

사회적 가공물(社會的 加工物, social artifacts)이란 인간이 만들어 낸 가시적인 자료를 말한다. 대표적 사회적 가공물은 책, 그림, 시, 자동차, 건물, 노래, 신문사설, 도자기, 농담, 인터넷 광고물 등이 있다. 예를 들어, 언론사의 인터넷 여론마당에 올린 글들을 분석하면서 국민여론의 움직임을 파악하는 경우 사회적 가공물인 여론마당에 실린 글이 분석단위가 된다.

8. 분석단위 오류

분석단위와 관련해 조사자들이 범하기 쉬운 오류로는 크게 3가지 부류가 있다.

〈표 5-2〉 분석단위 오류 실례

생태학적 오류	분석단위를 집단에 두고 얻게 된 결과를 개인에게 일반화함으로써 발생하는 오류 (예) 한 학급의 성적이 전반적으로 낮을 때, 그 학급의 어느 학생에 대해서도 성적이 좋지 못할 것이라고 단정하는 경우 (예) '개신교국가의 자살률이 카톨릭국가의 자살률보다 높다'는 결과에 기초하여 "개신교 신자가 카톨릭 신자보다 자살을 더 많이 한다"
개인주의적 오류 (개체주의 오류)	분석단위를 개인의 분석 결과를 토대로 집단에게 일반화함으로써 발생하는 오류 (예) 담배를 피우는 여자들은 모두 불량스러울 것이라고 단정하는 경우
환원주의적 오류 (축소주의 오류)	어떤 현상의 원인이라고 생각되는 변수를 지나치게 제한하거나 한두 가지로 환원(축소)하는 오류를 말한다. (예) 공공조직 구성원의 직무불만족이라는 행정현상을 설명하기 위해 직무불만족의 원인을 경제적 요인으로만 축소하여 설명하려는 경우이다.

제 2 절 시간적 차원에 따른 분류

연구의 시간적 차원에 따라 횡단적 조사(cross-sectional study)와 종단적 조사(longitudinal study)로 대별할 수 있다. 前者는 어느 한 시점에서 사람(가령, 대통령후보의 지지율)이나 특정한 상황(가령, 공무원의 직무만족도)의 표본을 관찰하는 것이다. 後者는 동일한 현상을 장기간에 걸쳐 관찰할 수 있도록 설계된 것이다. 횡단적 연구의 대표적인 실례가 설문지조사(survey)이다. 종단적 연구의 대표적인 실례는 시계열조사(추세조사: trend), 패널조사(panel), 코호트조사(cohort) 등이 있다.

1. 횡단적 조사

한 시점에서 다양한 대상과 변수에 대해 한번만 실시하는 방법이다. 대표적인 방법이 설문지조사(survey)이다. 예를 들면, '공무원들의 성별 특성에서 직무만족의 차이' 조사, '공무원들의 연령별 특성에서 조직몰입의 차이' 조사 등이 단적인 예라고 할 수 있다. 또한 특정 연도인 2005년도 OECD 국가 간 사회보장 예산을 비교하기 위해 조사하는 것도 횡단적 조사이다. 이처럼 설문지조사는 특정 시점에서 선정된 응답자를 대상으로 설문지를 통해 자료를 수집하는 방법이므로 여론조사나 기업들의 시장조사 또는 대부분의 학문적 연구가 이에 해당된다.

횡단적 조사는 주로 표본조사를 통하여 이루어지며, 측정이 단 한 번만 이루어지고 반복해서 이루어지지 않는다.

- **장점**: ① 종단적 조사에 비하여 상대적으로 비용과 시간이 적게 든다.
  ② 실제적 상황을 반영한 자료를 쉽게 수집할 수 있으며 통계기법을 적용할 수 있다.
- **단점**: ① 한 번의 조사만으로 결과를 해석함으로써 정보의 깊이가 부족하고 내적 타당성이 약하다.

2. 종단적 조사

종단적 조사는 여러 시점에 걸쳐(시점을 달리하여) 동일한 분석단위에 대해 측정을 되풀이 할 수 있다. 즉, 일정한 시간 간격을 두고 적어도 두 번 이상 반복적으로 측정함으로써 자료를 수집하는 방법으로 시계열 조사라고도 불린다.

종단적 조사는 횡단적 조사에 비해 복잡하고 상대적으로 시간과 비용이 많이 든다는 단점이 있지만, 장기간에 걸쳐 조사대상자에 대해 시간의 흐름에 따른 변화를 분석할 수 있다는 장점이 있다. 여기에는 세 가지 유형의 조사방법이 있다.

1) 경향분석(추세분석: trend study)

경향분석(추세분석: trend study)이란 조사할 때 마다 해당시점에서의 조건(예; 당해 신입생)을 만족시키는 사람들을 표집하여 조사하는 것이다. 예를 들어 다음과 같다.

❶ 주가지수나 환율 등의 값들이 어떻게 변하는가를 추적・연구하여 이들의 변화와 이러한 변화에 영향을 미치는 요인을 분석한다.

❷ 올해의 의약품 사용실태에 관한 전국적 조사결과를 정기적으로 5년 또는 10년 전의 조사결과와 비교할 수 있다. 인구센서스, 물가동향조사, 자동차 보급률 동향 등이 이에 해당된다.

❸ 아파트 전세자의 동향, 토지매매 경향, 인구센서스에서 키와 몸무게의 변화, 기호음식의 변화에 관한 조사 등이 있다.

경향분석은 사전에 조사대상자를 선정해 두지 않기 때문에, 올해 실시한 대상과 5년 또는 10년 전에 실시한 조사대상은 모집단과 표본이 다르다는 점이다. 설령 조사를 통해 새로운 표본을 측정하여 변화가 나타났다할지라도 이 변화는 표본에 기인하는 것이 아니라 모집단의 변화를 반영한 결과라고 하겠다.

2) 패널조사(panel study)

패널조사란 매 시점 특정 조사대상자(동일인)를 사전에 선정하고 이들을 대상으로 일정기간 동안 같은 조사를 반복하는 것을 말한다. 이때 조사대상자를 패널(panel)이라고 부른다. 패널연구를 통하여 수집된 자료를 패널자료라고 한다. 예를 들면, 우리나라 차 상위집단에 대한 빈곤실태를 조사하기 위하여 특정한 차 상위집단을 패널로 선정하고, 2년마다 빈곤실태를 조사하는 것은 패널조사의 대표적인 예이다.

요컨대 패널연구는 특정 패널(panel)에 대해 여러 시점에 걸쳐 지속적으로 반복·측정하여 연구한다.

(1) 패널조사 유의사항

패널조사는 패널로 선택된 응답자 집단이 연구하고자 하는 모집단을 대표하는 것을 전제로 함으로, 한번 구성된 패널에 대하여 계속적인 조사가 이루어짐으로 잘못된 표본 설계에 의한 피해가 매우 크므로 표본의 대표성이 문제가 될 수 있다. 이를 구체적으로 살펴보면 다음과 같다.

❶ 선택된 개인이 패널구성원으로 활동하기를 거부하는 경우가 있을 수 있는데, 참여를 거부하는 사람을 대체할 수 있는 표본을 사전에 준비해야 한다.

❷ 장기간의 응답과정에서 응답에 불성실한 패널 구성원에 대해서는 의도적인 교체가 필요하다.

❸ 패널 구성원으로서의 자격상실에 의하여 패널에 참석할 수 없는 경우가 있는데, 연구자는 전체 패널의 대표성이 깨지지 않도록 새로운 패널 구성원을 추가해야 한다.

(2) 패널의 장점

❶ 패널 구성원에 대한 계속적인 명확한 정보획득이 가능하기 때문에 태도 및 행동의 변화를 분석하는데 유용하다.

❷ 패널 구성원들은 일반적으로 조사에 계속적인 협조를 약속하기 때문에 필요한 자료를 획득하는데 유리하다.

❸ 패널에 대한 계속적인 조사이기 때문에 한 번의 조사에서 생길 수 있는 오류를 제거하여 정확한 정보를 획득할 수 있다.

❹ 패널은 최초의 표본추출 및 관리시스템의 구축에 많은 비용이 소용되나, 조사 수행만을 위한 비용은 상대적으로 적어, 장기적인 관점에서 독립적인 여러 번의 조사보다 경제적인 이점이 있다.

(3) 패널연구의 단점

❶ 패널의 대표성 확보가 곤란하다. 1년에 20~50%의 구성원이 원래의 패널에서 이탈하기 때문에 패널이 모집단을 대표하지 못하게 될 우려가 있다. 이는 상실요인(패널 유실)에 해당된다. 이것을 극복하고자 순환패널서베이(rotating panel survey)를 사용한다. 이것은 패널조사기간에 기간을 두지 않고 일정기간 경과 후 새로운 패널로 교체하는 것을 말한다.

❷ 부정확한 자료의 제공이 될 수 있다. 패널정보는 조사가 반복됨에 따라 응답자의 조사의도의 파악, 조사원과의 개인적인 친밀도의 증가, 응답에 대한 거부감과 권태감 등이 작용하여 구성원이 부정확한 자료를 제공할 가능성이 있다.

❸ 패널관리가 어렵다. 패널은 엄격한 표본추출이 필요하고, 일기작성법이나 설문지가 완벽해야 하며 구성원이 잘 교육되어야 함으로 관리가 곤란하다.

❹ 패널에서는 계속적인 조사를 하기 때문에 처음에 조사한 것을 반복적으로 질문하게 되는 경우가 많아 정보의 유연성이 저하된다.

❺ 조사기간 동안에 대상 패널들의 변화나 이탈을 제대로 통제하지 못할 경우 연구결과의 대표성이 떨어진다.

3) 코호트 조사(동시경험 집단조사; 동년배 집단조사)

코호트 조사(cohort study)란 특정한 시기에 태어났거나 동일시점에서 특정한 사건을 경험한 사람들의 집단을 연구대상으로 하는 경우이다. 대표적인 예로 6·25세대, baby boom세대, X세대, 386세대, G세대 등 특정한 시대적, 사회적, 문화적 동질성을 공유한 집단 등이 여기 속한다. 따라서 코호트 조사는 특정한 집단이 갖는 특성에 대하여 두 번 이상의 시기에 조사함으로써 시간의 경과에 따라 어떻게 내용이 변화하는지를 비교 연구하는 접근방법이다.

예를 들어, 6·25사변 기간 동안에 출생한 코호트의 정치적 성향의 변화를 매 20년 마다 조사하는 전국적 설문지조사를 들 수 있다. 17~20세의 연령으로 구성된 표본에 대하여 설문지를 실시하고, 37~40세의 표본에 대해 1990년에 설문지를 실시하고, 57~60세의 표본에 대해 2010년에 다시 설문지를 실시할 수 있다. 이 경우 설문지에 조사된 사람들은 서로 다르지만 각각의 표본은 1950~1953년 사이에 출생한 코호트(특정한 동일집단)를 대표하게 된다.

제Ⅱ편 실험설계 연구

제1장 실험설계 의의

실험설계(experimental design)란 관심변수들 간의 인과관계를 명확하게 규명하기 위하여 효과적인 연구와 분석을 구상하고 계획하는 것을 말한다. 구체적으로 실험설계는 연구자가 관심을 가지고 있는 현상을 분석하기 위하여 실험변수를 결정하고, 외생변수를 통제하며, 결과변수를 측정하여 분석한 결과를 일반화하고자 하는 일련의 과정이다.

이러한 실험설계에서는 실험결과의 일반화에 영향을 미치는 외생변수의 완벽한 통제와 모집단을 정확하게 대표할 수 있는 표본을 선정하는 것이 가장 중요하다. 그러나 대부분의 실제상황에서는 완벽하게 외생변수를 통제하거나 모집단을 정확하게 대표할 수 있는 표본을 선정한다는 것이 거의 불가능하다. 따라서 연구의 효율성을 감안하여 주어진 상황에서 가장 효과적인 통제수준과 표본추출과정을 결정하여 실험을 설계하고 연구할 수밖에 없다.

실험설계 방법은 크게 ① 실험적 조사 설계를 이용하는 실험적 방법과 ② 비 실험적 조사 설계를 이용하는 비 실험적 방법으로 구분할 수 있다. 아래에서는 실험적 평가방법과 비 실험 설계방법 순으로 평가방법에 대하여 중점적으로 고찰하기로 한다.

제2장 실험적 방법

제1절 사회실험의 의미

1. 사회실험의 등장

정책평가를 위한 비 실험적 방법의 한계 때문에 최근 Campbell 등에 의해 강력히 권장되고 있는 사회실험의 방법은 실험실이 아닌 사회라는 상황 속에서 행하여지는 실험이지만, 기본적인 개념이나 논리는 실험실에서의 실험과 동일하다. 이러한 사회실험은 총괄평가뿐만 아니라 과정평가를 위해서라도 이용되나, 여기서는 총괄평가를 위한 측면만을 보기로 한다.

2. 실험의 기본논리

실험을 위해서 ① 실험대상을 두 집단, 즉 실험집단(experimental group)과 통제집단(control group) 또는 비교집단으로 나누어, ② 실험집단에게는 일정한 처리(정책집행)를 가하고, 통제집단에게는 처리를 가하지 않게 하여, ③ 일정한 시간이 지난 후에 양 집단에 나타나는 결과변수상의 차이를 처리의 효과(정책효과)로 판단하는 것이 실험의 기본 논리이다.

3. 사회실험의 종류

실험대상을 실험집단과 통제집단으로 나눌 때, 두 집단을 동질적으로 하느냐 그렇지 않느냐에 따라 진실험과 준실험으로 구분한다.

❶ **진실험**: 무작위(ramdom) 배정에 의하여 실험집단과 통제집단의 동질성을 확보하고 행하는 실험을 말한다.

❷ **준실험**: 짝짓기(matching) 등의 방법에 의해 두 집단의 동질성을 확보하지 않고 행하는 실험을 말한다.

제 2 절 진실험

진실험(true experiment) 설계는 무작위 배정에 의해 실험집단과 통제집단을 구성하고, 실험집단에게는 조작 또는 처리(treatment)를 가하고, 통제집단에게는 처리를 가하지 않게 하여, 일정한 시간이 지난 후에 양 집단이 나타내는 결과변수(outcome variables)상의 차이를 처리의 효과(treatment effect)라고 추정하는 방법이다. 이 설계는 엄격한 외생변수의 통제 하에서 독립변수를 조작함으로써 인과관계를 밝힐 수 있는 설계이다.

1. 기본논리

진실험은 실험집단과 통제집단의 동질성[1)]을 확보하여 행하는 실험이다. 양 집단을 동질적으로 구성하기 위해서는 실험대상을 무작위(randomized)로 두 집단에 배정해야 한다. 무작위 배정을 함으로써 외생변수(허위변수와 혼란변수)의

1) 두 집단의 동질성의 조건은 다음 3가지이다. 첫째, 동일한 구성: 양 집단은 유사한 단위로 구성되어야 한다. 둘째, 동일한 경험: 양 집단은 관찰 기간 동안에 시간과 관련된 동일화 과정을 경험해야 한다. 셋째, 동일한 성향: 양 집단의 프로그램에 대한 태도가 동일해야 한다.

영향을 통제할 수 있다.

1) 설계방법

(1) 통제집단 사전·사후 설계

통제집단 사전·사후 설계는 무작위적(ramdomized)으로 실험집단과 통제집단을 구분한 후 실험집단에 대해서는 독립변수 조작을 가하고, 통제집단에 대해서는 아무런 조작을 가하지 않은 체 두 집단 간의 차이를 전후로 비교하는 방법이다.

이 설계방법은 두 집단의 동질성을 확보할 수 있으며, 따라서 외생변수가 통제된다. 그로 인해 내적 타당도는 높으나 외적 타당도는 낮다.

	실험 전 측정	처 리	실험 후 측정	결과변수상의 차이
실험집단(R)	O1	T	O2	O2-O1=de
통제집단(R)	O3		O4	O4-O3=de

R : random (무작위배정)　　O : outcome variables (결과변수)
T : treatment (처리)　　d : difference (차이)
e : experimental group (실험집단)　　c : control group (통제집단)
de-dc= 처리효과

그림 2-1 통제집단 사전·사후 설계

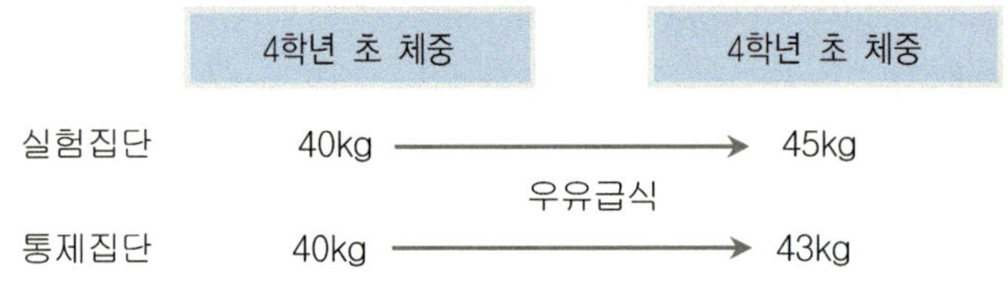

이 경우 우유급식 효과는 (45 - 40) - (43 - 40) = 2kg이 된다.

(2) 통제집단 사후 설계

통제집단 사후 설계는 실험대상자를 무작위로 할당하고 사전검사 없이 실험집단에 대해서는 조작을 가하고 통제집단에 대해서는 아무런 조작을 가하지 않은 채 그 결과를 서로 비교하는 방법이다.

이 방법은 사전검사의 영향을 제거할 수 있고 통제집단 사전・사후 설계에 비해 설계가 간단하고 비용이 적게 소용된다는 장점은 있으나, 사전검사를 하지 않음으로 실험결과의 신뢰성을 확보할 수 없다.

(3) 솔로몬 4집단 설계

통제집단 사전・사후 설계와 통제집단 사후 설계를 혼합한 형태로서, 실험자는 사후검사에서의 차이점이 실험처치에 의한 것인지 사전검사에 의한 것인지의 여부를 알 수 있다. 두 통제집단 모두 실험처치에 노출되지 않기 때문에 두 실험집단의 사전・사후 검사에서 관찰된 어떠한 차이라도 사전검사와 실험처치의 상호작용효과를 반영한다.

이 방법은 피험자를 네 개의 집단에 무작위로 배치한 다음, 첫 번째 집단에는 사전검사를 하고 실험처치를 한 후에 다시 사후검사를 실시하고, 두 번째 집단에는 사전검사를 하고 얼마 있다가 실험처치 없이 사후검사를 실시하고, 세 번째 집단에는 사전검사 없이 실험처치를 가한 후 사후검사만을 실시하고, 네 번째 집단에는 사후검사만을 실시하는 것을 말한다. 그리하여 이들 검사 결과들을 서로 비교하여 실험처치의 효과를 추정하는 방법이다.

그림 2-2 솔로몬의 4집단설계

O_1	X	O_2	$d_1 = 2 - O_1$
O_3		O_4	$d_2 = O_4 - O_3$
	X	O_5	$d_3 = O_5 - O_6$
		O_6	$D = d_1 - d_2 - d_3$

이 방법은 가장 이상적인 설계유형으로, 사전검사의 영향을 제거하여 내적 타당도를 높일 수 있는 동시에, 사전검사와 실험처치의 상호작용의 영향력을 배제하여 외적 타당도를 높일 수 있다.

- 단점: ① 두 가지의 다른 실험을 동시적으로 수행해야 한다는 점
  ② 동일한 종류의 더 많은 연구대상들을 확보해야 한다는 점
  ③ 실험을 위한 비용문제가 적지 않다는 점

2. 진실험 한계

1) 내적 타당성의 문제

(1) 약점

무작위배정으로 두 집단 간의 동질성을 확보함으로써 다른 유형의 평가방법보다 평가의 내적 타당성이 높다. 그러나 다음과 같은 경우에는 내적 타당성이 약해진다.

❶ **불균등한 상실**: 두 집단이 실험의 전 기간 동안에 동질적이어야 하는데, 어떤 이유로 실험도중에 실험집단의 구성원 일부가 불균등하게 빠져 나감으로써 두 집단 간의 균형이 깨질 경우에는 동질성이 유지되지 못하게 된다. 예를 들면 실험집단에 유리한 처리(정책)를 시행하는 경우 이러한 혜택을 받지 못하는 통제집단 구성원들이 불만을 품고 통제집단을 이탈하는 경우나, 반대로 실험집단에 불리한 처리를 시행하는 경우 이에 불만을 품고 실험집단 구성원들이 이탈하는 경우이다.

❷ **오염**: 오염현상(contamination) 또는 확산효과(diffusion effect)란 정책효과를 추론할 때 가정하는 순수한 상태와 다르거나 혹은 순수하지 못한 상태를 말하는데, 오염현상이 발생하면 실험집단과 통제집단의 차이는 정확한 정책효과를 나타내지 못하게 된다. 오염이 발생하는 근본적인 원인은 동질성을 확보하고자 같은 생활환경을 가진 사람 중에서 대상자를 선정함으로, 이들이 서로 접촉하게 되어 이러한 현상 등이 나타나게 된다.

i) **누출**(leakage) : 정책수단의 내용이 잘못되어 통제집단에게도 누출되는 경우이다.

ii) **모방**(imitation) : 정책효과로 실험집단의 구성원들의 행태변화가 있을 때 통제집단의 구성원들이 이것을 모방하는 경우이다.

(2) 보완책

위에서 본 오염현상은 근본적으로 두 집단 구성원들의 상호접촉으로 인하여 발생하기 때문에 이 문제점들의 근본적인 해결방법은 두 대상 집단들이 상호 접촉을 못하도록 두 집단을 구성해야 하는데, 이를 위한 최선의 방법은 준실험을 이용하는 것이다. 그러나 준실험은 선발효과 · 성숙효과 · 역사적 사건 등에 의해 내적 타당성이 진실험보다 떨어진다는 약점이 있어 딜레마에 빠지게 된다.

2) 외적 타당성 문제

(1) 약 점

외적 타당성이란 특정한 상황에서 추진된 정책이 일정한 효과를 냈을 때 이 효과가 다른 상황에서 동일한 정책을 추진했을 때도 그대로 나타나는 정도를 말한다.

어떤 평가실험이 자연스러운 사회생활과정에서 시행되지 않고 실험실과 같이 대상자들을 격리시켜 시행할 경우 실험대상자들은 이런 실험적 상황에 민감하게 반응하여 자연스러운 사회생활과정에서 보일 수 있는 것과는 다른 형태를 나타낼 수도 있는데, 이러한 평가결과를 일상적인 상황에도 일반화시키기는 곤란하다. hawthorne효과가 그 좋은 예가 되는데, 이것은 실험대상자들이 실험의 대상으로서 그들이 관찰되고 있다는 사실을 알게 되어 평소와 다른 행동을 함으로써 발생하는 효과를 의미한다. 호손효과의 문제는 진실험 뿐만 아니라 모든 실험적 방법에 해당된다.

(2) 보완책

hawthorn효과를 막기 위한 대책으로는 사회실험을 가능한 조용히 추진하여 실험대상자들이 실험이 진행되고 있다는 것과 자기들이 주목의 대상이 되고 있다는 것을 모르도록 하는 수밖에 없다.

3) 실행가능성의 문제

(1) 약 점

사회라는 상황에서 실험적 처리가 과연 실행가능한가의 문제이다. 정책 내용이 실험대상자에게 혜택을 주는 경우 통제집단에 의한 요구를 거절하기가 어렵다. 따라서 진실험이 지니는 최대의 약점은 실행가능성이 제약을 받는다는 점이다.

❶ 두 집단을 무작위로 나누어 하나의 집단에만 정책을 집행하는 것이 윤리적(예: 암치료제의 효과실험) · 정치적(예: 배분정책의 경우에는 통제집단이 반발하고, 규제정책의 경우에는 실험집단이 반발)으로 실행하기가 어려운 경우가 많다.

❷ 또한 두 집단의 구성원들을 무작위로 구성하여 연구를 실시하는 진실험 설계는 실험연구에 막대한 비용과 많은 시간이 소요되기 때문에 현실적으로 진실험 설계에 의해서 연구를 수행하는 것이 곤란한 경우가 많다. 대부분의 정책이나 사업은 사회문제해결을 위하여 곧바로 입안 · 추진 및 수정 · 보완에 거의 도움을 주지 못하기 때문이다.

(2) 보완책

❶ 심각한 도의적 문제를 일으키지 않는 경우에는 정치적 반대자들에게 호소하고 설득하여 실험의 중요함을 인식시켜서 이들의 협조를 얻는 방법이다.

❷ 실험대상자로 하여금 자기가 원하는 대로 실험집단이나 통제집단 중 어느 것이든지 자발적으로 선택하도록 하는 방법인데 이것은 결국 준실험이 되는 것과 같다. 준실험의 경우는 크게 문제되지 않는다.

제 3 절 준실험

1. 의의

준실험(Quasi Experiment)은 설계에 의한 정책효과의 평가는 무작위배정에 의해 실험집단과 통제집단을 구성하기가 실질적으로 어렵거나 불가능한 경우에, 짝짓기(matching)에 의한 방법으로 실험집단과 통제집단을 구성하여 정책효과를 평가하는 방법이다. 이와 같이 짝짓기에 의해 두 집단을 구성함으로써 허위변수와 혼란변수를 제거하려는 것을 축조된 통제라고 부른다.

따라서 준실험 설계는 ① 비교집단이 실험집단과 '비동질적'이라는 점에서 진실험 설계와 다르고, ② 비교집단을 '사전'에 확보하여 처리를 대상 집단에게 실시한다는 점에서 사후에 비교할만한 비교집단을 찾아내는 진실험 설계와 구별된다.

2. 준실험 설계 논리

준실험 설계의 기본논리는 진실험 설계와 같으나, 짝짓기의 방법에 의해 실험집단과 통제집단 간의 동질성을 확보하지 않고 행하는 실험이라는 점에서 차이가 있다. 하지만 가능한 한 실험집단과 유사한 비교집단을 구성하려고 노력한다.

실험집단과 비교하기 위하여 추가된 비교집단은 실험집단과 동질적이지 않기 때문에, 준실험의 대표적인 예가 **비동질적 사전·사후통제집단**(non-equivalent control group)설계이다.

3. 준실험의 장점

1) 실행가능성의 제고

진실험은 하나의 집단에만 정책을 집행하는 것이 정치적·도의적으로 불가능할 때가 많다. 예로 암 특효약이 개발되었다고 하자. 이때 죽어가는 암 환자가 추첨을 통해 통제집단에 뽑혔다는 이유로 그에게 약을 복용할 수 없다고 거절할 수 있는가? 이처럼 정책이 혜택을 주는 경우에는 통제집단의 반발이 심하다.

그러나 준실험에서는 이것이 크게 문제가 되지 않는다. 준실험에서는 실험대상자로 하여금 자기가 원하는 대로 실험집단이나 통제집단 중 어느 것이든 선택할 수 있는데, 그것은 준실험이 양 집단을 동질적으로 구성할 필요가 없다는 것을 의미하기도 한다.

2) 외적 타당성의 장점

특정한 상황에서 추진된 정책이 일정한 효과를 냈을 때 이 효과가 다른 상황에서 동일한 정책을 추진했을 때도 그대로 나타난다면 외적 타당성이 높은 것이다. 준실험의 경우 실험집단을 무작위로 추출하는 것이 아니다. 예를 들어, 시내 어느 고교 교장선생님이 일상적으로 선도학생을 모아 훈시할 때 이 학생들을 실험집단으로 선정하면 그들은 호손효과를 보이지 않고 따라서 좀 더 근사한 효과를 추정할 수 있다. 즉, 준실험은 좀 더 자연스러운 상태에서 실험을 진행함으로 여기서 추정된 효과는 다른 상황에서도 높게 나타날 가능성이 크다. 즉, 외적 타당성이 높다고 하겠다.

3) 내적 타당성의 장점

진실험은 양 집단의 동질성을 확보하기 위해 같은 지역이나 생활환경 속에 있는 실험대상을 무작위로 나눔으로 인해 누출효과와 모방효과가 나타나는 문제점이 노출되었다. 이러한 문제의 근본적인 해결방법은 양 집단의 사람들이 서로 접촉하지 않도록 두 집단을 구성하는 방법 밖에 없다. 예를 들어, 접촉이 일어나기 힘들 정도로 두 집단을 격리하는 것인데 서울의 초등학교 학생들에게는 우유급식을 실시하고, 낙도 초등학교 학생들을 통제집단으로 이용하면 누출효과는 발생하지 않을 것이다.

4. 준실험의 약점과 보완책

1) 약 점

준실험 설계는 진실험 설계에 비해 외적 타당성과 실행가능성은 높지만, 내적 타당성에는 약점이 있다. 이것은 크게 선발과 성숙의 상호작용과 실험 중에 일어나는 사건으로 나누어 살펴보기로 한다.

(1) 선발과 성숙의 상호작용(selection-maturation interaction)

준실험에서는 실험집단과 비교집단의 성숙효과가 동일하다는 것을 전제로 정책효과를 추정하나, 두 집단에 선발과 사람들의 최초의 특성이 다를 뿐만 아니라 그들 두 집단 간의 성숙의 비율이 다를 경우에는 이것이 정책효과를 왜곡시키는 원인이 될 수 있다. 즉, 준실험에서는 실험집단과 비교집단을 비동질적으로 선발(selection)하여 두 집단의 성숙효과가 다르게 나타나는 데도 불구하고, 이것을 같은 것으로 전제하고 정책효과를 추정하기 때문에 내적 타당성에서 큰 약점을 갖게 되는 것이다. 특히 이러한 선발과 성숙이 문제되는 것은 실험집단을 자원자(volunteer)들로서 구성하는 자기선발(self-selection)에 의한 배정을 하는 경우이다.

(2) 실험 중에 일어나는 역사적 사건(intra-session history)

비동질적 통제집단을 이용하는 준실험이 지니는 두 번째 약점은 실험도중에 실험집단이나 비교집단 어느 한쪽에만 집단특유의 사건이 발생했을 때 이를 해결할 방법이 없다는 점이다. 즉, 실험도중에 두 집단 중 어느 한쪽만이 커다란 사건에 부딪쳐 결과 변수에 영향을 미치면, 준실험 설계로서는 이러한 영향을 파악하지 못하기 때문에 이 영향이 정책효과로 추정되어 준실험의 내적 타당성을 저하시키는 것이다. 예를 들어 실험집단은 도시지역 초등학교 학생들이고 통제집단은 낙도의 초등학생인 경우, 낙도의 학생들은 태풍으로 말미암아 고기잡이가 차질을 빚게 되어 그 결과 제대로 먹지 못해 3kg밖에 체중이 늘지 않았는데 아무 관계도 없는 실험집단도 똑같이 3kg으로 보면 문제가 된다. 이처럼 준실험은 한쪽에만 미친 영향을 파악하지 못한다.

두 번째 문제점은 크리밍 효과(creaming effect)로서, 원래 우유에 떠 있는 크림의 좋은 부분만을 퍼내는 것을 의미하는데 결과가 좋은 집단을 실험집단으로 선발하고 그렇지 못한 집단을 비교집단으로 선발하여 기대한 효과를 얻었다고 해서 동일한 정책수단을 일반적 상황에 적용할 경우 과연 그 효과가 나타날 것인가의 문제이다.

2) 보완책

❶ 준실험의 약점은 기본적으로 실험집단과 비교집단이 비동질적이라는 점에서 나타나기 때문에 이러한 약점을 보완하기 위해서는 가급적 두 집단을 '동질적'으로 구성하여야 한다. 즉, 진실험에 가깝게 하여야 한다는 것이다.

❷ 준실험의 약점을 보완하는 또 다른 방법으로는 두 집단을 구성할 때 어떤 '명백한 기준'을 이용하는 방법이 있는데, 대표적인 것으로는 회귀불연속설계와 단절적 시계열분석이 있다. 이 두 가지 방법은 학자에 따라서는 준실험설계의 일종으로 포함시키기도 하나, 여기에서는 비동질적 통제집단설계의 약점을 극복하기 위해서 고안된 보완적 설계로 취급하기로 한다. 최근에는 이러한 준실험 설계의 보완방법에 대하여 많은 관심이 모아지고 있다.

5. 진실험과 준실험의 종합적 비교

위에서 살펴 본 정책평가의 타당성과 실행가능성 측면에서 진실험과 준실험을 종합적으로 비교해 보면 다음과 같다.

(1) **내적 타당성**: 진실험이 우수하다.
(2) **외적 타당성**: 준실험이 약간 우수하다.
(3) **실행가능성**: 준실험이 우수하다.

즉, 진실험은 내적 타당성에서 우수하고, 준실험은 외적 타당성, 실행가능성에서 우수하다. 그런데 진실험은 내적 타당성에서 준실험보다 월등히 우수하기 때문에 외적 타당성과 실행가능성이 크게 문제가 되지 않는 경우에는 가능한 한 진실험으로 정책평가를 추진하는 것이 바람직하다. 그러나 외적 타당성과 실행가능성의 약점이 치명적인 경우에는 준실험의 방법으로 이 약점을 극복하여야 할 것이다. 이처럼 준실험의 약점을 극복할 수 있는 방법으로 두 가지 방법을 살펴본다.

6. 준실험의 보완 방법

1) 회귀불연속설계

(1) 의의

회귀불연속설계(regression discontinuity design)란 정책효과를 위한 실험집단과 비교집단의 설정에 있어서 '명백한 기준'을 사용하는 방법이다. 이 설계는 실험집단과 비교집단 간의 구분이 계량적・통계적 기준 뿐만 아니라 비계량적이더라도 확실한 기준에 의해 구별이 가능한 경우에 유용하게 사용할 수 있는 정책평가 설계이다.

(2) 진실험 설계와 준실험 설계와의 구분

회귀불연속설계는 '명백한 기준'을 사용하여 실험집단과 비교집단을 설정한다는 점에서, ① 무작위 배정에 의해 동질적 집단을 실험집단과 비교집단으로 선발하는 진실험 설계의 경우나, ② 개략적인 조건들이 비슷하다는 이유로 짝짓기 방법에 의하여 실험집단과 비교집단을 선정하는 준실험 설계(비동질적 통제집단설계)와는 구별된다.

(3) 설명사례

예를 들어, 성적이 우수한 학생에게 장학금을 지급하고, 이 장학금지급이 수혜학생들의 성적을 더욱 향상시켰는지를 알아보기 위한 실험설계를 한다고 해보자, 이 경우는 장학금 지급전의 성적이라는 명백한 기준에 의해 성적이 일정 수준 이상인 학생에 대해서는 장학금을 받는 실험집단에 포함시키고, 그 이하이면 장학금을 받지 않는 비교집단에 속하게 한다.

이와 같이 실험집단과 비교집단의 배정기준이 되는 점수를 구분점(cutting point)이라고 부른다. 아래 그림에서 X축(사전치)에는 학생들의 장학금 지급전의 성적을 나타내고, Y축(사후치)에는 장학금 지급 후의 성적을 나타낸다. 이때 X축의 성적 80점을 기준으로 장학금을 지급한다고 가정할 때 80점 이상을 받은 학생은 장학금을 받는 실험집단에 포함되고, 그 미만의 학생은 비교집단에 포함된다.

장학금 지급 전 과 후의 평균성적을 산출하여 그러한 점들을 연결한 선이 회귀곡선(regression line)이다. 만약에 장학금 지급이 없었다면 구분점 이상에서도 회귀선은 점선으로 나타났을 텐데 장학금 지급 후에 실선으로 나타났다면, 이 실선과 점선과의 차이를 장학금 지급의 효과라고 볼 수 있다. 장학금 지급 대신에 이것이 정책이나 사업일 경우에는 그 차이가 정책 또는 사업의 효과가 된다.

그림 2-3 회귀불연속설계

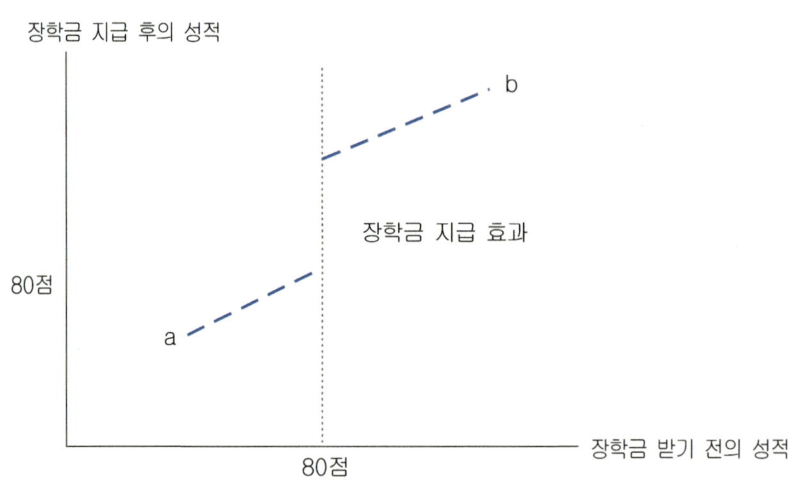

이처럼 회귀불연속 설계는 명백한 기준만 있으면 되므로 적용 가능한 경우가 많으며, 어떤 희소자원의 분배와 관련된 사회실험의 결과를 점검하는데 매우 유용한 기법이다.

2) 단절적 시계열분석

(1) 의의

단절적 시계열분석(interrupted time-series design)이란 여러 시점에서 관찰된 자료를 평가에 이용하는 방법(재귀적 통제에 의한 평가방법)으로서, 정책실시로 인해 야기된 정책결과변수의 시계열곡선상의 단절을 이용해 정책효과를 측정하는 설계이다. 즉, 단절이 일어난 시점을 기준으로 그 전후의 시계열측정치들을 비교하여 그 차이를 정책효과로 판단하는 방법이다. 여기서 시계열자료에 의한 결과변수의 추세곡선이 정책실시 전후를 비교하여 볼 때 상당히 큰 폭으로 변화가 있을 때는 정책효과가 있는 것이 되며, 일반적인 추세로 지속되면 정책효과가 없는 것으로 판단된다.

❶ **단절적 시계열 단순설계**: 모든 정책 대상이 실험집단만 존재하고 비교집단을 구성할 수 없을 때, 정책 시행 전과 후의 결과 변수에 대한 시계열 자료를 이용하는 경우이다. 예를 들어 교통안전캠페인이 자동차 사고 사망자 수에 미치는 영향을 파악하고자 할 때, 정책이 실시되기 시작한 시점에서 분명한 구분선이 존재하게 된다.

그러나 비교집단 없이 단 1회 측정만으로 실험의 결과를 해석하기에는 문제점이 있다. 예를 들어 교통캠페인 년도에 예년에 비해 지나치게 눈이 많이 옴으로 인해 자동차 운전 횟수가 줄어들 수도 있기 때문이다. 이러한 문제점을 극복하기 위해서는 단 1회의 측정보다는 관찰 횟수를 시간적으로 늘린 시계열 설계를 사용할 수 있다. 즉, 속도 규제 캠페인이 실시된 이래 자동차 사고에 의한 사망자 수가 뚜렷하게 감소하기 시작하여 그 효과가 나타났다는 것이다. 따라서 1회 측정으로 야기되는 불합리성을 문제점을 줄일 수 있다는 것이다.

❷ **단절적 시계열 비교집단설계**: 단절적 시계열 비교집단설계는 단절적 시계열 단순설계에 비교집단을 첨가한 것으로 단절적 시계열 단순설계보다 정확성과 신뢰성을 기할 수 있다.

단절적 시계열 비교집단설계의 기본 논리는 정책을 실시한 후 실험집단과 비교집단 간의 시계열 차이를 정책효과로 보는 것이다.

(2) 유용성

단절적 시계열분석은 ① 정책을 전면적으로 실시하여 모든 대상 집단이 실험집단이 되기 때문에 비교집단을 구성할 수 없을 때(예: 우리나라 중소기업 전체를 대상으로 한 중소기업지원정책의 효과를 평가하려고 할 때), ② 정책실시 전후비교설계와 같이 단 1회의 측정에 의한 비교평가(이 경우에는 회귀인공이 작용할 가능성이 있음)로는 정책효과를 정확히 알 수 없는 경우에 유용하게 사용될 수 있다. 즉, 단절적 시계열분석은 비교집단이 없는 경우에 정책효과 평가에 있어서 정책실시 전후의 단 1회만의 측정으로 야기되는 문제점을 제거해 줄 수 있는 장점이 있다.

(3) 설명사례

정부가 시행한 교통안전 캠페인이 자동차에 의한 사망자 수에 미치는 영향에 대해 알고자 하는 경우를 생각해 보자, 인구 1만 명당 자동차사고로 인한 사망자 수에 대한 지난 20년간에 걸친 자료가 이용가능하고, 그 가운데 최소한 전기 10년간의 자료는 교통안전 캠페인이 시작되기 이전의 자료라고 가정한다.

만약 교통안전 캠페인이 없었다면 추세선이 점선으로 나타났을 텐데 교통안전 캠페인을 실시한 이후에 실선으로 큰 변화가 있었다면 이러한 점선과 실선과의 차이를 교통안전 캠페인의 효과라고 판단할 수 있다. 이 경우 정책이 실시되기 시작한 시점에서 분명한 구분선(區分線)이 존재하기 때문에 단절적 시계열이라고 부른다. 이러한 단절적 시계열에 의한 정책효과평가를 위한 설계는 고속도로에서의 자동차 속도규제의 효과평가와 폭력범들에 대한 중벌선고의 효과평가 등에 널리 활용된다.

제3장 비 실험적 방법

제 1 절 비 실험적 방법 의의

비 실험적 방법은 주로 다중회귀분석, 인과관계분석, 시계열분석 등의 통계적 방법으로 분석하는 방법을 말한다. 비 실험적 방법은 실험설계가 정밀할 경우 간단한 통계적 분석방법으로도 가능하나, 그 설계가 조잡할 경우에는 고도의 통계적 분석으로도 이 약점을 완전히 보완할 수 없다는 한계가 있다.

제 2 절 비 실험적 방법의 종류

실험적 방법은 사전에 실험집단과 비교집단(통제집단)을 구성한 상태에서 평가연구가 진행되나, 비 실험적 방법은 실험적 방법(진실험 · 준실험)과는 달리 엄밀한 의미의 비교집단(통제집단)이 없다는데 그 특색이 있다. 이처럼 비 실험적 방법에는 비교집단(통제집단)이 없으나, 편의상 일종의 비교집단을 사후적으로 설정하는 경우도 있는데 이러한 비교집단을 의사(擬似) 또는 가(假: pseudo)비교집단이라고 부른다.

대표적인 비 실험적 방법으로 ① 정책실시 전 · 후비교방법과 ② 의사비교집단 설정에 의한 비교방법이 있는데, 이 두 가지 방법을 준실험 설계에 포함시키는 견해도 많다. 다만 실험적 설계란 '사전적'으로 '실험집단과 비교집단(통제집단)'을 구성한다는 점에서 여기서는 이 두 가지 방법을 비 실험적 방법으로 설명하기로 한다.

1. 정책실시 전 · 후 비교설계

이 방법은 '하나'의 실험집단에 대하여 정책을 실시하기 전과 후의 상태를 비교하여 정책효과를 평가하는 방법을 말한다. 예를 들어, 초등학교 100명을 대상으로 5학년 초에서 실시하여 6학년 초까지 우유급식을 실시한 뒤 이것이 체중 증가에 얼마만큼 영향을 주었나를 파악하고자 한다. 정책실시 전 · 후 비교 방법에 의하면 평균 체중에서 5kg의 증가가 있었으므로 우유급식의 효과는 5kg 체중 증가라고 결론을 내린다.

그러나 정책실시 전 · 후 비교방법은 학생들이 우유를 먹지 않아도 자연 성장하는 성숙효과(maturation effect)를 고려하지 못하는 단점이 있다.

그림 3-1 정책실시 전 · 후 비교방법

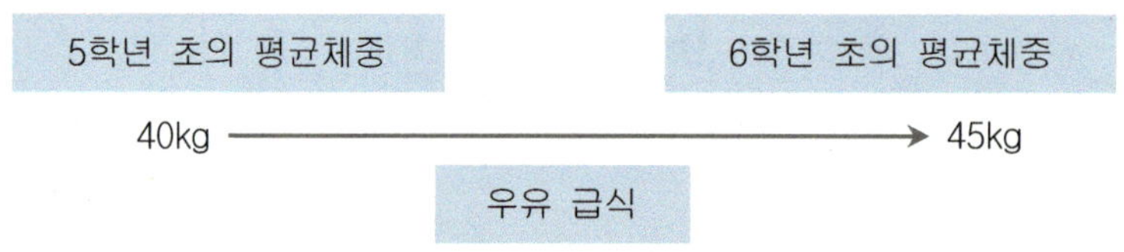

2. 의사 비교집단 설정에 의한 비교방법

이 방법은 정책을 실시한 후에 실험집단의 정책효과를 판단하기 위해서 '사후적'으로 정책의 대상이 아닌 다른 집단, 즉 비교집단을 선발하여 비교하는 경우에 이용되는 방법이다. 이 경우의 비교집단은 정책을 실시한 후에 실험집단과 비교하기 위해 사후적으로 선발된 집단이라는 점에서, 정책을 실시하기 전에 사전적으로 구성된 진실험이나 준실험의 비교집단과는 구별된다. 또한 정책 실시 후의 결과치만 가지고 정책의 효과를 판단하는 방법이다.

예를 들어 수학특별지도를 희망하는 고등학생 100명에게 특별반을 만들어 공부시키고 나중에 성적을 알아보니 평균 80점을 받았다고 하자. 같은 학교의 다른 학급 학생들을 비교집단으로 이용하여 성적을 보았더니 이 학급은 평균 70점을 받았다. 이런 경우 특별 교육 때문에 수학실력이 향상된 것으로 판단한다.

제 3 절 비 실험적 방법의 약점

1. 정책실시 전 · 후 비교설계의 약점

하나의 실험집단에 대하여 정책실시 전과 후를 비교하는 방법은 정책실시 전 후의 비교과정에서 성숙효과와 역사효과 등이 개입함으로써 정책효과와 경쟁관계를 형성할 수 있다는 점이다. 이 경우에는 정책결과가 과연 어떤 효과에 의해서 나왔는지를 명확히 판단할 수 없는 문제가 있다.

2. 의사비교집단 설정에 의한 비교방법의 약점

정책을 실시한 후에 사후적으로 비교집단을 설정하여 실험집단과 비교하는 방법은 사후적으로 구성된 비교집단이 실험집단과 동질적이지 않기 때문에 비교집단의 선발과정에서 일종의 바이러스가 개입케 되고, 이러한 선발효과를 정책효과로 착각하기 쉽다는 점이다. 특히 자원봉사자와 같이 대상자가 실험집단에 자발적으로 참여한 경우를 자기선발(self-selection)이라고 부르는데, 이 경우에는 거의 언제나 선발효과가 나타나는 것으로 알려져 있다.

3. 비 실험적 통계분석의 약점

실험설계 없이 통계적 분석에 의하여 허위변수와 혼란변수를 제거하려는 방법을 비 실험적 통계적 방법이라고 하는데, 그러나 허위변수와 혼란변수를 모르거나 정확히 측정할 수 없는 경우가 대부분이기 때문에 이 방법으로는 정책효과를 정확히 측정할 수 없다는 한계가 있다. 이와 같은 이유 때문에 다음에서 보게 되는 사회실험설계의 방법으로 허위변수, 혼란변수의 영향인 선발효과 등을 제거시키려고 노력하는 것이다.

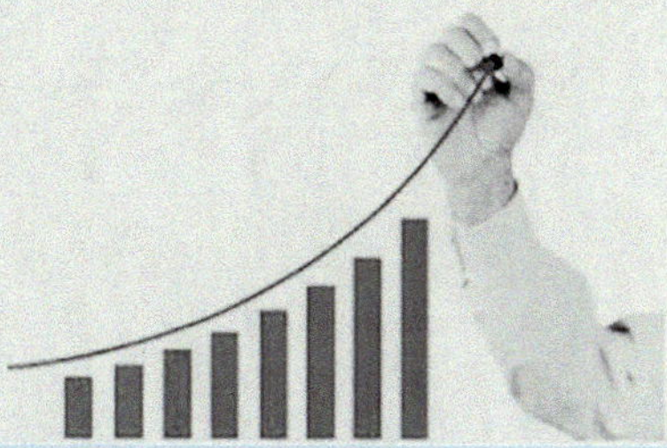

제Ⅲ편 조사 설계

제1장 과학적 조사 절차

과학적 조사는 경험적인 관찰결과를 바탕으로 현상에 대한 이론적인 주장을 입증하거나 불확실한 미래를 예측하기 위하여 진행되는 체계적인 연구절차와 방법을 의미한다. 과학적 조사를 진행하는 과정은 우선 (1) 문제를 정확하게 인식한 다음 (2) 문제와 관련된 기존의 이론과 지식을 정리하고, (3) 이를 근거로 가설을 설정한 다음 (4) 가설에서 사용된 개념들, 즉 잠재변수들을 측정할 변수들을 정의하고 (5) 최종적으로 변수들 간의 관계를 규명함으로써 가설을 검정하고 (6) 그 결과에 따라 새로운 이론을 축적해 간다.

과학적 조사를 위해서는 조사 설계(research design: research proposal)를 작성해야 한다. 조사 설계란 조사문제 구성을 위해 필요한 정보를 얻기 위한 구체적인 절차로서 연구진행에 필요한 틀(framework)이라고 할 수 있다.

이처럼 조사 설계는 연구의 초안으로 연구계획에 포함될 중요한 사항만을 간략하게 기술한다. 이것의 구성요소로는 연구문제, 기존문헌의 검토를 통한 이론 발굴, 개념적 준거 틀(framework), 가설설정, 자료수집, 자료 분석 및 해석 등으로 이루어진다.

바람직한 조사 설계가 되기 위해서는 ❶ 조사에 어떠한 정보(변수)가 필요한지 파악, ❷ 조사 설계 형태가 탐색적인지, 기술적인지 그리고 설명적인지 파악, ❸ 측정방법과 척도 파악, ❹ 적절한 표본 수 파악, ❺ 자료 분석을 어떻게 할 것이지를 파악해야 한다.

그림 1-1 과학적 연구의 일반적인 절차

정확한 문제인식(연구문제 제기)
↓
기존의 이론과 연구에 대한 고찰
↓
연구모형 설정
↓
연구가설 설정
↓
조작적 정의
↓
변수들간의 관계규명
↓
가설검정 및 통계분석

제1절 조사문제의 형성

1. 조사문제 의미

조사연구는 수많은 사회현상 중에서 자기가 관심을 갖는 분야나 사회적 요청으로 당면 문제해결을 위한 바람직한 대안을 제시하기 위해 조사주제를 선정함으로써 시작된다. 모든 조사는 문제(problem)에 대한 인식으로부터 출발한다. 왜냐하면 연구자로 하여금 연구를 실행하도록 관심을 유발시키는 것이 바로 문제에 대한 인식이기 때문이다. 그리고 모든 조사는 이러한 문제를 해결하기 위한 방안이나 이에 필요한 지식을 얻음으로써 연구를 마무리하게 된다.

조사문제를 설정하기 위해서는 먼저 조사주제를 정해야 한다. 예를 들어, "공공조직의 행정문화와 조직몰입과의 관계", "공무원의 사기의욕" 등 다양한 연구주제가 가능하다. 조사주제가 결정되면 잠정적으로 조사문제를 의문문의 형식으로 만들어 본다. 그 후 조사문제와 관련된 단행본, 학술지에 실린 논문 등의 문헌을 검토하면서 최종 연구문제를 확정한다.

조사문제(research problem)란 둘 또는 그 이상의 변수 간에 어떠한 관계가 있는지를 조사해보기 위하여 의문문 형식이나 기술적인 문장으로 서술된다. 예를 들어 "승진과 직무만족 간에는 관련성이 있는가?" 또는 "성별이라는 조건하에서 승진과 직무만족 간에는 어떤 관련성이 있는 것일까?" 또는 기술적인 문장으로 "이 연구의 목적은 ----이다"라고 서술한다.

그러므로 조사문제 형성의 의미는 연구자가 그 조사에서 다루고자 하는 주제, 조사의 목적 및 이론의 의의 등에 관한 명백한 구상을 가지고 논리적으로 정립하는 단계이다.

2. 조사질문 유형

1) 규범적 질문

규범적 질문은 판단적인 가치, 즉 좋고 나쁨, 바람직함과 그렇지 않음, 아름다움과 추함 등의 질문을 다룬다. 이러한 규범적 질문에 대한 답변은 개인의 가치판단에 따라 달라지므로 경험적 검정은 불가능하다. 예를 들면, "민주주의가 최고의 정부형태인가?", 박정희는 좋은 대통령인가 ?" 라는 문장에서 '좋은', '최고' 등은 가치판단적인 용어이다.

2) 경험적 질문

경험적 질문이란 사실들이 경험에 의해서 확인되거나 증명될 수 있는 것을 말한다. 대표적인 경험적 질문지로는 설문지나 관찰을 통해 검증될 수 있는 질문이라고 할 수 있다.

3) 기술적 질문

기술적 질문이란 현재의 프로그램 특성을 지역주민, 고객, 조직구성원들을 통해 정보를 수집하는 것을 말한다. 이들 질문들은 대체로 단일변수만을 대상으로 하는 경우가 많다. 예를 들면, “실업자들에게 정부가 지원하는 컴퓨터기술학습이 효과가 있는 것일까?”, “바우처 제도 시행에 대해 수급대상자들의 만족도는 어떠할까?” 등으로 질문을 던질 수 있다.

4) 관계형 질문

관계형 질문은 변수들 간의 관계의 정도를 측정하는데 관심을 갖는다. 변수간의 관계는 인과관계와 상관관계로 구분된다. 인과관계 질문은 독립변수가 종속변수에 미치는 영향에 관한 연구를 말한다. 예를 들어 “승진이 직무만족에 어떤 영향을 미치는가?” 등으로 주로 ‘영향’에 관한 질문을 말한다. 상관관계는 “태아진료의 빈도수와 유아사망률은 어떤 관계가 있는가?”로 기술할 수 있다.

3. 조사문제 원천

연구자에게 있어 “무엇을 연구할 것인가?”를 정하는 것은 매우 어렵고 중요한 과제이다. 일반적으로 연구자들은 학문적 · 실천적 관심분야에서 조사문제를 추출하는데, 그 아이디어를 다음 몇 가지 원천에서 찾아 볼 수 있다.

1) 기존지식체계의 한계

조사문제의 아이디어는 연구자가 알고 있는 분야의 기초지식을 체득하고 있으면 어떤 것에 대해 좀 더 관심과 흥미를 가질 수 있다. 구체적으로 ① 어떤 분야에 대한 지식의 갭(gap)이 있거나, ② 기존 연구결과들이 서로 상충되거나, ③ 기존의 지식체계로 어떤 새로운 사실들을 설명할 수 없을 때 이에 대한조사를 시작할 수 있다. 예를 들어 전자정부로 인하여 행정업무가 분권화될 것인가 집권화가 될 것인가에 대한 의문을 가지고 시작을 할 수 있다. 이것은 지식의 갭의 실례이다.

2) 사회적 요청

국가적 및 사회적으로 곤란한 사실들이 야기될 경우, 정부는 이런 문제해결을 각종 연구소에 경험적인 조사 수행을 요청할 수 있다. 예를 들어, 4대강 개발 사업에 대해 국민들의 의견이 분분할 경우 정부는 이런 문제해결을 위해 연구재단에 요청할 수 있을 것이다.

3) 개인적 경험

연구자가 특정 경험이나 일상생활 및 직장생활에서 겪은 개인적 경험을 토대로 조사주제를 선정할 수도 있다. 예를 들어, 자신이 근무하는 직장에서 여성보다 남성이 승진이 빠르다는 것을 관찰하였다면 성차별 행태가 나타나고 있는지 관심을 가지고 조사주제를 선정할 수 있을 것이다.

또한 연구자는 기존의 이론과 관계없이 자신의 과거 경험에서 축적된 지식에 기초하여 조사문제를 만들어 내곤 한다. 경험이 없는 사람에게는 아무런 의미가 없는 행동이나 상황이라 하더라도, 경험이 있는 사람에게는 그러한 행동이나 상황이 사회구성원 전체의 행복에 의미 있는 영향을 미친다는 것을 인식할 수 있다. 이러한 개인적 경험은 조사문제를 생성하는 근원이 된다.

4) 강한 탐구욕이나 호기심

연구자의 강한 탐구욕이나 호기심은 조사문제의 근원이 된다. 특정 대상이나 주제에 대한 연구자의 강한 탐구심이나 호기심은 그 대상이나 주제에 관해 좀 더 알고 싶어 하고, 해결하고 싶어 하기 때문에 그것들과 관련된 문제를 조사문제로 발전시키게 된다. 예를 들어, 흡연이 신체에 미치는 영향에 관해 호기심이 큰 사람은, 단순한 호기심을 가진 사람이 지나쳐 버릴 수 있는 "임신모의 흡연과 출생아동의 지능 간의 관계"를 조사문제로 삼게 된다.

5) 문헌조사

조사문제를 정리하고 조사전략을 고려하는 데는 그 조사주제에 대해서 어떤 것들이 이미 알려져 있는지를 확인해 내는 것이 중요하다. 문헌조사는 이러한 목적에 가장 적절하다. 전문서적이나 학술잡지 등과 같은 문헌들을 찾아보는 것을 문헌조사(문헌연구 혹은 문헌검토, literature review)라 한다. 따라서 문헌조사는 전문잡지, 논문집, 전문기관이 발생하는 문헌 및 자료 등은 필수적으로 검토해야 한다.

문헌조사를 위해 가장 중요한 자원은 도서관이다. 따라서 연구자는 도서관의 이용법에 대한 충분한 숙지가 필요하다. 도서관 이용의 전통적인 방식인 인명, 연도, 주제, 서명별 색인 카드를 사용하는 것에서부터, 최근에는 컴퓨터를 활용한 자료 찾기가 대부분의 도서관에서 활용되고 있으므로 그에 대한 간단한 숙지 등도 필요하다.

인터넷(internet)을 통한 자료 찾기의 방법들도 매우 유용하게 활용될 수 있다. 주로 웹(www) 방식에 의해 공개되어 있는 문헌 자료들과 그를 찾기 위한 인터넷 검색 엔진(search engine) 등을 적절하게 활용한다면 손쉽게 얻을 수 있는 귀중한 자료들도 많다. 그렇다면, 왜 문헌조사를 해야 하는가? 그 이유를 몇 가지 살펴보기로 한다.

✔ 문헌조사의 유용성

❶ 새로운 아이디어를 발견하기 위해서이다. 문헌조사를 통해 기존의 관행이나 이론적 논의에 대한 고찰을 통하여 자신의 연구주제와 관련된 새로운 시각을 발견할 수 있다.

❷ 이미 알려진 지식에 대한 확인이다. 즉, 이미 연구된 내용이나 현재까지의 조사 진행상황을 확인함으로써 조사의 중복을 피하거나 조사주제와 관련된 가정이나 명제들에 대한 확인이 필요하다.

❸ 연구방법론에 대한 지식을 획득하기 위함이다. 선행연구들의 연구 설계, 측정 도구, 자료획득 방법, 분석방법 등에 대한 검토를 통하여 조사의 실행

상 발생할 수 있는 문제점과 이를 해결할 수 있는 방안에 대한 정보를 얻을 수 있다.

④ 조사 가능성을 평가하기 위해서이다. 선행연구들에서 활용된 자원, 시간, 대상, 협조자, 설비, 도구, 분석 패키지 등의 활용 가능성에 대한 평가를 통하여 이를 충족시킬 수 있는지의 여부를 평가해 볼 수 있다.

4. 조사 선정기준

1) 창의성

조사문제는 창의성이 있어야 한다. 창의성이란 기존의 것을 답습하거나 그대로 전달하지 않고, 기존의 것과는 전혀 다른 새로운 관점이나 견해를 제시하거나 또는 기존의 것들을 비교 · 분석하거나 재구성하는 것을 말한다. 기존의 지식체계에 대하여 새로운 쟁점, 새로운 관점, 새로운 접근방법을 제시하는 조사가 되어야 한다. 창의성 및 독창성은 기존 조사와 차별화한다는 뜻이 강하게 내포되어 있다.

조사문제는 주로 지금까지 사회에 만족스런 해결책이 제시되지 않거나 설명이 이루어지지 않은 문제를 선정한다.

2) 검증가능성

조사문제는 검증이 가능해야 한다. 아무리 창의성이 있다고 하더라도 문제 질문은 경험적으로 검증이 가능해야 하며, 검증결과 참과 거짓 여부의 판단이 가능해야 한다. 즉, 문제에 대한 해답이 가능할 뿐만 아니라 그것에 대한 진위(眞僞) 여부를 경험적 차원에서 증명할 수 있어야 한다는 것이다.

행정현상조사에서 조사문제로 선정되기 위해서는 그 문제에 대한 해답이 가능해야 할 뿐만 아니라 이론을 통해 구체적인 가설이 도출될 수 있어야 하고, 가설에서 사용된 개념은 조작적 정의(operational definition)를 통해 경험적으로 측정될 수 있는 변수가 되어야 하고, 이 가설의 진위 여부는 조사된 사실이나 자료를 토대로 경험적으로 검증할 수 있어야 한다.

예를 들어, “방과후 교육이 청소년들의 학습 능률을 향상시킬 수 있는가?”와 같은 문제는 언급된 변수들 간에 어느 정도 관계가 있을 수 있고, 문제 자체도 의미 있는 조사의 대상이 될 수 있다.

3) 이론적 의의

조사문제의 해결을 통해서 관련된 사회현상을 이해 · 설명하고 미래예측을 위한 지식을 축적할 수 있을 때 그 조사는 이론적으로 의미가 크다.

4) 실천적 적합성

조사의 결과가 현실세계에서 발생하는 실제 문제의 해결에 도움이 될 수 있어야 한다.

5. 조사문제 형성과정

연구자가 조사주제를 선정하였을 경우 이를 경험적인 조사를 시작하기 위해서는 연구주제를 조사 가능한 문제(researchable problem)로 구성할 수 있어야 한다. 이를 위해서는 아이디어가 질문으로 전환되고, 다시 그 질문을 조사가 가능한 문제가 되도록 다듬는 과정을 거쳐야 한다.

1) 조사주제를 일련의 질문으로 진술[1)]

연구자가 조사주제를 선정하였다 할지라도 이를 구체적인 조사질문으로 형성하는 데는 많은 어려움과 막연함이 뒤따른다. 이 경우 연구자는 그러한 주제를 좀 더 체계적으로 탐색하는 것이 중요하다. 즉, 그 조사주제를 조사 가능한 여러 개의 질문을 던지면서 그 주제의 범위를 좁혀나가는 것이다. 그리고 그 질문에 대한 해답을 적어본다. 따라서 질문을 제기하고 그 질문에 대답을 하는 것은 조사주제의 출발점인 동시에 끝이다.

---

1) 남궁근, 재인용.

예를 들어 "도심의 대규모 소매상가와 교외지역을 연결한 도로건설 프로젝트"에 관한 조사주제가 있을 경우, 이 조사주제는 매우 애매모호함으로 이것을 몇 가지의 구체적인 질문으로 전환할 수 있어야 한다. 이러한 전환된 질문을 근거로 수집되는 자료의 방법은 달라질 것이다.

- "도로의 질은 어느 정도인가?"라는 질문을 할 경우, 도로 상에 파손된 웅덩이 수와 규모를 세야 할 것이다.
- "도로의 사용빈도는 어느 정도인가?" 라는 질문을 할 경우, 그 도로를 사용하는 차량의 숫자를 세야 할 것이다.
- "시민들이 도로에 얼마나 만족하는가?" 라는 질문을 할 경우, 시민들을 대상으로 만족도 조사를 하여야 할 것이다.
- "도로 때문에 도심의 대규모 소매상가의 매출이 증가했는가?"라는 질문을 할 경우, 소매상가의 매출기록을 검토하고 상가 소유주를 상대로 자료를 수집하여야 할 것이다.

2) 각각의 질문을 토대로 가설 설정

각각의 조사 질문에 대해 연구자는 잠정적인 해답을 적어보는 것이다. 이러한 연구자의 잠정적인 해답이 검정되지 않은 것이 가설이다. 따라서 가설은 실증적 검정활동을 통하여 '진실'이라고 받아들여진다면 그 가설은 연구문제에 대한 해답을 제공해 줄 수 있으며, 그렇지 않은 경우에는 다른 가설을 모색하게 된다.

조사문제는 ① 의문문 혹은 서술문의 형태로 제기되고, ② 그 범위가 넓으며, ③ 직접적인 검정이 불가능하다. 하지만 가설은 ① 잠정적인 해답을 주는 것으로, ② 그 범위가 연구문제에 비해 좁으며, ③ 직접적인 검정이 가능하다는 특징을 가지고 있다. 예들 들어 "경제적 계획은 가족계획에 영향을 미치는가?"라는 조사 질문에서, "월평균소득이 높은 가족일수록 출산자녀 수가 적을 것이다"라는 가설이 도출될 수 있다.

한편 규범적 질문이 과학적 조사를 수행할 수 없다면, 이들 규범적 질문들은 과학적 연구에서 배제될 수밖에 없다. 따라서 과학적 연구를 위해서는 규범적 질문을 기술적 질문이나 경험적 질문으로 재구성하는 것이 바람직하다.

〈표 1-1〉 규범적 질문을 경험적 질문으로 전환 사례

규범적 질문	기술적 질문으로 전환	관계형 질문으로 전환
마약의 합법화는 바람직한 것인가?	대부분의 국민이 마약의 합법화에 찬성하는가?	마약의 합법화는 다른 범죄의 발생을 감소시키는가? 마약의 합법화는 중독의 빈도를 얼마나 증가시키는가?
국회의원들의 임기제한을 채택해야 하는가?	대부분의 정치학자들이 임기제한을 찬성하는가?	임기제한은 의회의 결정에 있어서 이익집단의 영향을 증가시키는가?
대통령이 직무를 잘 수행하는가?	일반국민들을 대상으로 대통령의 직무수행에 대해 어떻게 생각합니까?	

6. 경험적 조사문제 사례

① 조직신뢰는 행정의 생산성에 어떠한 영향을 미치는가?
② 전자적 거래의 효율성은 전자거래 사이트 신뢰에 어떤 영향을 미치는가?
③ 전자적 사이트 신뢰는 전자적 사이트 몰입에 어떤 영향을 미치는가?
④ 전자적 사이트 신뢰는 전자적 거래의도에 어떠한 영향을 미치는가?
⑤ 동료의 신뢰는 직무만족에 어떤 영향을 주는가?

제 2 절 이 론

1. 이론의 의의

과학적 연구의 가장 중요한 기능 및 목적은 설명과 예측 그리고 이해 및 통제이다. 넓은 의미로 과학적 연구의 목적은 실제현상을 설명하는 것이며, 이러

한 현상에 대한 설명을 이론이라 할 수 있다. 따라서 과학의 궁극적인 목적은 이론의 정립이다.

과학의 궁극적인 목적을 이론의 정립이라고 한다면 기술, 설명, 예측, 통제는 궁극적 목적의 하위목적이 된다. 이러한 맥락에서 이론이란 현상을 설명하고 예측할 목적으로 변수들 간의 관계를 구체화함으로써 현상에 대한 체계적 견해를 제시하는 일련의 상호 관련된 개념들에 대한 정의 및 이들 간의 관계에 대한 명제[2)]라고 할 수 있다. 따라서 이론은 어느 정도 법칙적인 일반성을 포함하며 경험적으로 검정이 가능해야 한다. 또한 이론은 연역가능성이 있는 관계에 의해 가설을 도출하여 검정되어 지기도 한다.

이론은 실제현상으로부터 도출되거나 검증되기 때문에 이론과 실제현상은 서로 밀접한 관계가 있다. 이러한 의미에서 이론이 있음으로 해서 관심의 대상이 되는 현상을 설명하거나 예측할 수 있고, 더 나아가 이에 근거하여 보다 효과적인 의사결정을 내릴 수 있다.

2. 이론의 함축적 의미

❶ 이론은 개념(변수)들이 상호 관련된 상태에서 구성되는 일단의 명제이다.

❷ 이론은 일련의 개념들 간에 상호관계를 규정한 것으로, 개념은 실제로 변수들 간의 관계에 대한 체계적인 견해를 제시한다.

❸ 이론은 하나의 변수가 어떤 변수와 관련되어 있고, 어떻게 관련되어 있는지를 구체화함으로써 현상을 설명한다.

예를 들면, 다음과 같은 이론이 있다고 하자 "조직구성원이 상사로부터 지속적으로 **격려**를 받으면 **자존감**이 높아진다." 이는 "격려가 많아지면 자존감이 높아진다"는 설명으로 이루어져 있다. 따라서 조직구성원이 높은

2) 명제(proposition)란 ① 실세계에 대한 하나의 진술로써 경험적 근거가 확인된 가설, ② 항상 2개 이상의 개념을 포함하며, ③ 명제가 몇 개로 묶어져 있는 것이 이론이다. 즉, 명제(proposition)란 실세계에 대한 하나의 진술로서, 검정되지 않은 자명한 사실을 말한다. 예를 들면 "소크라테스는 사람이다" 혹은 "개는 동물이다"는 명제라 할 수 있다. 이러한 명제를 검정하기 위해서는 명제에서 연역적으로 유도된 현실세계에 대한 예측인 가설로 변환시켜야 한다.

자존감을 유지하며 행복한 삶을 살아가기 원한다면, 이러한 이론에 근거하여 조직구성원들을 충분히 격려하고 지지하는 활동을 하여야만 한다.

❹ 따라서 이론은 우리가 바라는 바람직한 미래를 달성할 수 있도록 도움을 줄 수 있는 도구이자 자원이다.

3. 이론의 기능

1) 연구의 주요방향 결정

기존의 이론체계를 배경으로 하여 어떤 주제나 문제에 대해 조사함으로써, 그 결과를 예측할 수 있고 연구의 방향을 설정할 수 있다.

2) 현상의 개념화와 분류

이론은 개념도식을 제시하여 연구대상에 필요한 사실의 재개념화[3](reconceptualization)를 쉽게 해주고, 현상을 적절히 분류하고 체계화하며 상호연관성을 짓게 하는데 기초를 제공한다.

3) 현상에 대한 설명과 예측

현상에 대한 단순한 기술을 넘어서 그 현상이 일어나게 된 이유 또는 원인을 밝히는 근원이 되며, 미지의 사건이나 결과를 예측하는 기능을 한다.

4) 기존 지식체계의 결함 지적

이론은 기존 지식체계의 결함을 체계적으로 제시함으로써 간과하기 쉬운 사실들에 대해 연구를 시작하게 하는 원동력으로 작용한다.

---

3) 재개념화: 어떤 개념에 대한 정리 및 분석을 통해 개념을 보다 명백히 재규정하는 것을 말한다. 따라서 재개념화는 개념에 대한 관찰 및 측정을 가능하게 함으로써, 개념에 대한 보편성과 일반성을 이해하도록 도와준다.

4. 이론평가 기준

동일한 현상을 설명하는데 있어서 서로 경쟁하는 여러 가지 이론이 존재할 수 있다. 따라서 이러한 이론들을 평가할 수 있는 기준으로 H. Teune & A. Przeworski가 제시한 기준들을 살펴본다.

1) 정확성

이론의 정확성(accuracy)이란 가능한 한 많은 변이(variation)를 설명하고 예측할 수 있어야 한다. 즉, 독립변수에 의해서 설명되는 분산이 클수록 예측오차가 그 만큼 감소한다는 의미에서 정확성이 높다.

2) 일반성

이론의 일반성(generalization)이란 연구결과가 적용되는 범위의 확대를 말한다. 어떤 연구의 결과가 시간과 장소를 달리하여 적용하더라고 이와 유사한 결과가 나와야 한다는 보편타당성을 말한다. 이론의 일반성이 클수록 이론에 의해 설명될 수 있는 현상의 범위는 커진다.

3) 간명성

이론의 간명성(parsimony)이란 주어진 사건을 설명하는데 사용되는 독립변수의 숫자에 관한 것으로, 독립변수의 수가 적을수록 간명성이 높다고 말할 수 있다. 예를 들면, 이혼을 설명하는데 있어 교육수준과 종교라는 두 개의 독립변수가 98%를 설명하는 것과 교육수준과 종교 및 성적만족도라는 세 개의 독립변수가 설명하는 정도가 98.5%일 경우 상대적으로 두 개의 독립변수를 통해 이혼을 설명하는 것이 세 개의 독립변수를 통해 설명하는 것보다 간명성이 더 높다.

4) 인과성

이론의 인과성(causality)이란 사회현상의 결과(종속변수)를 설명하는데 원인

(독립변수) 이외의 제3의 변수(외생변수)를 통제한 상황에서도 정확하게 원인이 결과를 설명할 수 있을 때 인과성이 높다고 할 수 있다.

이론의 정확성이 높을 경우, 그 일반성과 간명성은 저하될 가능성이 있다. 즉, 이론의 정확성을 높이기 위해서는 특정한 상황 하에서 일어난 것임을 전제로 이론이 형성되어야 하기 때문에, 다른 상황에 적용하는 것은 일반성을 저해한다. 또한 설명력을 높이기 위해서 많은 수의 독립변수를 사용하는 경우 간명성은 저하된다. 따라서 이론을 평가하는데 있어 중요한 기준을 무엇으로 두느냐는 연구목적에 따라 달라져야 한다.

제3절 가 설

1. 가설 필요성

가설(hypothesis)은 왜 필요한 것일까? 예를 들어 살인사건을 수사하는 형사의 경우를 살펴보자. 형사는 살인현장 조사와 증인들의 증언을 통해 살인의 성격에 대한 가정을 하게 된다. 형사는 오랜 현장경험을 통해 이번 살인사건은 피해자를 잘 알고 있는 면식범에 의한 소행이라는 생각을 갖게 된다. 이 경우 형사가 가설에 대해 알고 있건 그렇지 않건 간에 "면식범이 살인을 저질렀다"라는 생각은 가설이 되는 것이다. 이러한 가설을 중심으로 형사는 자신의 가설을 증명하는 조사를 진행하게 된다. 이를 위해 현장 조사를 통해 피해자의 반항 흔적, 파손 물품, 귀중품 도난 여부, 탐문조사를 통해 피해자와 주변인들 간의 원한관계를 파악하게 된다.

만약 형사가 이런 가설을 세워놓지 않고, 모든 가능성을 다 조사한다면 수사가 늦어지거나 방향을 잡기가 어려울 것이다. 이 형사처럼 연구자도 자신의 지식과 경험을 총동원하여 가장 정답에 가깝다고 생각하는 가설을 세운다. 이 형사가 가설을 세운 후 살인의 증거를 수집하듯이, 이처럼 가설을 세워놓으면 연구의 진행이 순조로워진다.

따라서 가설은 연구 활동의 지침이 되는 것이다. 가설이 없이는 연구를 어떻게 전개시켜 가야 할지 혼란스럽다. 그 때문에 가설은 연구의 나침반이 되어 주고, 어떤 자료를 수집해야 할지 가르쳐 주는 지침으로서의 효용을 가진다.

2. 가설 의미

가설(hypothesis)이란 두 개 이상의 개념(변수) 간의 관계를 검정 가능한 형태로 서술한 문장으로서 검정되지 않은 연구자의 주장이다. 즉, 가설은 연구문제에 대해서 연구자가 해답이라고 생각되는 것을 제시하여 경험적으로 그 진위를 확인하는 절차를 따르며, 이때 연구자가 잠정적인(tentative) 해답(결론)이라고 간주한 것이 가설(hypothesis)이라고 한다. 따라서 가설은 이론을 정립하는 데 있어 개념(변수)들 간의 관계를 검정 가능한 형태로 제시하는 것으로서 이론형성의 도구적 측면에서 중요한 역할을 한다.

가설은 과학적인 조사에 의해 경험적으로 검정될 것을 요구한다. 흔히 가설은 독립변수와 종속변수와의 관계로 나타내며, 연구문제가 "변수 A와 변수 B는 관련성이 있는가?"의 형식으로 나타낸다면, 가설은 "변수 A와 변수 B는 관련성이 있을 것이다", "변수 A가 높을수록 변수 B도 높을 것이다"라고 나타낸다.

일반적으로 가설은 "If A, then B"로 표현되는데 여기서 A를 가설의 선행조건, B를 가설의 결과조건이라고 하며, 일반적으로 A가 진실이면 B도 진실이라는 관계로 가설이 구성된다. 때로는 "~할수록, ~할 것이다(예 : The more, the less)"는 비교형식을 취하기도 한다. 예를 들어, "만일 치매노인들이 원예활동을 하는 횟수가 증가한다면, 치매노인들의 사회적응력은 향상될 것이다." 또는 "만일 치매노인들이 원예활동을 더 많이 할수록, 치매노인들의 사회적응력은 더 향상될 것이다."와 같은 가설을 설정할 수 있다.

3. 가설 특징

가설은 과학적인 연구에서 중요하고도 필수적인 도구로 인식되어 대부분의 과학적 연구에서는 가설을 포함하고 있다. 이렇게 과학적 연구에서 중요한 역할을 하고 있는 가설은 다음과 같은 5가지의 대표적인 특징이 있다.

❶ 가설은 두 개 이상의 변수의 관계로 표현되어야 한다. 가설은 보통 "특정 변수의 조건이 어떠할 때 다른 특정 변수의 조건은 어떠하다."는 식으로 표현한다. 이때 문장 전반부의 특정 변수는 독립변수이고, 후반부의 다른 특정 변수는 종속변수이다. 예를 들어, "결혼시점의 연령이 낮을수록 이혼율이 높을 것이다."라는 가설에서 결혼시점의 연령은 독립변수이며, 이혼율은 종속변수이다.

❷ 가설은 과학적 방법을 통해 검증되어, 사실 혹은 거짓 중의 하나로 판명될 수 있다. 사실이나 거짓으로 검증되기 위해서 가설은 단순한 현상을 묘사하는 형태가 아니라, 변수 간의 관계의 형태를 띠고 있다. 예를 들어, "나는 배가 고프다"나 "홍길동은 키가 크다"와 같이 단순한 현상묘사는 가설이 될 수 없다. 가설이 되기 위해서는 "키와 몸무게는 양의 상관관계가 있다"라거나 "머리가 크면 지능지수가 높다"와 같이 관계를 나타내는 명제의 형태를 띠고 있어야 한다.

❸ 가설은 명백하고 구체적이어야 한다. 가설은 구체적으로 측정 가능한 변수들 간의 관계를 나타내기 때문에 추상적이기보다는 구체적으로 나타난다. 가설이 구체화되기 위해서는 추상적인 개념이 경험적으로 측정 가능하도록 조작적 정의를 통해, 수식이나 숫자로 표현될 수 있도록 계량화되어야 한다.

가설은 또한 '비교법'을 사용할 때 더욱 더 명백해진다. 비록 당연한 사항일지라도 가설의 의미를 분명히 하기 위해서는 비교법을 사용하는 것이 중요하다. 예를 들어 "교육수준은 투표의 참여율과 관련이 있을 것이다."라는 가설보다는 "교육수준이 높은 사람일수록 교육수준이 낮은 사람보다 투표에 참여하는 경향이 높을 것이다."가 더 좋은 가설이라 할 수 있다.

④ 가설은 확률적 속성을 지닌다. 가설은 참일 수도 있고 거짓일 수도 있다. 즉, 개연성을 가진다. 가설을 설정할 때 그 결과가 항상 참(100%)이거나 거짓(0%)일 수밖에 없는 것을 설정해서는 안 된다. 예를 들어, "사람은 언젠가는 죽을 것이다."라는 가설은 보편적인 일반 법칙으로 항상 참일 수밖에 없으므로 가설로 부적절하다. 동일하게 "사람은 죽지 않을 수도 있을 것이다."라는 가설 역시 항상 거짓일 수밖에 없으므로 적절한 가설의 설정이 못 된다. 따라서 가설에서 참이거나 거짓의 가능성은 확률적인 의미를 가져야 한다. 다시 말해, 특정가설이 맞거나 틀릴 확률은 0과 1 사이에 있어야 한다.

4. 가설의 종류

1) 기술적 가설

기술적 가설(descriptive hypothesis)이란 현상의 정확한 기술, 즉 사실을 밝히기 위한 것에 관한 가설을 말한다. 즉, 현상에 대한 사실의 규명, 사물의 성질이나 패턴을 밝혀내기 위한 가설이다. 따라서 어떤 변수의 크기, 정도, 분포 등에 관한 가설들이 여기 포함된다.

예를 들면, "월요일에 직장인들의 피곤이 가장 많을 것이다", "금요일에 음주운전의 빈도가 가장 높을 것이다", "우리나라 여성의 평균 결혼 연령은 28세일 것이다.", "대학생의 평균 학점은 3.2일 것이다.", "프랑스 국민의 평균 수명은 78세일 것이다.", "남성과 여성간의 인터넷 사용률에는 차이가 있을 것이다." 등이다.

2) 설명적 가설

설명적 가설(explanatory hypothesis)이란 연구대상의 속성에 관한 독립변수와 종속변수들 간의 관계를 분석하려는 가설이다. 즉, 두 변수 간의 인과관계를 규명하기 위한 가설이다.

예를 들면, "동기부여가 낮은 구성원일수록 생산성이 떨어질 것이다", "음주량이 많은 운전자일수록 교통사고 빈도가 높을 것이다", "날씨가 더워질수록 청량음료 판매량이 증가할 것이다.", "교육 수준이 높을수록 독서량이 많을 것이다.", "경기가 나빠질수록 저축률은 떨어질 것이다." 등이다.

제4절 모 형

조사문제가 제기되면 이러한 조사문제 해결을 위해 개념적 준거 틀을 구성해야 한다. 개념적 준거 틀(conceptual framework)이란 일련의 조사문제에 포함된 변수들로 구성하고 이들 개념들의 관계를 연결한 하나의 시스템을 말한다. 이러한 준거 틀은 도표(diagram)나 등식(equation)으로 혹은 다른 추상적인 표현으로 모형(model)이라고도 불린다.

한편 Meehan은 모형(model)을 "현실세계의 본질적인 특성을 부각시키면서 현실세계를 질서 있게 정돈하고 단순화한 것"이라고 표현을 한다. 따라서 모형은 연구주제를 이해하고 설명하는 것과 관련된 변수들을 조사목적에서 부적절한 변수들을 제거하고 중요한 변수만을 선택하여 구성함으로써 조사주제와 관련된 현실을 단순화시킨 것이다.

1. 모형 기능

모형은 연구자가 자신의 생각을 조직화할 수 있는 도구이며, 연구자의 생각을 다른 사람에게 전달하는 효과적인 수단이다. 이들 기능은 다음과 같다.

❶ 모형은 변수의 조직화를 통하여 실제현상에 대한 자료를 과학적으로 처리가능하게 하는 역할을 한다. 즉, 연구자가 분석해야 할 변수와 변수들 간의 관계를 확인할 수 있게 해준다.

❷ 복잡하고 다양한 실제현상 중 보고자 하는 것만 단순화시켜주는 것으로써 우리의 인지를 돕는 역할을 한다. 즉, 모형은 앞으로 수행해야 할 연구범위를 한정해 줌으로, 조사분석에서 제외되어야 할 변수가 무엇인지를 분명하게 해준다. 따라서 연구자는 연구문제와 관련성이 있는 변수 중에서 비교적 중요성이 큰 변수만을 포함시킴으로써 필요하지 않은 자료수집과 분석을 예방할 수 있다.

❸ 모형은 실제현상에 대한 조사의 방향을 표시하는 것으로써, 제3자가 그 모형만 보아도 그 조사의 대강을 이해하게 하는 기능을 한다.

❹ 모형은 간접적으로 이론이나 가설의 형성에 기여한다. 따라서 모형은 강한 연역력을 가짐으로써 이론 발견을 위한 단초를 제공한다.

2. 모형의 한계

❶ 모형은 현상에 비하여 언제나 불완전하고 불충분하여 부분적인 현상을 나타내는 것에 불과하며, 구조적 기능에서도 한정적이다.

❷ 모형 자체에 너무 치중하여 상징적인 기호의 지나친 강조, 형식에 대한 지나친 강조, 지나친 단순화로 중요한 속성의 무시 등의 문제점을 가져온다.

❸ 모형과 실제현상이 불일치하고, 모형은 현상에 대한 단순하고 한정된 결과를 대표하는 방법이므로, 모형의 구조가 인위적인 속성을 갖는다는 것을 이해하지 못하여 혼란을 초래할 수도 있다.

제2장 조사의 기본요소

우리들이 가지고 있는 지식이 객관성을 지니기 위해서는 사실을 구성하는 용어에 대한 개념이 통일성을 가져야 한다. 용어에 대한 개념이 다를 경우에 사실과 이론에 관한 우리들의 지식은 객관성을 부여 받을 수 없다. 이와 같이 용어에 대한 개념은 조사연구에서 특히 중시되어야 한다. 따라서 여기서는 조사연구의 기본 요소인 개념, 개념화, 조작적 정의, 변수 등에 대한 용어의 개념을 정확히 하고자 한다.

사회과학의 경험적 연구에서 가장 근본적이고 어려운 문제는 이론적 · 추상적 세계에 위치한 개념을 현실적 · 경험적 세계에서의 변수로 연결하는 문제이다. 즉, 관찰할 수 없는(측정이 불가능한) 추상적 개념과 관찰할 수 있는(측정이 가능한) 변수 간의 관계에 대한 것이다. 이하에서는 이들 간의 관계를 도식화하면 다음과 같다.

그림 2-1 개념과 변수와의 관계

개념(concept) ➔ 개념화 ➔ 조작적 정의 ➔ 변수(variables)

제1절 개 념

1. 개념의 의미

연구문제가 선정되면 연구문제에 포함된 추상적인 개념(concept)을 보다 구체화하는 개념화(conceptualization)의 과정을 통해 개념의 의미가 규정된다. 즉, 개념은 관찰된 여러 가지 현상들을 인지할 수 있도록 하나의 용어로 표현하는 추상화한 것이다. 사실은 현상을 이해하고 언어나 기호를 통해 표시된 것으로 개념이 합하여 하나의 사실로 진술된다.

Kerlinger는 개념을 "구체적인 것으로부터 일반화시켜서 형성한 추상적인 관념"으로 정의한다. 예를 들어, 다소 무겁거나 가벼운 사물에 대한 다수의 관찰결과를 '무게'라는 개념으로 나타낸다. 하지만 사회현상의 개념은 '직무만족', '조직몰입', '생산성', '민주성' 등과 같이 '무게'보다도 더 추상성이 높은 개념들을 나타내는 것이 사실이다.

개념과 변수(variable)는 서로 구분하지 않고 같은 의미로 사용되는 경우가 많다. 다만 개념의 실증적 관찰을 위해 조작적 정의의 과정을 거쳐 계량적 측정이 가능하게 된 개념이 바로 변수이다. 요컨대 개념은 조작적 정의를 통해 변수로 전환된다. 예를 들면, '물질직 행복'은 개념이지만 이를 조작적 정의, 즉 물질적 행복을 주택소유와 금전소유 및 고급승용차 소유 등으로 조작적 정의에 의해 측정이 가능하다면 '물질적 행복'은 변수가 된다.

2. 개념조건 및 전달 장애요인

1) 개념조건

개념은 명확하고 통일성이 있어야 한다. 어떤 개념이라도 그 의미하는 바가 애매하여서는 개념의 존재 이유를 찾을 수 없다. 그리고 동일한 현상이나 사실을 놓고 각기 다른 개념으로 인식한다면 의사가 제대로 소통될 수 없기 때문에 개념은 통일성을 지녀야 한다.

2) 개념 전달 장애요인

(1) 전문화된 용어

일반인과의 의사소통에 있어 발생하는 문제로, 일반인들은 용어가 지닌 개념을 제대로 이해할 수 없는 경우가 많다.

(2) 하나의 용어가 둘 이상의 사실을 의미

예를 들어 "사람이면 다 사람이냐"고 했을 때, 앞의 사람은 생물학적 개념이고, 뒤의 사람은 윤리적 개념이어서 그 의미가 각각 다른 두 개의 사람을 지시하는 경우이다. 즉, 개념이 너무 추상적일 경우이다.

(3) 용어에 대한 관점의 차이

동일현상이라도 사람에 따라, 또는 어느 측면을 보느냐에 따라 용어가 달라지고 결과적으로 현상 자체가 상이해지기 때문에 그것으로 부터 나온 개념은 다양한 의미를 가지게 된다. 따라서 이를 종합하면 보편타당한 용어로 정리하는 것이 개념에 대한 모호성을 제거할 수 있다.

제 2 절 개념 정의

개념에 의미를 부여하는 것을 개념화라고 하는데, 다음 세 가지 방식으로 나타낸다. 첫째는 사전적 정의, 둘째는 개념적 정의이고 그리고 셋째는 조작적 정의로 대별된다.

1. 사전적 정의

사전적 정의(dictionary definition)란 개념을 실제 사전에서 그대로 정의된 것을 말한다. 이것 또한 모호하고 추상적이기 때문에 연구논문에서는 잘 사용하지 않는다. 예를 들면, "무게는 물체의 중량"이다, "불안은 주관화된 공포"이다 를 의미한다는 표현은 한 개념을 다른 용어(개념)를 통하여 기술한 것이다.

2. 개념적 정의

개념적 정의(conceptual definition)란 하나의 개념을 이해하기 쉬운 다른 개념(용어)들을 사용해서 묘사하는 것을 말한다. 마치 사전에서 정의하듯이 정의하는 방식이다. 개념적 정의를 도출하는 과정을 개념화라고 한다.

"나는 어떤 것에 대해 이런 개념을 갖고 있다"라고 할 수 있는 정의로서, 이는 나름대로 개념적으로 정의하고 있으면서도 일반적으로 통용되는 것을 말한다.

이처럼 개념적 정의는 보편 타당성을 가져야 하고 이론적 배경이나 맥락에 어울리는 것이어야 한다.

예를 들어, ① '지능'에 대한 개념적 정의를 문제해결 능력이라는 식으로 좀 더 간단한 다른 용어에 의하여 개념을 정의하는 것이다. ② '사회지도층'이라는 개념도 어떤 사람은 "알게 모르게 돈이 많은 사람", 즉 경제적 의미를 가지고 사회지도층을 정의하기도 하고, 어떤 사람은 "고학력이면서 높은 지위에 있는 사람"으로 정의할 수 있다. ③ '빈곤'에 대한 개념 규정을 물질적인 박탈상태로 규정한다든지. 다른 분야에서는 정신적 문제와 결부시키거나 문화적인 측면, 심지어는 정서적인 빈곤으로까지도 정의할 수 있다.

개념적 정의는 연구자가 연구를 할 때 어떤 목적으로 용어를 사용하느냐에 따라서 개념적으로 정의가 달라진다. 따라서 연구자가 개념적 정의를 분명히 하지 않으면 개념을 어떤 의미로 사용하는지가 분명하지 않아서 의사소통이 어려워지게 된다. 따라서 개념적 정의는 그 구성요소가 분명하고 한정적으로 규정되어야 의사소통과정에서 혼란을 방지할 수 있다.

3. 조작적 정의

조사자가 만든 개념구성이 아무리 단순하다고 하더라도 그것이 관찰(측정)될 수 있도록 표현되어야 조사를 수행할 수 있다. 이렇게 개념이 측정될 수 있도록 지표로 표현될 수 있도록 정의하는 것을 조작적 정의((operational definition)라고 한다. 개념은 조작적 정의를 통해 측정되어야 하며 그리고 이를 통해 나타나는 변수는 경험적, 실증적으로 측정이 가능해야 한다.

조작적 정의는 변수를 어떻게 측정할 것인가를 기술한다. 예를 들어, ① '가족'이라는 개념도 구체적으로 가족의 구성원을 세대주 중심으로 파악할 것인가, 호주 중심으로 파악할 것인가, 그리고 유학중이거나 군대에 가 있는 아들들도 포함할 것인지 분명히 해주는 것이 조작적 정의이다. ② '사회지도층'이라고 하는 개념도 소득수준을 기준으로 측정할 것인지, 학력수준을 기준으로 측정할 것인지를 조작적 정의를 통해 한정시켜주는 기능을 한다.

이처럼 연구에서 조작적 정의가 필요한 이유는 연구모형에서 사용된 개념들을 구체적인 수치로 측정할 수 있어야 연구모형을 실증적으로 검정할 수 있기 때문이다. 따라서 경험적 연구를 수행하기 위해 개념을 측정하는 데는 조작적 정의가 반드시 필요하다. 특히 설문조사에서 응답자의 행태를 묻는 문항으로 조작적 정의를 통해 5점 척도 상으로 응답하는 것으로 그 실례이다. 하지만 연구에서 사용되는 각각의 개념에 대해서는 복수 개의 다양한 조작적 정의가 가능하기 때문에, 연구자는 여러 개의 가능한 조작적 정의 중에서 가장 적합한 것을 선별해서 사용해야 한다.

연구자는 가능하면 기존의 많은 연구에서 활용되어 입증된 가장 일반적이며 보편적인 조작적 정의를 선택해서 사용하는 것이 필요하다. 또한 동일개념을 측정할 수 있는 다양한 조작적 정의들 간에는 반드시 측정상의 일관성을 유지되도록 해야 한다. 예를 들어, 고등학교 학습 능력을 평가하고자 할 경우 대학수능 시험점수와 고등학교 학업성적을 기준으로 평가하는 것도 일종의 측정을 위한 조작적 정의에 해당된다.

조작적 정의에 대한 많은 비판에도 불구하고 이것은 과학적 조사에서 필요한 것이며 충분히 유용한 것으로, 모든 용어를 조작적으로 정의할 수는 없지만 전략적 연구 등의 한정적 범위 내에서는 주요 개념을 조작적 정의하여 의사전달의 정확성을 기하고, 조사연구의 경험성과 객관성을 높이는 자세가 요구된다.

〈표 2-1〉 조작적 정의 실례

개념	조작적 정의	변수	변수값
건강	1년에 감기에 걸리는 횟수	건강	1번, 2번, 3번 등
빈곤	1주일 결식 횟수	빈곤	1번, 2번, 3번 등
가정폭력	배우자를 폭행한 횟수	가정폭력	1번, 2번, 3번 등
인터넷 중독	1일 인터넷 사용시간	인터넷 중독	1시간, 2시간 등
이타심	양보횟수	이타심	1회, 2회, 3회 등

제3절 변 수

1. 변수 의미

변수(variable)란 연구자의 관심대상이며 여러 개의 값을 갖는 연속적인 속성을 지닌 것으로, 연구대상의 경험적인 속성을 나타내며, 그 속성에 계량적인 수치를 부여할 수 있는 것이다. 연속적이면서 다양한 값을 갖는 대표적인 변수로는 체중이나 신장 등을 들 수 있다. 반면, 이산적인 변수의 특징은 둘 이상의 범주(category)를 갖는다는 점이다.

예를 들어 '성별'은 변수이며 '남성', '여성'은 범주 값이다. '소득수준'은 변수이며 '상, 중, 하'는 변수의 범주이다. 또한 연령, 교육수준 등은 조작적 정의를 하지 않아도 대부분의 사람들이 측정의 기준에 대해 동의하고 있으므로 그 자체로서 변수가 되기도 한다.

2. 변수의 속성

1) 변수는 우리의 감각기관을 통해 지각될 수 있는 경험적인 현상을 전제로 한다.
2) 변수는 측정 가능하도록 계량화가 되어야 한다.

3. 변수의 종류

변수들 간의 관계를 다루는 연구모형에서 연구의 성질과 변수들 간의 관계에 따라 변수들의 이름이 다양하게 불린다. 이하에서는 이러한 변수들에 관한 내용을 간략히 설명한다.

1) 독립변수와 종속변수

인과관계에서 원인이 되어 종속변수의 변화를 직·간접적으로 유발시키는 변수를 독립변수(independent variable)라고 하며, 종속변수(dependent variable)는 독립변수에 의해 영향을 받아 변화되는 변수를 말한다. 이때 독립변수를 원인변수라고도 하며, 종속변수를 결과변수라고도 한다.

그림 2-2 독립변수와 종속변수

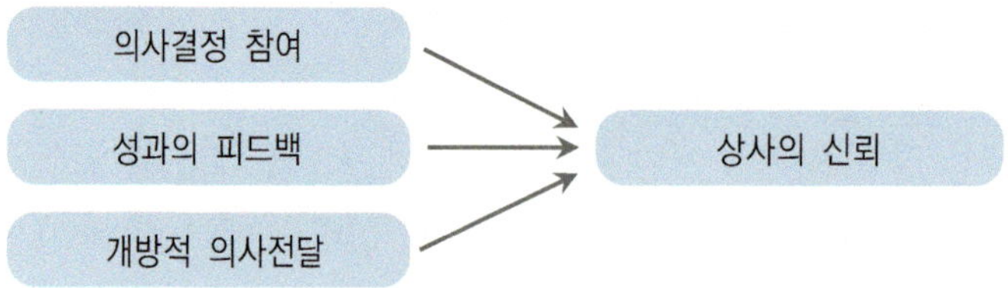

* →는 인과관계(영향관계)를 표시한다.

2) 매개변수

매개변수(mediating or intervening variables)는 독립변수와 종속변수 간의 직접적인 관련이 없으나, 제3의 변수(매개변수)가 독립변수와 종속변수의 중간에서 매개자 역할을 하여 두 변수 간에 간접적인 관계를 맺도록 하는 변수이다. 따라서 매개변수란 독립변수의 결과인 동시에 종속변수의 원인이 되는 변수이다. 독립변수와 종속변수 사이에 매개변수가 개입되어 있을 때, 이를 고려하지 못하면 독립변수와 종속변수 사이의 관계가 왜곡될 수 있다. 그 이유는 매개변수가 독립변수와 종속변수 사이에 개입되지 않으면 독립변수의 영향은 종속변수에 전달될 수 없기 때문이다.

그림 2-3 매개변수 역할

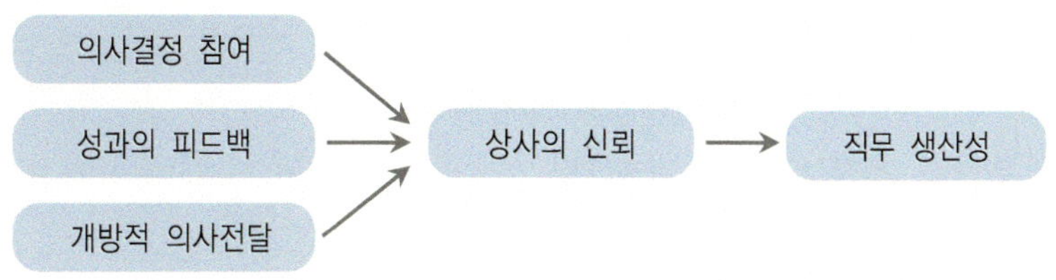

매개변수의 예를 보면, 조직의 구성원들의 직무생산성은 의사결정의 참여, 성과의 피드백, 개방적 의사전달에 많은 영향을 받는다. 이때 조직의 구성원이 직무생산성을 높이기 위해서는 먼저 상사의 신뢰가 높게 형성되어야 한다. 즉, 상사의 신뢰에 의해 직무생산성이 높게 나타날 것이다. 따라서 위 모형에서 '상사의 신뢰'를 삽입하면 보다 정교한 이론적 연구를 할 수 있다.

3) 조절변수

조절변수(moderating variables)란 독립변수와 종속변수 사이의 관계를 체계적으로 변화시키는 변수로 일명 상황변수라고도 한다. 조절변수의 작용 여하에 따라 독립변수와 종속변수의 관계는 강해지기도 하고 약해지기도 한다. 이러한 조절변수는 처음부터 설정된 독립변수와 종속변수와의 관계에 크게 기여하거나 중대한 영향을 미칠 것으로 믿어지기 때문에 포함시키는 제2의 독립변수라고 할 수 있다. 조절변수의 예를 [그림 2-4]에서 살펴보자.

그림 2-4 조절변수의 역할

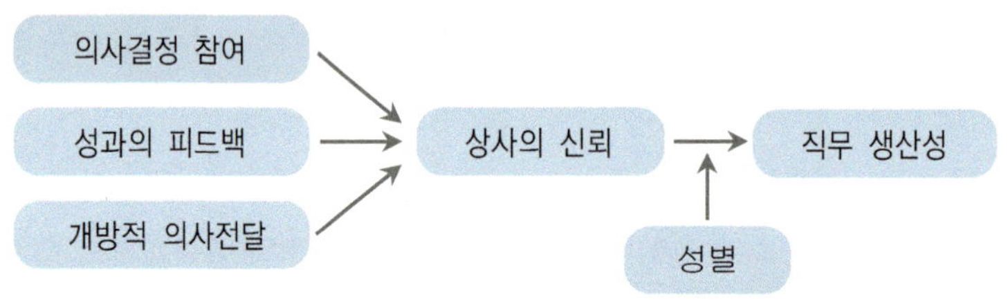

조직구성원의 성별에 따라서 종속변수에 대한 독립변수의 영향력 결정에 작용하게 된다고 가정하는 경우가 [그림 2-4]의 모형이 된다. 이때의 가설은 다음과 같다.

"성별에 따라서 상사의 신뢰가 직무생산성에 미치는 영향에는 차이가 있을 것이다" 혹은 "상사의 신뢰가 직무생산성에 미치는 영향에는 성별에 따라서 차이가 있을 것이다(다를 것이다)."

4) 통제변수

통제변수(control variable)란 독립변수와 종속변수 사이의 관계를 좀 더 정확하게 알기 위해서 통제되는 제3의 변수를 말한다. 통제변수는 대체로 인구통계학적인 변수들이 많이 활용되고 있다. 또한 인과관계에서 특정한 독립변수가 종속변수에 미치는 영향을 정확히 파악하고자 할 경우 종속변수에 영향을 미치는 모든 변수들을 다 통제할 수 없다. 따라서 외생변수 중에서도 가장 의심스러운 변수 몇 가지에 한정하여 통제하게 되는데 연구자가 실제로 통제하는 변수를 통제변수(외생변수: extraneous variable)라고 한다.

예를 들면, "의사결정의 참여가 상사의 신뢰를 높일 것이다"라는 가설에서 구성원이 여성이냐 혹은 남성이냐를 구분하여 성별을 고정하는 경우 이를 통제변수라고 한다. 외생변수의 경우, 예를 들어 "다이어트 식품이 체중을 감소시킬 것이다"라는 가설이 있을 경우 체중감소에 순수하게 그 식품이 주는 효과도 있으나, 일반적으로 정기적인 식사에 의하여 영향을 받을 수도 있다. 정기식사의 영향은 다이어트 식품과 체중감소의 순수한 관계를 왜곡시킬 수 있는 외생변수가 된다. 이러한 외생변수의 영향을 제거해야만 다이어트 식품이 순수하게 체중감소에 미치는 효과를 알 수 있는 것이다.

그림 2-5 통제변수의 실례

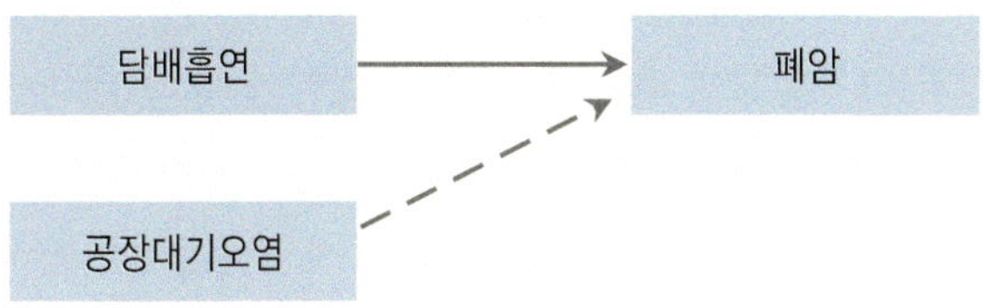

위 예에서 보듯이, 종속변수는 '폐암 정도', 독립변수는 '담배흡연 정도'이다. 그런데 폐암의 정도는 순수하게 담배흡연에 의해서만 결정되는 것이 아니라 공장대기오염과 같은 요인에 의해서도 영향을 받을 수 있다. 따라서 연구자가 공장대기오염 정도를 통제해야 독립변수가 종속변수에 미치는 영향을 좀 더 정확하게 알 수 있다.

5) 왜곡변수

왜곡변수란 두 개의 변수 간의 관계를 정반대의 관계로 나타나게 하는 변수이다. 따라서 어떤 변수를 통제하기 전과 후에 독립변수와 종속변수 간 관계의 방향이 정반대로 나타났다면, 통제된 그 변수가 바로 왜곡변수이다.

예를 들어, 기혼자의 자살률이 미혼자의 자살률보다 더 높게 나왔다고 하자. 이때 연구자가 연령을 통제했더니 그 결과 오히려 미혼자의 자살률이 기혼자의 자살률보다 더 높은 것으로 나타났다면 연령은 왜곡변수이다.

제 4 절 측정과 척도

1. 측 정

대부분의 사람들은 일상생활 속에서 언제나 측정이라는 행위를 하면서 살아가고 있다. 예를 들어, 상대방이 '정직하다', '아름답다' 혹은 '뚱뚱하다'라고 표현하는 것은 관찰자가 의식적이던 무의식적이던 간에 나름대로의 기준을 가지고 상대방의 성격이나 외모를 측정한 결과인 것이다. 그런데 '키가 크다'라든가 '뚱뚱하다'라는 기준은 측정도구(자 혹은 체중계)가 개발되어 있기 때문에 비교적 정확하게 측정될 수 있다. 그러나 '정직하다', '아름답다'는 개념의 측정은 객관적인 판단보다는 관찰자의 주관에 좌우된다. 실제로, 우리 사회현상을 둘러보면 정확하게 측정할 수 있는 것보다는 주관적으로 측정할 수밖에 없는 경우가 더 많다. 따라서 이러한 측정행위를 과학적인 연구에서는 어떻게 수행되는지 살펴보자.

측정(measurement)이란 일정한 기준에 따라 대상의 속성에 수치를 부여하는 과정을 말한다. 그런데 여기서 '수치'라고 하는 말은 가감승제를 할 수 있는 실수만을 의미하는 것이 아니고, 대상의 특성을 구분해주는 기호로서의 의미도 포함한다는 말이다. 예를 들어, '남성'을 '1'로, '여성'을 '2'로 표시하는 것이다. 요컨대, 측정이란 이론을 구성하고 있는 개념을 현실세계에서 관찰 가능한 자료와 연결시켜주는 것으로, 질적인 속성을 양적인 속성으로 전환하는 과정이다.

우리가 몸무게를 측정하기 위해서는 체중계라는 도구가 사용되는데, 좋은 측정도구가 있어야 정확한 측정이 가능하다. 좋은 측정도구가 갖추어야 할 기준은 ① 측정도구는 측정하고자 하는 측정대상의 속성을 정확히 반영해야 한다는 측정도구의 타당성(validity)과 ② 서로 다른 상황에서도 동일한 관찰대상을 측정하면 그 측정값이 동일해야 한다는 측정도구의 신뢰성(reliability)을 확보해야 한다.

2. 척도

1) 척도

척도(scale)는 넓은 의미로는 '측정도구'를 말하며, 협의로는 측정도구 중에서도 둘 이상의 지표(설문)로 구성된 도구를 말한다.

대부분 척도는 단일차원성의 원칙에 근거해 만들어진다. 단일차원성의 원칙이란 척도의 구성문항(문항, 지표)이 단일한 차원을 반영해야 한다는 것이다. 예를 들어, '직무만족도'을 측정하기 위해 5개 문항척도로 구성된 경우 이 직무만족도 척도의 5개 문항은 모두 하나의 차원(직무만족도)을 반영해야 한다.

따라서 척도란 일정한 규칙에 따라 측정하고자 하는 대상에 부여하는 일련의 기호나 숫자들의 체계이자, 또한 논리적으로 연관되어 있는 여러 개의 문항(지표)으로 이루어진 복합적인 측정도구를 말한다.

2) 척도의 필요성

사회과학의 경험적 연구의 경우, 직무만족, 생산성 등은 단일문항(지표)로서 구성된 간단한 측정도구는 신뢰도나 오류의 문제를 야기하기 때문에 단일문항으로 측정하기 어려워 척도를 사용한다.

❶ 척도는 하나의 설문문항(지표)으로 제대로 측정하기 어려운 복합적인 개념들을 측정할 수 있도록 한다.

❷ 척도는 여러 개의 설문문항으로 구성된 척도를 이용하여 어떤 속성을 측정할 때에 이들 설문문항들이 하나의 차원을 이루는지를 검증할 수 있다. 하나의 척도는 단일차원성(uni-dimentionality)을 전제로 구성되는데, 복

수의 측정지표를 사용하여 단일차원성 여부를 분석할 수 있다.

❸ 여러 개의 지표를 하나의 점수로 표시함으로써 자료의 복잡성을 감소시켜 준다.

❹ 복수설문문항으로 구성된 척도를 사용하게 되면 단일설문문항을 사용하는 것보다 측정의 오류를 줄일 수 있고, 측정의 타당성과 신뢰성을 높일 수 있다.

3) 척도의 유형

(1) 명목척도(nominal scale)

명목척도에 있어서 숫자는 오직 범주(category)의 이름을 대신하여 사용되는 상징적인 숫자에 불과하며 오직 구분적인 기능만을 가지고 있다. 가령 남자라는 속성을 지닌 피험자에게 남자라는 이름 대신 1이라는 숫자를 부여하고 여자라는 속성을 지닌 피험자에게는 2라는 숫자를 부여하기로 규칙을 정할 경우, 연구대상에 포함된 모든 피험자에게 남, 여라는 이름 대신에 임의로 설정된 측정규칙에 따라 1 또는 2라는 숫자를 부여하게 된다. 숫자 1 또는 2는 남자 또는 여자라는 명목의 이름을 대신하여 사용할 수 있는 명목을 지니게 된다. 명목을 지닌 숫자는 단순히 이름 대신에 부여된 임의적인 것이기 때문에 남자가 먼저이고 여자는 나중이라고 해석할 수 있는 서열상에 대한 근거도 없고 2-1=1이므로 남・여 간의 차이는 1이라는 차이 정보도 의미가 없으며 2는 1의 두 배이므로 여자는 남자의 두 배라는 비율적 해석도 없다.

따라서 명목규칙에 따라 생겨난 명목척도 치는 단순히 구분적인 기능만을 지닌 가장 단순한 수준의 수리적 정보를 지닌 숫자이기 때문에 측정치의 크기, 측정치 간의 순서, 측정치 간의 차이 그리고 측정치간의 비율을 나타낼 수 없다. 측정치의 이러한 수리적 정보의 제한성 때문에 명목척도로 측정된 측정치 자료를 분석하기 위해 사용할 수 있는 통계분석 방법은 최빈값, 백분율 등이며 통계기법도 주로 카이자승검정이다.

(2) 서열척도(ordinal scale)

명목규칙에 의해 얻어진 측정치와는 달리, 서열화 규칙에 의해 얻어진 측정치는 서로 다른 범주로 구분할 수 있는 구별성에 대한 정보뿐만 아니라 측정치 간에 대・소 관계에 대한 정보도 갖는다. 그래서 부등호를 사용하여 측정치 간의 차이를 나타낼 수 있다. 예컨대, 일련의 피험자들에게 시험 불안 검사를 실시하여 얻은 원점수를 크기에 따라 내림차순으로 정리한 다음 가장 높은 점수를 받은 피험자에게 '1', 그 다음 학생에게 2, 3, …과 같은 등수를 부여하게 되면 이들 숫자들은 바로 서열을 나타낸다.

서열척도로 측정된 수치들은 수치의 크기에 따라 순서를 정할 수 있어도 수치 간의 차이를 나타내는 양적 정보가 다를 수 있다. 예컨대, 영어점수에서 1등과 2등 간의 점수 차이와 2등과 3등 간의 점수 차이가 다를 수 있기 때문에 측정치들 간에 등간성이 인정되지 않으며 그 결과 서열측정치 간의 차이는 의미가 없다. 따라서 서열측정치를 비교하여 어느 것이 어느 것보다 '더 크다' 혹은 '더 작다'라고 해석은 할 수 있어도 측정치 간에 차이를 계산할 수 없기 때문에 어느 것이 어느 것보다 '얼마만큼 더 크다' 또는 '얼마만큼 더 작다'라고 해석할 수 없다.

서열화 규칙에 따라 얻어진 측정치는 부등식을 사용할 수는 있으나 측정치 간의 더하기, 빼기, 곱하기, 나누기와 같은 산술적 계산이 불가능하기 때문에 산술평균이나 표준편차 등과 같은 산술적 계산이 포함되는 어떠한 분석도 불가능하다.

(3) 등간척도(interval scale)

등간규칙에 의하여 얻어진 척도 값은 명목척도와 서열척도에 대한 정보 이외에 등간성에 대한 정보를 갖는다. 예컨대, 어휘력 검사에서 80점과 85점 간의 5점의 차이가 90점과 95점 간의 5점과 어휘력에 있어서 같은 정도의 차이를 나타낸다면 이 척도는 바로 등간성을 갖는다고 할 수 있다. 섭씨온도계로 기온을 측정한 결과 대구가 30도, 서울이 28도 부산이 15도였다면 대구와 서울 간의 온도 차이는 2도라고 말할 수 있다. 즉, 등간척도에 측정된 측정치들 간에는 등간성이 인정되고 차이점수를 계산해 낼 수 있기 때문에 차이점수를 이용한 해석이 가능하다.

등간척도의 경우, 척도 값 간에 차이 값을 계산해 낼 수 있고 계산된 차이 값이 의미 있게 해석될 수 있기 때문에, 앞의 예에서 대구의 기온(30도)이 부산(15도)보다 두 배 더 높다고 해석할 수 없다. 온도와 같은 변수 측정치의 경우, 섭씨 0도는 실제로 온도가 0임을 나타내는 것이 아니라 어느 정도의 온도를 임의로 0이라고 정하고 임의로 0이라고 정한 그 지점으로부터 온도를 나타내는 측정치가 결정되기 때문에 측정치에 절대영점이 없다. 따라서 임의의 0은 존재한다. 절대영점이 없는 측정치 간에는 상대적인 차이 값을 계산할 수 있어도 측정치들 간의 절대적 차이 값은 계산할 수 없기 때문에 측정치 값을 비교하여 비율적인 해석을 할 수 없다. 등간척도는 차이 값만 계산이 가능하기 때문에 범위, 평균값, 표준편차, 상관계수들을 구할 수 있다.

(4) 비율척도(ratio scale)

비율척도 규칙에 의해서 얻어진 측정치는 명목, 서열, 등간 그리고 비율성에 대한 정보를 갖는 최상위 수준의 측정치이다. 따라서 측정치가 0인 경우 실제로 측정된 특성이 0임을 의미하기 때문에 개념적으로 의미 있는 절대영점을 가진다.

예컨대, 일련의 피험자들을 대상으로 키를 측정하였다면 “키가 150cm인 사람의 키는 키가 100cm인 사람의 키보다 50cm더 크다.”라는 등간적인 해석은 물론, 사물의 길이에 대한 측정치가 0임은 실제 길이가 0임을 의미하기 때문에 “키가 150cm인 사람은 키가 100cm인 사람보다 키가 1.5배 더 크다.”라는 비율적 계산에 따른 비율적 해석을 할 수 있다.

4) 척도의 종류

척도에는 4가지 기본 유형이 있고 이것을 근거로 만들어지는 척도로서 실제로 사용하고 있는 척도의 종류에는 총화평정척도(summated rating scale), 리커트 척도(Likert scale), 거트만 척도(Guttman scale), 어의차별척도(semantic differential scale), 서스톤 척도(Thurstone scale) 등이 있다.

(1) 총화평정척도

평정척도(summated rating scale)에서 '총화'는 합한다는 의미이고, '평정'은 점수를 부여한다는 의미이다. 둘 이상의 문항에 각각 점수를 부여한 후 전체 점수를 합산하는 방식이다. 이때 각 문항에 대한 점수는 동일하게 배점(rating)한다.

예를 들면, 행정학 객관식 시험 20문항을 채점할 때 각 문항에 대해 맞으면 5점, 틀리면 0점을 모든 문항에 동일하게 배점한 후 총점을 계산하는 방식으로, 합산 점수가 높을수록 행정학 실력이 좋다고 해석한다. 총화평정척도의 대표적인 유형은 리커트 척도이다.

하지만 합산점수가 같더라도 개별문항에 대한 응답은 다르기 때문에 합산 점수가 같다고 해서 "행정학 실력이 같다"라고 말하는 것은 무리가 있다.

K대학의 학생들의 학습만족도		
측정문항	반대	찬성
1. 동료들과 좋은 관계를 가진다.		
2. 교수의 수업방식을 신뢰한다.		
3. 특별활동에 참여한다.		

(2) 리커트척도

❶ **개념**: 리커트척도(Likert scale)란 각 문항에 대해 찬반(그렇다/아니다, 예/아니오) 형식으로 측정하던 총화평정척도의 문제점을 개선하고자 한 개 문항의 응답범주를 더 다양화함으로써 개념을 더욱 정밀하게 측정하고자 한다. 이때 전제되어야 하는 것은 각 문항이 동일한 개념을 측정하기 위한 문항으로 구성되어야 한다는 점이다. 만약 각 문항들이 상이한 개념을 측정하게 된다면 측정한 값들을 합산한다는 것은 무의미하기 때문이다.

사회복지관 이용자들의 서비스 만족도 조사					
질문문항	응답범주				
	전혀 아니다(1)	아니다(2)	보통이다(3)	그렇다(4)	매우 그렇다(5)
1. 시설이용에 불편하다					
2. 프로그램은 유익하다					
3. 사회복지사는 친절하다					
4. 교통이 불편하다					
5. 삶에 활기가 넘친다					

❷ 특징:

- 척도 구성과 활용이 용이하여 설문조사에서 가장 많이 사용된다.
- 모든 문항이 구간자료로 측정된다. 예들 들면, '매우 그렇다'는 5점, '매우 그렇지 않다'는 1점을 각각 부여하는 방식으로 동일한 기준값을 부여한다.
- 하나의 개념을 측정하기 위해 여러 개의 문항을 이용하는 척도이므로 문항 간의 내적 일관성(internal consistency)이 높아야 한다. 내적 일관성은 통계학에서 내적 일관성(크론바흐 알파값)의 검증을 통해 신뢰도가 낮은 문항은 삭제한다. 그 후 문항별로 부여된 값들을 합산한 총합이 측정하고자 하는 개념을 대표한다고 한다.

❸ 장점

- 척도구성이 간단하고 편리하며 평가자의 주관적 개입이 없음으로 신뢰성이 높다.
- 동일 개념에 대해 여러 문항으로 측정할 수 있음으로 정확성을 확보할 수 있다.

❹ 단점

- 총화척도로서의 한계: 총점이 뜻하는 바가 개념적으로 불분명하다.
- 문항들이 내적 일관성을 갖는다고 해서 반드시 이론적 타당성을 담보해주지 못한다.
- 문항들이 엄격한 의미의 등간측정이 되기 어렵다.
- 질문이 잘 이해되지 않을 경우 응답이 '보통'일 경우 그 응답이 모르겠다는 의미인지 아니면 실제 중간정도의 영역인지 불명확하다.

(3) 거트만 척도

리커트 척도는 문항의 중요도를 동일하게 간주하기대문에 문항 간 서열성을 감안하지 않고 단순 합산을 한다. 이와 달리 거트만 척도는 단일 차원성에 따라 문항을 서열화하며, 서열성을 가진 문항에서의 누적 합산 점수를 사용한다. 거트만 척도의 핵심적 특징은 단일 차원성, 문항의 서열화, 누적 척도라는 점이다.

'친밀감'을 측정할 경우, 한 가지 차원을 중심으로 강한 친밀감 문항에서 약한 문항까지 친밀감 문항을 서열화한다. 강한 친밀감에 응답한 사람은 강도가 약한 문항에도 당연히 긍정적인 논리를 따른다. 이런 의미에서 거트만 척도를 누적척도라고 한다.

예를 들면, '장애인시설 설치'와 관련하여 서울시민들을 대상으로 거트만 척도를 사용해 측정했다고 가정해보자. 4번 질문에 그렇다고 응답한 사람은 당연히 1번, 2번, 3번 질문에 대해서도 그렇다고 응답할 수밖에 없다는 것이다.

1. 장애인시설이 우리나라에 있는 것은 괜찮다	그렇다	아니다
2. 장애인시설이 서울에 있는 것은 괜찮다	그렇다	아니다
3. 장애인시설이 우리 동네에 있는 것은 괜찮다	그렇다	아니다
4. 장애인시설이 우리 옆집에 있는 것은 괜찮다	그렇다	아니다

특히, 거트만 척도는 일관성이 유지되어야 한다. 예를 들어, 어떤 응답자가 3번과 4번에는 '그렇다'고 응답했는데 1번과 2번은 '아니다'라고 응답했다면 이는 일관성이 없다.

(4) 보가더스 척도

보가더스 척도(Bogardus scale)란 인종, 사회계급 등 사회 제 집단 간의 사회적 거리감(social distance)측정하는데 사용되는 척도이다. 이 척도는 단순한 사회적 거리의 멀고 가까움에 대한 순위만 측정한 것이자 친밀감의 크기를 나타낸다고 보기 어렵다.

예를 들면, 한국 내 4개 인종에 대한 한국인이 가지고 있는 사회적 거리감을 조사하는 경우이다. 아래 표는 인종 간의 사회적 거리척도의 실례이다.

	일본인	중국인	월남인	미국인
1. 결혼해서 가족으로 받아들인다.	30	50		
2. 개인적인 친구로 사귄다.	70	50		
3. 이웃으로 함께 지낸다.				
4. 우리 국민으로 받아들인다.				

100명의 한국인 중에 다음과 같은 숫자가 나왔을 경우, 각각 1점과 2점을 부여하여 아래와 같이 인종 간의 거리 계수를 구할 수 있다.

- 한국인과 일본인 간의 거리계수:
  $\{(30\text{명} \times 1\text{점}) + (70\text{명} \times 2\text{점})\}/100\text{명} = 1.70$
- 한국인과 중국인 간의 거리계수:
  $\{(50\text{명} \times 1\text{점}) + (50\text{명} \times 2\text{점})\}/100\text{명} = 1.50$

(5) 어의차별척도

❶ **개념**: 어의차별척도(semantic differential scale)란 어떤 대상이 개인에게 주는 주관적 의미를 측정하는 방법으로, 하나의 개념을 여러 가지 의미의 차원에서 평가하도록 유도하는 방법이다.

이 방법은 도표화된 척도의 양극단에서 서로 상반되는 형용사를 배열하여 양극단 사이에서 해당 속성에 대한 평가를 한다. 이때 개념이 갖는 본질적인 뜻을 몇 개의 차원에 따라 측정함으로써 태도의 변화를 좀 더 정확하게 파악하도록 한다. 보통 사용되는 척도는 5~7점 척도로 표시한다.

양극 형용사의 선정 기준은 적합성과 차원의 대표성이다. 적합성이란 선정되는 형용사 척도는 그 개념을 충분히 설정할 수 있는 타당성을 가져야 한다. 예를 들어, '어머니'라는 평가개념에 대해 '좋다 - 나쁘다', '젊다 - 늙었다' 등이 적합한 척도가 될 것이다. 차원의 대표성이란 각각의 양극 형용사 척도가 몇 개의 차원[1]을 대표하도록 할 것인가의 문제이다.

---

1) 각 차원을 보면 ① 평가차원: 좋다, 나쁘다, 아름답다, 밉다 등 ② 능력차원: 크다, 작다. 강하다, 약하다 등 ③ 행동차원: 빠르다, 느리다, 적극적, 소극적 등

〈 장애인복지시설에 대한 만족도 조사 〉

1. 복지시설에 대해 어떻게 생각하십니까?

좋다 |——|——|——|——|——|——| 나쁘다

2. 직원들의 친절에 대해 어떻게 생각하십니까?

친절하다 |——|——|——|——|——|——| 불친절하다

3. 복지시설의 주차난에 대해 어떻게 생각하십니까?

편리하다 |——|——|——|——|——|——| 불편하다

❷ 특징

- 민감한 사건에 대해 주관적 느낌을 간접적으로 측정하는데 적합하다.
- 개념을 응답의 강도에 따라 7부분으로 나누어 분석하는데, 이러한 7점 척도는 양극의 중간 위치에 중립적인 입장을 나타내어 응답의 강도나 방향을 측정하는데 유리하다.
- 여러 차원을 평가하고 비교하는데 편리하다.
- 특정 주제에 대한 응답자의 '태도'가 아닌 특정주제를 어떻게 '생각'하는지 알고자 할 때 주로 사용한다.

(6) 서스톤 척도

❶ 개념: 서스톤 척도(Thurston scale)는 다음 2가지 부류로 사용되어진다. ① 가장 긍정적인 태도와 가장 부정적인 태도를 나타내는 양 극단의 등 간격(interval)으로 구분한다고 해서 유사등간척도라고 불린다. ② 가장 긍정적인 태도와 부정적인 태도를 나타내는 양 극단으로 구분하여 여기에 가중치를 부여하는 방법이다. 이는 개별 문항마다 서로 다른 가중치가 부여함으로써 개별문항의 기여도가 다르다고 전제한다. 아래 표는 이타주의 측정을 위한 것으로 각 질문문항에 가중치를 부여한 실례이다.

응답자의 이타주의는 응답자가 찬성하는 모든 문항의 가중치를 합쳐서 평균을 내서 구한다. 평균치가 높을수록 이타주의가 강하다는 것을 의미한다.

이타주의 = (9.2 + 4.4)/2 = 6.8

❷ **장 · 단점**

- **장점**: 다른 척도화 방법에 비해 측정수준이 등간수준이 높다.
- **단점**: 신뢰도를 높이기 위해 리커트 척도보다 더 많은 문항수가 요구된다.

문 항	가중치	찬성여부
1. 사회 전체를 위해 개인의 행복을 희생시키는 일은 옳은 일이다.	4.5	
2. 장애인시설이 우리 동네에 오는 것은 반가운 일이다.	5.4	
3. 주말에 자원 봉사하는 것은 그 시간에 돈 버는 것만큼 즐거운 일이다.	9.2	0
4. 장애인의무고용제도는 사회를 발전시키는데 기여한다.	4.8	
5. 건강보험 적자를 세금으로 충당하는 것은 옳은 일이다.	6.2	
6. 다자녀 대학입학특례는 옳은 일이다.	4.4	0
7. 공공시설에서 흡연금지는 사회적으로 바람직하다.	5.9	

(7) Sociometry

❶ **개념**: 소시오메트리(Sociometry)는 집단 내의 구성원들 사이에 가지는 호감과 반감을 측정하여 그 빈도와 강도를 측정하여 분석함으로써 개인의 집단 내에서의 상호작용과 지위, 집단 자체의 구조와 상태를 평가하는 방법이다. 이런 분석을 통해 집단 내 실질적인 지도자를 찾을 수 있고 또한 집단의 구조, 역동성 상호관계 등을 파악할 수 있다.

Sociometry에서 가장 중요한 것은 질문이다. 이는 한 개인이 집단구성원들의 상대방에 대한 감정을 측정하기 위한 방법으로, 단 한 개의 간단한 질문을 선택할 수 있다. 질문의 예는 다음과 같다.

1. 이 집단 구성원들 가운데 당신은 누구를 가장 좋아합니까?
2. 당신이 학급에서 옆자리에 앉히고 싶은 사람은 누구입니까?
3. 당신은 고충의 문제를 누구와 상의하고 싶습니까?

❷ Sociometry 수행방법

㉮ **소시오메트리행렬**: 소시오메트리행렬(sociometric matrix)은 응답결과를 행렬로 정리하여 분석하는 방법이다. 이 방법에서 사용하는 행렬은 행과 열의 수 같은 'n×n' matrix이다. 예를 들어, "당신이 향후 누구와 일을 하고 싶습니까?"에 대한 질문에서 5명의 집단구성원들에게 두 사람만 선택해 달라는 요청을 하였을 경우, 행은 선택하는 사람 그리고 열은 선택된 사람을 기준으로 행렬을 배치하여 다음과 같은 결과를 얻었다고 하자.

〈표 2-2〉 5인에서 2인을 선택하는 소시오메트리 행렬

구분		선택된 사람				
		a	b	c	d	e
선택하는 사람	a		0	1	0	1
	b	0		0	1	1
	c	1	0		0	1
	d	0	1	0		1
	e	1	0	0	1	
합 계		2	1	1	2	4

※ 0: 거부 1: 선택

위 표의 결과에서 선택된 횟수가 맨 아래에 위치하고 있으며, 이의 결과에 따라 "e"가 가장 많이 선택된 것임을 알 수 있다.

㉯ **소시오그램**: 소시오그램(sociogram)은 집단구성원 간의 영향관계, 의사소통관계, 지배관계, 친구관계를 기호로 사용하여 그림으로 표시하는 방법이다. 이 방법은 선택과 배척의 관계를 도표로 표시하여 인간관계의 각종 패턴을 파악할 수 있다. 이 경우 많이 선택 당한 사람은 '인기형' 그리고 한 번도 선택당하지 않은 사람을 '고립형'으로 본다. 이처럼 소시오그램은 소시오메트리행렬보다 간명하고 일목요연하게 집단 내의 관계를 파악할 수 있도록 해준다.

그림 2-6 5인에서 2인을 선택하는 소시오그램

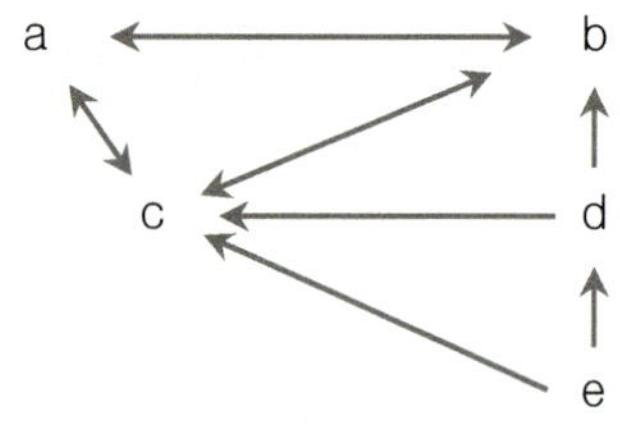

제3장 측정의 신뢰도와 타당도

1. 측정의 신뢰도

1) 의의

신뢰도(reliability)란 동일한 척도(측정도구)를 동일한 대상에 대하여 반복 측정할 경우에 동일한 측정값을 얻을 수 있는 정도(측정값의 일관성)를 말한다. 예를 들어, 사격수가 표적물의 중앙 또는 그 주변의 일정한 점을 반복해서 맞추게 되면 우리는 그를 뛰어난 저격수라고 한다. 이처럼 같은 개념을 측정하기 위해 사용되는 문항들 간에는 내적 일관성이 있어야 한다. 따라서 신뢰도를 '내적 일관성'이라고도 한다.

통계학에서는 내적 일관성을 크론바흐 α값(Chronbach alpha-value)으로 나타낸다. 신뢰도를 평가한다는 것은 동일 대상에 대해 측정값을 2개 이상 만들어 그 일치성을 상관관계로 확인하는 것이다.

신뢰도는 측정도구가 갖는 측정오차의 크기에 반비례하고 측정오차가 클수록 측정도구의 신뢰성은 떨어진다.

2) 측정방법

(1) 검사-재검사(재검사법)

재검사법(test-retest method)은 동일한 대상에 같은 측정도구를 서로 시차를 두고 상이한 시간에 두 번 측정한 후, 그 측정값 사이의 상관관계(일치도)를 확인하는 것이다.

최초의 측정치와 재측정치의 결과 값이 동일한지 여부를 상관관계를 분석하여 파악하는 방법을 말한다. 상관관계계수(최소 0.7 이상)가 높다는 것은 신뢰도가 높다는 것을 의미한다. 따라서 상관관계가 높을수록 신뢰도가 높다고 판단한다.

장점	- 측정도구 자체를 직접 비교할 수 있다.
단점	- 테스트효과 : 동일한 측정을 반복함으로써 일어나는 것으로 처음 측정치가 재측정치에 영향을 줄 수 있다. - 성숙효과 : 측정이 장시간의 간격을 두고 이루어질 경우, 조사대상의 특성이 변화하여 결과에 영향을 미치는 효과

(2) 대안법(복수양식법: 동형검사법)

대안법(Alternative-form method)이란 같은 정도의 난이도와 문항수를 가진 두개의 유사한 측정도구(설문지 A type와 설문지 B type)를 동일대상에게 같은 시기에 연속적으로 적용한 후, 두 측정도구를 통해 측정값들 사이의 상관관계를 확인하는 방법이다. 이 방법은 동일한 조작적 정의에 대한 측정문항들을 두 종류씩 만들어 동일한 측정대상에게 각각 응답하도록 하는 방법이다.

장점	- 재검사법에서 나타나는 테스트효과와 성숙효과 문제를 극복할 수 있다.
단점	- 동일한 현상을 측정하기 위한 두 개의 동등한 측정도구를 개발하는 것이 쉽지 않다. - 신뢰도가 낮은 결과가 나타날 경우 그것이 실제 신뢰성 문제인지 혹은 척도간의 동등화(equivalence)에 실패한 것인지를 알 수 없다.

(3) 반분법

반분법(Spilit-half method)이란 측정도구를 이용해서 한번만 측정을 시행하되, 측정에 사용된 측정도구(예: 20개 설문문항)를 짝수/홀수로 두 집단으로 나누어 두 집단(짝수집단과 홀수집단) 간의 측정값의 상관관계를 파악해서 신뢰도를 파악하는 것이다. 이 방법은 측정도구 문항들이 유사한 문항들로 구성되어야 함을 전제로 한다.

장점	- 두 번 측정하거나 두 개의 도구를 사용하지 않음으로 신뢰도 검정이 상대적으로 용이하다. - 유사하지 않은 문항들을 발견하여 배제할 수 있다.
단점	- 반분된 각각의 측정문항들을 동등하게 만들기가 어렵다. - 반분하는 방법은 여러 가지가 존재하기 때문에 어떤 방법으로 반분하느냐에 따라 상관계수가 달라져 단일한 신뢰도계수를 산출할 수 없다. 예를 들어, 10문항으로 우울감 척도의 경우 1-5번 문항 평균과 6-10문항 평균간 상관계수를 사용할 수 있고 또는 홀수 문항 평균과 짝수 문항 평균 간 상관계수를 계산할 수도 있다.

(4) 내적 일관성(cronbach' α 계수)

내적 일관성(internal consistency)이란 반분법의 장점을 유지하면서 반분법이 갖는 단점(반분 방식에 따라 신뢰도계수가 달라진다는 점)을 극복하는 방법이다.

한 개의 문항으로 신뢰도를 계산할 수 없는 반분법의 문제점을 고려하여, 가능한 동일한 개념에 대해 여러 개의 문항으로 구성된 척도를 이용할 경우에 해당문항을 가지고 반분신뢰도를 다음 그 평균값으로 신뢰도를 추정하는 방법으로 cronbach' α 계수라고 불린다.

cronbach' α 계수란 측정도구를 구성하는 여러 개의 문항들을 분석하여 신뢰도를 저해하는 문항들을 제외함으로써 신뢰도를 얻는 계수를 말한다. 따라서 이 방법을 이용하면 해당 측정도구를 구성하고 있는 개별 문항들의 신뢰도를 평가할 수 있다. 알파계수의 신뢰도는 SPSS프로그램을 통해 쉽게 구할 수 있는데, 그 값은 0에서부터 1 사이의 값을 가지는데, 보통 0.7 이상이면 대체로 신뢰도가 높다고 할 수 있다.

3) 신뢰도의 가치와 개선방법

(1) 신뢰도의 가치

❶ 신뢰성은 타당성을 확보하기 위한 필수적 조건일 뿐만 아니라 타당성보다 상대적으로 확보하기가 용이하다.

❷ 신뢰성은 측정도구 자체의 불완전성에서 비롯되는 결과가 아님을 확신시켜준다.

❸ 신뢰성은 연구조사 결과와 그 해석에 있어서 충분조건은 아니지만 필요조건이다.

(2) 신뢰도의 개선방법

설문지 개발이 완료되기 전에는 반드시 예비조사를 실시하는 것이 필요하다.

❶ 설문문항의 모호성을 제거한다. 설문문항이 무엇을 묻는지 응답자가 분명히 이해할 수 있어야 신뢰도가 높아지게 된다. 따라서 읽기 쉽고 명확한 어구를 사용해야 하며, 추상적인 언어는 피하도록 한다.

❷ 설문문항 수를 늘인다. 특정 개념을 측정하기 위해서 만든 설문문항 간의 상관관계가 유사한 경우 문항 수를 늘이면 신뢰도는 높아진다.

❸ 척도점의 크기를 늘린다. 일반적으로 5점 척도보다는 7점 척도가 신뢰도가 높다.

❹ 비체계적 오차가 없도록 측정자의 태도와 측정방식에서 일관성을 유지해야 한다.

❺ 기존에 신뢰도가 검정된, 표준화된 측정도구를 이용하는 것이 바람직하다. 이미 개발되어 있는 설문지 중에서 신뢰도와 타당도가 높은 것을 이용하면 안전하고 편리하다.

2. 측정의 타당도

1) 의의

측정의 타당도(validity)란 측정도구가 측정하고자 하는 개념을 얼마나 가깝고 정확하게 측정되었는가를 나타내는 정도를 말한다. 즉, 연구자가 측정하고자 하는 개념이 실제로 측정되었는가와 그러한 측정이 얼마나 정확하게 이루어졌는가를 나타내므로 결국 측정 개념에 대한 조작적 정의의 타당성을 의미한다고 하겠다.

예를 들어, 직무만족도를 조사하려고 할 때, 이 개념을 정확히 측정하려면

급여 수준, 근무환경, 승진, 능력발휘 기회보장, 동료들과의 관계와 관련된 많은 문항들을 선택해야만 직무만족도를 정확하게 측정할 수 있을 것이다.

2) 타당도의 종류

일반적으로 타당도를 확인하는 방법으로 내용타당도(content validity), 기준타당도(criterion validity), 구성개념 타당도(construct validity)의 방법으로 대별할 수 있다.

그림 3-1 타당성 종류

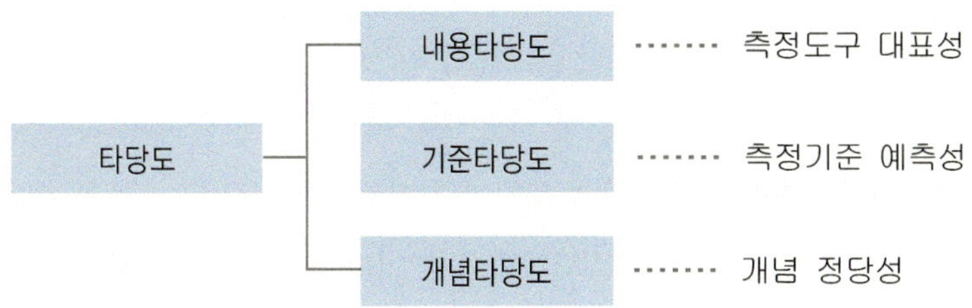

(1) 내용타당도

내용타당도(content validity)란 측정하고자 하는 개념을 내용적으로 잘 포함하고 있는가를 중심으로 판단하는 것이다. 따라서 내용타당도는 측정도구에 포함된 문항과 개념과의 적합성 여부를 확인하는 것이다.

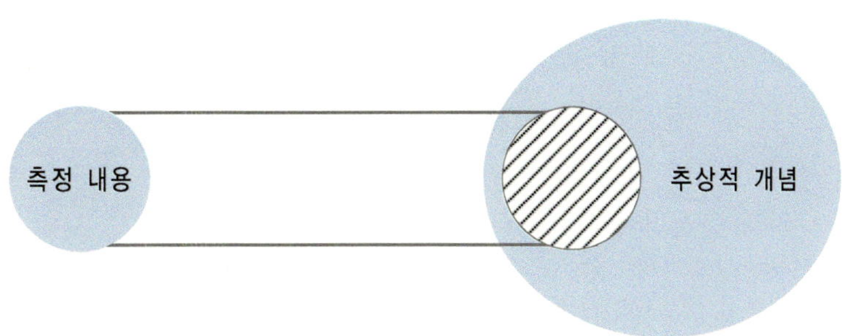

예를 들어, 영어능력을 측정하는데 있어 영어단어 문항만 있고, 독해나 문법에 대한 문항이 없다면 내용타당성이 있다고 볼 수 없다. 즉, '영어단어'만으로 '영어능력'이라는 개념을 정확하게 측정할 수 없다. 위 예에서 '영어단어'만으로는 '영어능력'을 대표한다고 볼 수 없다.

단점은 연구자의 주관적 판단이나 편견이 측정도구를 작성할 때 영향을 미칠 수 있음으로 객관적 위치에서 내용에 대한 타당도를 검정할 수 있도록 하는 과정이 요구된다. 이러한 내용에 대한 확인은 전문가 의견이나 논리적 방법 등을 근거로 판단하지만, 이러한 과정이 상당히 주관적으로 이루어질 수밖에 없다.

(2) 기준타당도

기준타당도(criterion validity)란 이미 타당도를 검정받고자 하는 측정도구와 이미 타당도를 확보하고 있는 다른 측정도구와 기준을 같은 대상에게 적용하여 산출한 결과 사이의 상관관계를 통해 타당도를 확인하는 방법이다. 두 결과 사이의 상관관계가 높으면 타당도가 확보되었다고 판단한다. 경험적 타당도(empirical validity)라고도 불린다. 기준타당도의 핵심은 이미 타당하다고 볼 수 있는 어떤 기준이 있어야 한다는 점이다.

새로운 측정 A의 기준이 될 수 있는 측정 B가 존재한다면, 측정 A와 측정 B의 관계를 분석함으로써 기준 타당도에 대한 검토가 가능하다. 즉, 측정 B가 존재한다면, 측정 A가 이러한 개념을 얼마나 잘 나타내고 있는지를 두 측정 관계를 분석함으로써 알 수 있다.

예를 들면, 자동차 필기시험점수가 높은 사람이 실제운전을 얼마나 잘하는지 파악하기 위해 운전면허시험의 타당성을 검토해보자.

---

1) 측정 B는 기준이 되는 변수임

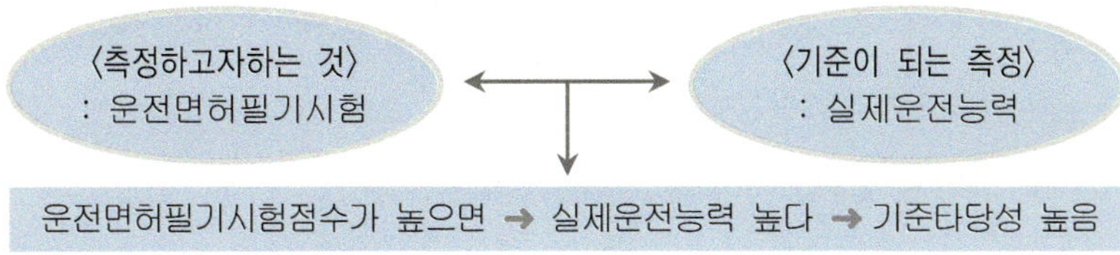

만일 필기시험점수를 높게 받은 사람이 실제로 운전을 잘한다면, 필기점수는 운전능력에 대해 높은 기준타당성을 가진다고 말 할 수 있을 것이다. 즉, 기준타당성이 높은 경우, 높은 필기점수를 받은 사람은 운전을 잘 할 것이라고 예측할 수 있다.

또 다른 예를 들면, 입사시험의 타당성을 평가하기 위해 시험성적을 통해 채용한 후 시험성적은 A신입사원이 B신입사원보다 더 높았다. 그러나 같은 부서에 입사한 후 오히려 B사원의 근무성적이 더 좋다면 입사시험은 근무성적을 예측하는데 실패했다고 볼 수 있다. 이러한 현상은 측정도구인 **입사시험**과 측정목적인 **근무성적** 사이의 상관관계가 낮게 나타났기 때문이다. 따라서 근무성적이 입사시험의 타당성을 평가하는 기준이 되는 것이다. 측정도구를 적용하여 얻은 값과 기준변수를 얻어 측정한 값의 상관계수가 높다면 기준타당성이 높다고 할 수 있다.

(3) 개념 타당도

개념 타당도(construct validity)란 이론적 관련성을 토대로 측정도구의 타당성을 판단하는 방법이다. 즉, 이론적 배경에서 나타나는 이론적 관계와 측정에서 나타나는 수치관계를 비교하여 규명해 나가는 것을 말한다.

구성개념 타당도는 측정하고자 하는 개념이 이론적인 틀 속에서 적합한가에 대한 판단이며, 이는 가설들이 논리적 연관에 입각하여 합당한가에 대한 평가이기도 하다. 이러한 가설에 대한 검정은 수렴타당도나 판별타당도 등을 검토하는 절차를 포함한다.

✔ 개념타당도 검증절차

- 측정하고자 하는 개념을 포함한 이론에 근거하여 그 개념이 포함된 가설을 세운다.

• 측정도구의 측정결과가 이론적 예측과 잘 들어맞는지 확인한다.
• 측정결과와 이론적 예측치 사이의 일치도가 높을수록 측정도구의 타당도가 확보된 것으로 판단한다.

그림 3-2 구성개념 타당도 관계

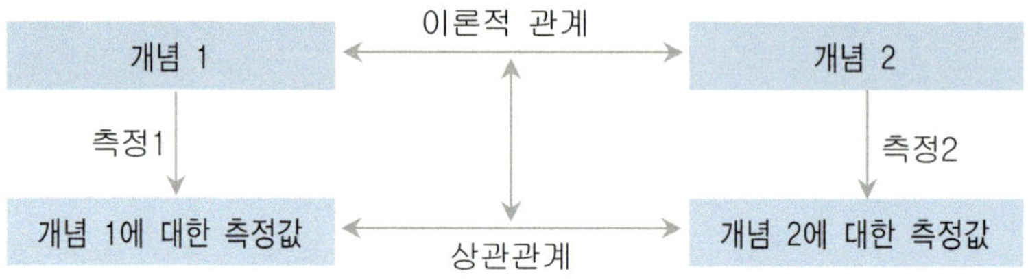

실제로 대부분의 경험적 연구들은 이미 구축된 이론적 영역에서 출발하여 이를 검정하기 위한 연역적(deductive) 과정들로 이루어지는 경우가 대부분이므로, 이에 대한 적합성을 검정하기 위한 개념 타당도 검정의 대표적인 방법이 요인분석(factor analysis)이다.

〈표 3-1〉 요인분석 실례

	성분		
	직무만족	역할과다	역할모호
v1	.918	-.076	-.035
v2	.911	-.112	-.055
v3	.907	-.040	.009
v4	.872	-.133	-.008
v5	.786	-.170	.036
v6	-.125	.864	.114
v7	-.027	.837	.112
v8	-.108	.815	.177
v9	-.078	.672	.065
v10	-.190	.621	.255
v11	.030	.073	.879
v12	.025	.202	.797
v13	.015	.037	.792
v14	-.102	.265	.735
v15	-.015	.115	.627

이처럼 개념 타당도는 2개 이상의 개념을 측정할 수 있는 문항을 각각 2개 이상 개발하고, 동일한 개념에 대한 측정값 간에는 상관관계가 높아야 한다는 수렴타당도(convergent validity)와 상이한 개념을 측정한 측정값에는 상관관계가 낮아야 한다는 판별타당도(discriminant validity)가 있다. 이는 주로 통계학의 요인분석(factor analysis)을 통해 검정이 가능하다. 구체적 내용은 다음과 같다.

수렴(집중)타당도	- 동일한 개념을 측정하기 위해 서로 다른 측정 방법을 사용하여 얻은 측정치들 간에 높은 상관관계(하나의 차원으로 수렴)가 존재해야 함을 전제로 한다. - 하나의 이론적 개념과 이를 나타내는 복수문항들은 상관관계가 높아야 집중(수렴)타당성이 높다고 할 수 있다.
판별타당도	- 상이한 개념을 측정하는 경우에 유사한 측정방법을 사용하더라도 그 측정값 간에는 차별성이 나타나야 한다는 것이다. - 예를 들어, 진보주의와 보수주의를 측정하는 경우, 양자가 서로 다른 차원의 개념이라면 양자를 측정하는 문항 간에는 상관관계가 낮아야 한다. 따라서 상관관계가 낮아야 판별타당성이 높다.

(4) 세 가지 타당도들 간의 관계

내용타당도는 한 가지 개념과 그에 맞는 한 가지 문항만 있으면 되지만, 기준타당도는 개념이 한 개이라도 최소한 그 개념의 측정문항이 둘 이상이 필요하다. 또한 구성개념 타당도의 경우는 한 개념에 대한 둘 이상의 문항이 있어야 할 뿐만 아니라, 이론적 가설을 통해 그 개념과 관련되는 다른 개념과 그 측정치도 필요하다.

결국 이상의 세 가지 타당도는 서로 독립된 것들이 아니고, 서로 보완적으로 상호작용하고 있음을 알 수 있다.

3) 타당도와 신뢰도의 관계

측정의 관심은 조사자가 측정하고자 하는 바를 얼마나 정확하게 측정했느냐 하는 관점에서부터 시작되었다고 볼 때, 신뢰도가 타당도에 비해 확보하기가 용이한 이점은 있지만, 신뢰성보다는 타당성이 더 큰 의미를 지닌다.

- 타당도를 높이기 위해서는 신뢰도가 높아야 한다.
- 신뢰도가 높다고 하여 반드시 타당도가 높은 것은 아니다.
- 타당도가 낮다고 하여 반드시 신뢰도가 낮은 것은 아니다.
- 타당도가 높으면 반드시 신뢰도도 높다.
- 타당도는 신뢰도의 충분조건이고, 신뢰도는 타당도의 필요조건이다.

제 4 장 측정의 오차

일반적으로 물건(물체)의 대상으로 측정하는 경우는 대체로 표준화된 도구를 사용하게 된다. 예를 들어 책 한 권의 무게를 측정할 경우 '계량기'에 물건을 측정하면 될 것이고 사람의 체중을 측정하려고 한다면 '체중계'를, 그리고 사람의 키를 측정하고자 할 경우는 '자'가 필요할 것이다. 이처럼 여러 가지 측정도구를 사용하면 누구나 우리 주변의 여러 가지 대상의 속성을 수치로 나타낼 수 있다.

하지만 인간의 지능, 성격, 기분, 만족감, 태도, 여론 등과 같은 개념은 구체적인 사물이 아니라 추상적인 개념이다. 그렇기 때문에 사람에 따라서 의미하는 바가 다를 수 있으며, 또 이러한 개념들을 일정한 기준에 의하여 측정하여 숫자로 나타내기란 정말 어렵다. 다시 말해 추상적인 개념들을 나타내는 표준화된 척도를 만들어 내기는 어렵다. 그러므로 사회현상의 주관적이고 추상적인 개념을 객관적인 수치로 표현하는 과정에서 오차(error)가 발생할 수 있다.

1. 측정오차 개념

측정오차(measurement error)란 측정과정에서 범할 수 있는 오류로 측정대상이 갖는 참값(true scores)과 측정값 사이의 불일치의 정도 또는 그 차이를 의미한다.

측정오차의 원인은 ① 조작적 정의를 잘못하거나, ② 척도를 제대로 적용하지 못했거나 ③ 자료를 수집하는 과정이나 처리과정에서도 발생한다. 측정오차는 크게 체계적 오차(systematic error)와 비체계적 오차(non- systematic error)로 구분할 수 있다

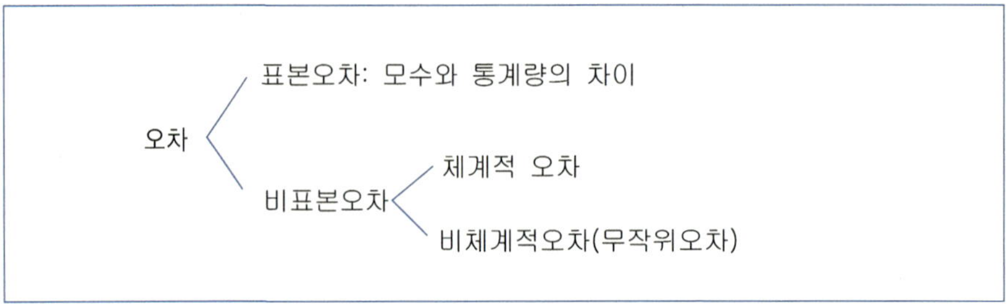

2. 측정오차 종류

표본오차(sampling error)는 표본과 모집단의 특성의 차이에서 발생하는 것으로 모수와 통계량과의 차이를 말한다. 모집단이 동질적일수록 그리고 표본의 크기가 증가할수록 표본오차는 감소한다. 반면 비표본오차(non-sampling error)는 자료 수집이나 처리 등에서 발생하는 것으로 실제 측정 상 나타나므로 측정오차라고 한다. 표본의 크기가 커지면 비표본 오차도 커진다.

1) 체계적 오차(systematic error)

측정도구가 잘못 만들어짐으로써 측정 시마다 항상 잘못된 일정한 방향으로 나타나는 오차를 말한다. 즉, 측정대상에 대하여 어떠한 영향이 체계적으로 미침으로써, 그 오차가 항상 일정한 방향으로 나타나는 경향으로, 모든 측정대상에 대하여 측정결과가 실제 값(참값)보다 높게 나오거나 또는 낮게 나오는 경향을 말한다. 따라서 체계적 오차는 타당도와 관련된 개념으로 체계적 오차가 나타나는 경우 타당도는 저해된다. 예를 들면, 체중계가 잘못 만들어짐으로 인해 항상 실제 몸무게보다 많거나 적은 측정치를 나타내는 일정한 차이를 말한다.

체계적 오차의 발생원인은 ① 설문지의 문항 자체가 잘못된 경우 아무리 측정을 반복하여도 동일한 오차가 계속 나타나게 되며, 이러한 오차가 발생할 경우 그 측정과정에는 타당도가 결여되어 있다고 한다. ② 응답자의 편견 ③ 환

경적 요인(측정 장소, 측정시간) ④ 측정자(조사자)요인으로 외모, 말투, 성별 등을 들 수 있다.

2) 비체계적 오차(random error)

'무작위 오차'라고 불리며, 측정대상의 방향과 크기가 무작위적으로 변화하며 나타나는 오차이다. 즉, 측정과정에서 우연히, 일시적 사정에 의해서 나타나는 오차를 말한다. 이는 주로 신뢰도와 관련된 개념이다.

비체계적 오차는 측정도구상의 오차는 없으나 응답자의 불안정성으로 인하여 무작위적으로 발생하는 오차다. 예를 들어, ① 응답자가 문항을 잘못 이해하여 응답을 하였거나 ② 코딩이나 펀칭과정에서 발생하는 오류 등과 같이 측정 당시의 일시적 상황변화에 기인하여 오류가 발생한다.

체계적 오차는 일관성을 나타내기 때문에 통제할 수 있지만, 비체계적 오차는 통제하기가 어렵다. 체계적 오차가 크면 타당성은 낮아지며, 비체계적 오차가 크면 신뢰성이 낮아진다.

그림 4-1 측정오차의 구성

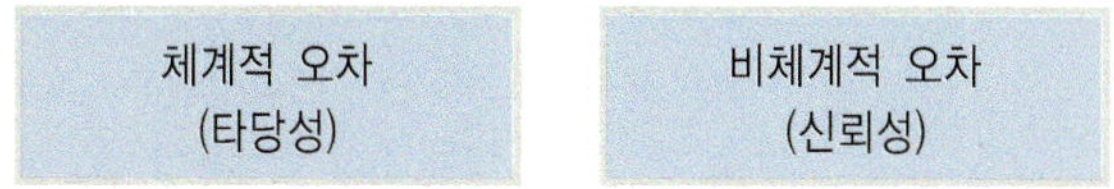

3) 측정오차의 발생원인

❶ 측정하고자 하는 개념을 다른 개념으로 측정함으로써 발생한다. 기술적(technical)인 측면을 측정하려는데 미적(style) 측면이 측정되는 경우이다.

❷ 설문문항이 모호하거나, 응답하기 어려운 경우, 그리고 응답자가 잘 모르는 내용일 때, 혹은 설문형식이 서로 다를 경우 측정결과가 달라지는 경우이다.

❸ 응답자마다 독특한 성향차이에서 발생한다. 예를 들어, 항상 긍정적인 태도를 갖는 사람과 항상 부정적인 사람은 동일한 문항에 대해서도 응답성향이 다르게 나타난다.

❹ 측정환경에 따라 응답이 달라지는 경우에 발생한다. 예를 들면, 부부를 같은 장소에서 면접하는 경우와 각각 따로 분리하여 면접하는 경우 응답상의 차이가 발생한다.

제5장 표본추출 방법

사회과학에서 어떤 현상에 대한 연구를 할 때, 그러한 연구내용을 완벽하게 대표해 주는 대상을 찾아 필요한 정보를 얻어 내기란 쉬운 일이 아니다. 또한 이러한 대상을 찾았다 해도 현실적으로 연구자들이 연구대상 전체를 조사하고 분석하기에는 시간과 비용 등의 문제가 따르게 된다. 그러므로 연구자들은 전체 모집단으로부터 최대한 연구대상을 대표할 수 있는 사람이나 집단을 선택하여 그들을 연구대상으로 삼으려 한다. 이것이 바로 표본(sample)이 된다.

표본은 어떤 대상의 전체를 대표하도록 하기 위해 전체로부터 선택해 낸 것이다. 이렇게 표본을 모집단으로부터 추출하는 과정을 **표본추출**(sampling) 또는 **標集**이라고 한다.

전체 연구대상(모집단)에서 표본을 추출하여 이들을 대상으로 조사를 하는 경우를 표본조사라고 한다. 이에 비해 全數調査는 조사대상의 총체인 모집단을 모두 조사하는 방법이다. 전수조사와 표본조사는 두 가지 모두는 장·단점을 가지는데, 일반적으로는 여러 가지 이유로 전수조사보다는 표본조사를 더 많이 하게 된다.

이처럼 표본추출은 모든 대상을 모두 고려할 수 없게 되므로, 선택된 표본이 전체 대상을 대표할만한지에 관심을 가져야 한다. 이러한 이유로 표본의 대표성(representativeness)이 항상 중요한 쟁점이 된다.

그림 5-1 전수조사와 표본조사

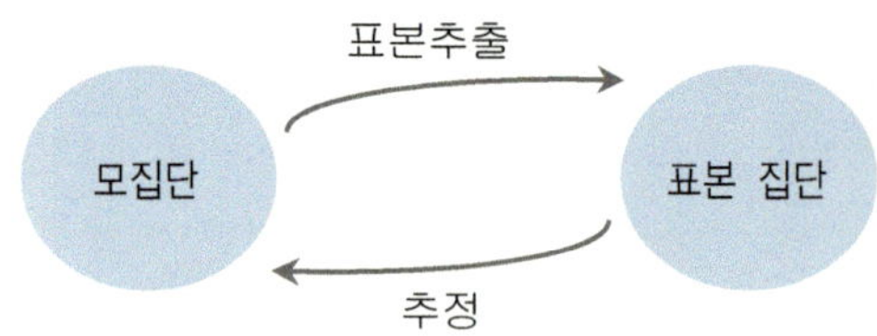

제1절 표본추출 개념들

1. 표본추출의 목적

❶ 표본으로부터 획득한 표본의 정보, 즉 통계량(statistic)을 이용하여 모집단의 특성, 즉 모수(parameter)을 추론한다.

❷ 모집단 전체를 연구할 경우에 예상되는 막대한 시간과 비용을 줄일 수 있다.

❸ 표본을 통한 조사결과가 오히려 모집단보다도 대표성(representative)이 더 높다.

2. 표본추출 장 · 단점

일반적으로 조사연구에서 모집단 전체를 조사대상으로 삼는 것이 대표성의 문제를 해결할 수 있는 가장 적절한 방법이다. 하지만 모집단 전체를 조사대상으로 삼지 않고, 그 중에 일부분만을 선택하는 것은 표본조사의 이점이 있기 때문이며, 한편으로는 표본조사로부터의 현실적 이점 외에도 표본조사의 단점을 극복할 수 있기 때문이다.

(1) 장점

❶ 표본추출의 가장 큰 이점 중에 하나는 신속성이다. 모집단은 대부분 그 대상의 규모가 커서 전체 대상을 조사할 경우 시간이 많이 걸릴 수밖에 없다. 이에 비해 표본조사는 모집단으로부터 추출된 표본을 대상으로 조사가 이루어지기 때문에 빠른 시간 내에 조사가 이루어질 수 있고, 상대적으로 모집단에 비해 적은 수가 조사되어 신속하게 이루어질 수 있기 때문에 조사 분석에 대한 준거시점도 명확할 수 있는 장점이 있다.

❷ 표본조사는 전수조사에 비해 경제성(시간과 비용)이 있다. 전수조사의 경우 보통 모집단의 규모가 커지고, 이렇게 되면 조사원에 대한 비용이나 조사과정 관리를 위한 비용이 높아질 수밖에 없고, 이는 당연히 연구비용의 증대를 가져오게 된다. 이에 비해, 표본조사는 현실적으로 조사비용을 줄이고, 조사과정에 대한 관리도 엄격하게 할 수 있어 조사의 질을 높을 수도 있다.

❸ 비표집오차가 전수조사보다 적어 더 정확한 정보를 획득하는 것이 가능하다(정확성).

❹ 현실적으로 전수조사가 불가능한 경우 표본조사를 실시할 수 있다(현실 가능성).

(2) 단점

❶ 표본조사는 모집단 전체를 조사하는 것이 아니므로, 표본의 크기를 어떤 규모로 하느냐에 따라 항상 표집오차[1](sampling error)를 가지게 되는데, 이때 허용되는 수준의 표집오차를 확보할 수 있어야 한다.

❷ 표본의 대표성 문제가 제기되는 경우 일반화의 가능성이 낮다.

❸ 모집단의 크기가 작을 경우 표집 자체가 무의미할 경우 전수조사가 낫다.

❹ 표집오차(표준오차)가 클 경우 표본이 모집단을 대표하는 정확도는 떨어진다.

---

1) 표본을 추출해 가는 과정에서 나타나는 오류로, 표본에서 얻은 모수치의 추정 값은 모집단을 온전히 대표할 수 없는 한계를 지닌다. 즉, 표본에 의한 모수치의 추정 값이 모수치와 다른 정도를 가리켜 표집오차라고 한다. 그러므로 표집오차가 클수록 표본이 모집단을 대표하는 정확도가 낮아진다. 표집오차는 확률표집 이론에서 표집분포의 표준편차, 혹은 표준오차와 같은 개념이다.

3. 표본추출(표집) 관련 주요 개념

(1) 표본추출(관찰)단위(unit)는 모집단으로부터 자료를 수집하는 단위를 말한다. 예를 들어, 공무원을 대상으로 직무만족도를 조사할 경우 관찰단위는 공무원 '개인'이 된다.

(2) 표집목록(표본프레임: sample frame)은 표본추출 시 표본추출단위가 수록된 목록(list)을 말한다. 예를 들면, 학생으로부터 학생생활만족도를 조사하기 위해 표본추출 시 학생명부가 표집목록이 된다. 표집목록의 예로는 학회회원명부, 전화번호부, 학교명 일람 등을 들 수 있다.

표집목록의 구성요건은 첫째, 표집목록이 연구하고자 하는 전체 모집단 중에서 얼마나 많은 부분을 포함하고 있는가의 문제이다. 둘째, 표본추출 시 추출될 수 있는 확률이 동일한가의 추출확률의 동일성 문제이다. 셋째, 가능한 한 조사자가 원하는 대상만을 표집목록 속에 포함시켜야 한다는 효율성의 문제이다.

(3) 표집오차(sampling error)란 표집하는 과정에서 발생하는 오차로서, 표본평균과 모집단 평균의 차이를 말한다. 만약 표본평균과 모집단 평균이 같다면 표집이 완벽하게 이루어졌다는 것을 의미하며, 차이가 크면 표집오차가 커지며 이는 표집이 잘못되었음을 의미한다.

(4) 표집비율은 모집단의 표집비율, 즉 모집단의 얼마만큼이 표집 되었는가를 말한다.

(5) 표본의 크기는 표본의 사례 수를 말한다.

제 2 절 확률표본추출의 의의와 원리

모집단을 대표할 수 있도록 고안되어 추출된 표본에서 얻은 통계량를 통해 모집단의 모수를 추론하게 된다. 이와 같이 통계적 추리는 어떤 결론을 내릴 때 통계적 증거를 토대로 결론을 추론해 내는 과정이나 절차라고 할 수 있다.

이러한 확률표본추출(Probability Sampling)은 무작위적인 방법(random method)을 통해 표본을 추출하는 방법으로, 모집단 각각의 개별적 요소가 추출과정에서 뽑힐 확률이 동등하게 부여되는 방법이다. 즉, 무작위 추출은 동일한 기회와 독립적인 기회를 가질 수 있다는 조건에서 표본을 뽑게 되는 절차를 말하는 것이다. 예를 들어, 동전을 던져서 어느 한 면이 나올 확률은 1/2이다. 이는 반복해서 동전을 던질 때, 앞면 또는 뒷면이 나올 확률은 그 전의 앞면이 나왔든지 혹은 뒷면이 나왔든지 무관하게 독립적으로 일어나는데, 이것이 바로 동일한 기회와 독립적인 기회를 전제하는 무작위 추출의 원리이다. 일반적으로 무작위 추출은 난수표, 동전 및 주사위를 많이 이용하는데, 최근에는 컴퓨터를 이용하여 무작위 추출을 한다.

제 3 절 표본추출의 유형

표본추출의 유형은 크게 두 가지 범주로 하나는 확률표본추출법(probability sampling)이며, 다른 하나는 비 확률표본추출법(non-probability sampling)이다. 확률표본추출법과 비 확률표본추출법의 종류는 아래 그림과 같다.

그림 5-2 표본추출방법

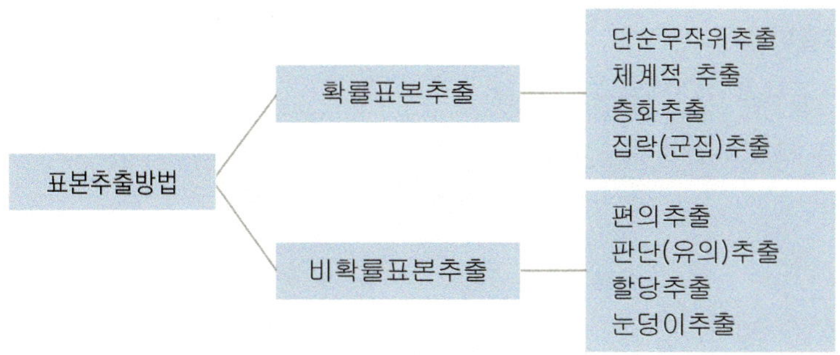

1. 확률표본추출

확률표본추출(probability sampling)은 모집단으로부터 표본을 추출하는 방법으로, ① 모집단의 요소들이 표본으로 추출될 확률을 알 수 있고, ② 모두가 추출될 기회를 동일하게 갖고 있으며, ③ 각 단위가 무작위로 추출되는 것을 말한다.

1) 단순무작위표본추출

(1) 의의

확률표본추출법 가운데 가장 기본적인 유형이 단순무작위표본추출법(simple random sampling)이다.

단순무작위표본추출방법은 두 가지 기본적인 전제를 가진다. 첫째, 표본추출에 있어 동일한 선택의 기회가 부여된다는 점, 둘째 표본추출에 있어 독립성을 확보할 수 있다는 점이다. 독립성 확보 문제는 한 표본을 추출하는 것이 다른 표본을 추출하는 데 영향을 미치지 않아서 모든 표본이 선택될 확률이 독립적으로 동등해야 한다는 것이다.

표본추출에 있어 동일한 기회를 부여하기 위한 표본추출의 조건은 모집단의 각 구성요소에 중복됨 없는 일련번호를 부여하여, 이 일련번호를 기준으로 표본을 난수표나 제비뽑기, 주머니에 든 공을 뽑아내는 방법 및 컴퓨터를 이용해서 표본을 추출하게 된다.

(2) 추출방법

① 모집단과 표집목록을 작성한다.

② 각 구성요소에 고유번호를 부여한다.

③ 표본의 크기를 결정한다.

④ 무작위로 규정된 표본의 수만큼 표본을 추출한다. 이때 난수표 등을 이용할 수 있다.

(3) 장 · 단점

• **장점**:
- 추출요소가 동일하고 독립적인 추출기회를 가지므로 표본이 모집단을 잘 대표한다.
- 모집단에 대한 사전지식을 필요로 하지 않는다.
- 표본오차의 계산이 용이하다.
- 다른 확률표본추출과 결합하여 최종적으로 사용할 수도 있다.

• **단점**:
- 모집단의 규모가 큰 경우는 적용하기 힘들다. 즉, 모집단의 각각의 요소에 일련번호를 부여할 수 있어야 하는데, 실제로 모집단의 규모가 크거나 파악이 어려워 일련번호를 모두 부여하는 것이 불가능하다.
- 표집목록의 작성이 어렵다.
- 동일한 크기의 표본의 경우, 층화추출표본보다 표본오차가 크다.

2) 체계적 표본추출

(1) 개념

체계적 표본추출(systematic sampling)은 모집단으로부터 일정한 순서에 따라 배열된 목록(list)에서 일정한 간격을 두고 매 K번 째 요소를 추출하는 방법이다.

추출방법은 ① 우선 전체 모집단에 일련번호를 부여하고, ② 모집단 총수를 원하는 표본의 크기로 나누어 표본추출 간격(sampling interval)을 정한다. ③ 결정된 표본추출 간격에 따라 모집단에서 일정 간격으로 표본을 반복적으로 뽑게 된다. ④ 연구자의 편견을 피하기 위하여 첫 번째 요소는 반드시 무작위로 선정하여야 한다.

표본추출 간격은 모집단 요소의 수를 표본의 크기로 나누는 것으로, 이때 표본추출 간격(K)을 구하는 공식은 K=N/n이 된다(N:모집단의 수, n:표본의 수).

예를 들면, 모집단의 총수가 5,000명인 경우 표본을 100명으로 할 경우 표본추출 간격(K)은 50(K=5,000/100)이 되고, 최초의 시작점은 무작위로 결정하여, 여기서부터 출발하여 매 50번째 숫자가 표본으로 결정된다. 만약 시작점의 숫자를 무작위로 선택하여 7로 결정되었다면, 7번, 57번, 107번, 157번…의 순으로 뽑히게 된다.

(2) 장·단점

장점	-모집단 전체에 걸쳐 추출됨으로 모집단을 잘 대표할 수 있다. -난수표를 사용하는 단순무작위추출방법보다 시간이 덜 소비된다.
단점	-모집단 표집목록에 배열되어 있지 않을 경우 특정집단이 상대적으로 많이 추출되어 모집단을 대표하지 못한다.

3) 층화표본추출

(1) 개념

층화표본추출(stratified sampling)은 모집단을 2개 이상의 이질적인 계층(strata)으로 구분하고, 각 계층으로부터 무작위표본추출을 하는 방법이다. 즉, 모집단에 대해 조사자가 알고 있는 특성을 기초로 표본을 층으로 나눈 후, 각 층별로 무작위표본추출을 하는 것이다.

층화표본추출은 동질적인 모집단일수록 이질적인 모집단보다 표본오차가 작다는 논리에 근거한 것으로, 집단 내 동질적이며 집단 간 이질적(계층 간에는 상호배타적)인 성격을 특징으로 한다. 예를 들면, 대학생에 관한 연구에서 학년별로 몇 명씩 표본을 선정함으로써, '학년'이라는 변수에서 생길 수 있는 표본오차를 없앨 수 있다.

(2) 추출방법

모집단을 관련변수들의 범주에 근거하여 두 개 이상의 상호배타적인 계층으로 분리한다. 예를 들어 '성별'의 경우 '남'과 '여'라는 두 개의 배타적인 계층으로 구분한다.

구분 후 표본추출시는 각 계층으로부터 단순무작위추출을 시행한다. 이 경우 각 계층으로부터 추출되는 표본의 수는 모집단 속의 각 변수들의 구성비에 따른다. 즉, 모집단의 남성과 여성의 비율이 55%와 45%일 경우 표본도 남성 55%, 여성 45%가 되도록 무작위로 표본을 추출해야한다.

(3) 유의사항

❶ 층화기준은 분석대상과 밀접한 관련성이 있어야 한다. 예를 들어, 공무원에 대해 직급별로 직무만족을 조사하려 할 경우 직급이 층화기준이 되어야지 성별이나 학력이 기준이 되어서는 안된다.

❷ 층화기준은 계층 내에서는 동질성이 확보되고, 계층 간에는 이질성을 확보해야 한다.

❸ 층화기준의 적정수준과 관련하여, 동질적인 층에서는 비교적 적은 수의 표본을 선정하고, 이질적인 층에서는 많은 표본을 선정함으로써 정확성을 유지해야 한다.

❹ 각 계층 내에서 표본을 처음 추출할 때 반드시 무작위표본추출을 해야 한다.

(4) 층화표본추출의 종류

❶ 비례층화표본추출이란 모집단의 비율과 같게 표본을 선정하는 방법이다.

❷ 비 비례층화표본추출이란 모집단의 비율과 다르게 표본을 추출하는 방법이다. 이는 특정 집단의 해당집단의 표본 수가 지나치게 작아져 해당 집단의 특성을 대표하기 어려운 경우에는 표본의 비율을 모집단의 비율과 다르게 조정할 수 있는 방법이다.

〈표 5-1〉 층화추출 구분 실례

공무원 계급	모집단 수	비례층화표본추출	비 비례층화표본추출
9급	250명	15명(10%)	15명(6.0%)
8급	200명	20명(10%)	15명(7.5%)
7급	100명	10명(10%)	15명(15%)
6급	50명	5명(10%)	15명(3.0%)
합계	**600명**	**60명(10%)**	**60명(10%)**

(5) 장 · 단점

장점	- 층화에 대한 정보가 확실하고 표집이 정확하면 표본의 추정치가 정확하다. - 계층으로 분류된 하위집단의 특성을 알 수 있다. 계층 간에 서로 다른 견해를 가질 경우 집단 비교가 가능하다. - 모집단의 구성원들을 골고루 포함가능 - 동질적인 대상은 표본의 수를 줄이더라도 대표성을 높일 수 있다. - 표본추출의 현실성을 높여 주고, 가능한 표본추출오차를 줄여 주면서 대표성이 높다. - 계층분류를 통해 적은 수의 표본으로 정교한 표본의 확보가 용이하므로 현실성이 높다.
단점	- 모집단의 각 층별에 대한 분류 정보가 확실하지 않으면 표집오류가 발생한다. - 층화 시 근거가 되는 목록(명부)이 필요하다. 표집목록이 정리되어 있지 않으면 표집에 많은 시간이 소요된다. - 층이 너무 많거나 혹은 적은 경우는 쓰기 어려운데, 그 이유는 특정 의미를 가진 대상의 비율이 지나치게 높거나 낮으면, 전체에 미치는 영향력이 커지거나 아예 없어 질 가능성이 있기 때문이다.

4) 집락표본추출

(1) 의의

집락(군집)표본추출(cluster sampling)은 표본추출 단위를 개인이 아닌 집락(집단)을 단위로 하는 방법이다. 즉, 모집단을 여러 개의 집락(집단)으로 구분한 다음, 구분된 집락을 표본추출 단위로 하여 이들 집락 중에서 무작위로 몇 개의 집락을 표본으로 추출하고, 이들 표본으로 추출된 집락에 대하여 그 구성원을 전수조사하거나 무작위 표본추출 하는 방법이다.

예를 들면, 모집단을 기존의 지리적 구획 또는 행정적 구분 단위로 나누어진 집락을 기초로 몇 개의 부분단위로 나누고, 이러한 하위 부분단위로부터 무작위 또는 전수조사 하는 방법이다. 즉, 넓은 지역단위에서 좁은 지역단위로 범위를 좁혀가면서 단계적으로 지역을 선정할 때 주로 사용한다. 따라서 주로 여론조사의 경우에 사용된다.

집락표본추출은 집단 내는 異質的이고, 집단 간에는 同質的이어야 한다.

추출하는 방법은 ① 모집단을 몇 개의 집락으로 분류한다. ② 표집의 대상이 될 집락을 선정한다. ③ 뽑힌 집락에서만 표본을 추출한다.

(2) 종류

❶ **1단계 집락표본추출법**(single-stage cluster sampling): 1단계 집락표본추출이란 집락 가운데서 무작위로 몇 개의 집락을 선정한 후 선정된 집락 안의 모든 요소를 그대로 표본으로 삼는 방법이다. 예를 들어 부산시 고등학교 3학년 학생들의 체중 변화를 알고자 할 때, 부산시에 소재하는 각 학교를 군집으로 설정하여 무작위추출을 한다.

❷ **2단계 집락표본추출법**(two-stage cluster sampling): 집락표본추출의 변형으로, 2단계 이상의 표본추출작업을 거쳐 최종적인 조사단위를 선정하는 방법이다. 추출방법은 우선 여러 집락 가운데서 1단계로 몇 개의 집락을 무작위로 추출한 후, 추출된 집락 가운데서 다시 세분된 몇 개의 집락을 무작위로 추출한다. 그리고 몇 개의 세분된 집락 가운데서 무작위로 표본을 선정한다.

위의 표집에서 해당 3학년 학생들을 모두 표집하지 않고 많은 학교에서 한 학급씩을 추출한다면 이는 군집이 두 차원에서 이루어지는 것이다. 이를 2 단계 집락표본추출이라고 한다.

이와 같이 여러 단계에 걸친 군집표본을 **다단계집락표본추출**(multistage cluster sampling)이라고 하며, 전국 또는 광활한 지역을 대상으로 하는 대규모조사에서 주로 활용된다. 예를 들면, 지역을 집락으로 할 경우 표본지역이 집락으로 선정되고 나면, 선정된 지역의 가구명부를 작성하여 가구를 선정한다. 그런 다음 이들 선정된 가구의 가구원을 표본으로 선정하여 조사하게 된다. 이때 각 단계의 집락 선정은 무작위로 이루어진다.

〈표 5-2〉 다단계집락표본추출의 과정

전국적으로 1,200명 확보	
1차 : 특별시, 광역시, 도	16개의 시, 도를 무작위로 추출
2차 : 시, 군, 구	추출된 시도에서 시, 군, 구를 추출
3차 : 읍, 면, 동	추출된 시, 군, 구에서 읍, 면, 동을 추출
4차 : 주민	추출된 읍, 면, 동에서 주민등록부를 목록표로 활용하여 표본을 무작위로 선정하거나 전수조사 한다.

(3) 장 · 단점

장점	- 모집단의 집락을 먼저 추출한 후 좁혀진 집락으로부터 표본추출 - 모집단의 목록(list)을 확보할 수 없을 때 유용하다. - 모집단에 대한 사전 지식이 없을 때 사용 가능 - 표집오차 계산이 용이하다.
단점	- 소수의 군집을 추출할 경우 표집오차가 클 수 있다. 따라서 이를 줄이기 위해서는 많은 수의 군집을 추출해야 한다. - 집락이 동질적이면 오차 개입가능성이 높고, 표본추출 오류 측정이 어렵다.

※ **층화추출과 군집추출의 차이**

	층화추출	군집추출
간	이질적	동질적
내	동질적	이질적

2. 비 확률표본추출법

비 확률표본추출(non-probability sampling)은 추출이론의 지침을 따르지 않아서 ① 모집단의 모든 요소들이 추출될 확률을 모를 때 사용함으로 확률적인 통계처리가 불가능하며, ② 추출된 표본으로부터 결과를 일반화가 제한되며 ③ 확률표본추출의 대표성이나 오차추정 가능성 등이 결여되어 있으며, ④ 모집단에 대한 목록을 구하기 어려울 경우 사용하게 된다.

1) 편의추출법(임의추출법)

편의추출법(convenience sampling)은 연구자가 편리한 대로 특정 시간과 공간을 정해서 표본을 손쉽게 편리하게 선택하는 방법이다. 예를 들면, 여론은 듣고 싶은데 시간이 없어 길거리에서 이루어지는 TV인터뷰라든지, 또한 조사자가 특정 사안에 대한 조사를 위해 특정 시간과 공간을 정해서 그곳을 지나가는 사람들이나 그곳에 모인 사람들을 닥치는 대로 표본으로 삼아 의견을 물어보는 경우가 그것이다.

- **장점**: ① 가장 비용이 적게 들고 시간을 절약할 수 있으며 표본추출이 용이하다는 점이다.
② 신속한 조사결과를 원하는 경우에 유용하다.
③ 조사결과에 대한 정확한 통계적 추론을 필요로 하지 않는다.
- **단점**: ① 접근이 용이한 조사대상자만을 표본으로 선정함으로써 표본이 편중되기 쉽다.
② 편의표본으로부터 얻어낸 정보를 일반화하기는 어렵다.
③ 연구자의 편견이 개입하여 오차 개입가능성이 높다.

2) 판단(有意)추출법(유의추출법)

판단추출법(judgemental or purposive sampling)은 연구자의 주관적 판단에 의거하여 누구를 표본에 포함할지를 결정하면서 표본을 구성하는 방법이다.

판단표본추출은 본 조사에 대한 예비조사의 성격이 강하다. 모집단에 대한 풍부한 사전지식을 기초로 하기 때문에 표본추출이 편리하고 시간과 비용이 적게 드는 장점이 있다. 예를 들면, 성폭력 피해자에 대한 연구를 위해 성폭력 상담소 등을 찾아가서 현재 상담을 의뢰한 성폭력 피해자를 표본으로 삼아 조사하는 경우가 이에 속한다. 또한 지역문제를 잘 알 수 있을 거라고 판단되는 지역 담당 공무원나 통반장 등을 조사하는 경우이다.

하지만, 이렇게 선정된 표본이 모집단을 대표하는 전형적인 사례는 될 수 있지만, 확률적 표본추출절차를 따른 것이 아니므로 일반화하기 힘들다.

3) 할당추출법

(1) 개 념

할당추출법(quota sampling)은 모집단을 특정 변수를 기준으로 몇 개의 소집단으로 나눈 후 각각의 표본을 작위적으로 추출하는 방법이다. 따라서 할당추출방법은 모집단의 특성을 기술하는 행렬표를 만드는 것부터 시작한다.

모집단을 소집단으로 나누고 각 소집단에서 표본을 추출한다는 점에서는 층화추출과 같지만, 각 집단에서 정해진 수만큼 표본을 추출할 때 층화추출은 무작위로 하지만, 할당추출은 작위적(인위적)으로 추출한다는 점에서 차이가 있다.

할당추출법의 특징을 보면 ① 최종적인 단위표본의 선정은 표본설계자가 아닌 현지 조사원 자신의 주관에 의해 결정된다. ② 주의를 기울여 표본을 적절히 선정하면 정확도를 높일 수 있으며, 비용과 시간 측면에서 경제적이므로 여론조사 등에서 많이 활용되고 있다. ③ 작위성으로 인해 각 요소가 추출되는 확률을 알 수 없으며, 따라서 조사결과의 정확성에 대한 통계적 추론이 불가능하다. ④ 모집단에 관한 사전지식이 어느 정도 있어야 한다.

(2) 특 징

확률표본추출방법에서는 층화추출이, 비 확률표본추출에서는 할당추출이 포집오차가 가장 작다. 왜냐하면 두 방법 모두 "이질적인 집단보다는 동질적인 집단이서 추출한 표본오차가 작다"는 이론에 기초하고 있기 때문이다. 예를 들면, 남자와 여자가 섞여있는 1000명에서 100명을 뽑는 것보다 남자는 남자대로(예: 600명), 여자는 여자대로(예: 400명)집단을 나눈 후 각 집단에서 남자 몇 명과 여자 몇 명을 뽑는다면 표본이 적어도 성별이라는 조건에 편향되지 않고 모집단을 대표할 수 있는 가능성은 커진다. 층화추출과 할당추출은 이렇게 이질적인 요소가 섞여있는 전체 집단을 몇 개의 동질적인 하위집단으로 나눈 후 각 집단에서 할당된 수만큼 표본을 뽑는 방법이다.

(3) 추출과정

❶ 모집단의 여러 속성 특히 주요 속성을 대표할 수 있는 일정 수의 범주(category: 층)를 결정한다. 일정 수의 범주는 연령, 성별, 교육수준, 소득, 직업 등 연구문제와 관계가 있는 기준을 선택한다.

❷ 각 범주를 대표하는 표본의 수, 즉 할당량(quota)을 결정하여 할당표(quota matrix)를 작성한다.

❸ 각 범주에 할당된 수의 표본을 추출한다.

❹ 조사원의 임의적 판단에 따라서 표본을 선택하며, 이때 조사원은 할당표에 따라서 각 범주의 구성 비율을 유지하게 된다.

(4) 유의사항

❶ 조사에 흥미를 가지고 있다고 해서, 전형적으로 그 분야에 대해 알고 있다고 해서 또는 교육수준이 높다고 해서 그 사람만을 피조사자로 하는 의식적인 선택은 회피해야 한다.

❷ 특정한 구역이나 장소에서 응답자를 탐색하는 것을 피해야 한다.

❸ 응답자를 선정할 때 감정을 배제하기 위해 협조적인 사람만 선택하지 말고, 비협조적이어서 거부된 것은 거부된 사례로 취급하여 기록해야 한다.

예를 들면, 남녀 100명의 표본을 할당추출 할 경우 남녀의 비율을 고려하여 비례적으로 표본수를 할당할 수도 있고, 비 비례적으로 할당할 수도 있다. 할당추출의 경우 할당 기준을 정함에 있어 연구자의 의도나 편견이 작용할 가능성이 크다는 단점이 있지만, 모집단의 특성을 일정 정도 감안하여 할당한다는 의미에서 확률추출방법 중 층화추출법과 비슷한 효과를 나타낸다.

(5) 장 · 단점

- **장점**: ① 같은 크기의 무작위추출보다 적은 비용으로 표본을 추출할 수 있다.
  ② 각 계층(범주)을 적절하게 대표하게 하는 효과를 가져 올 수 있다.
- **단점**: ① 연구자의 편견이 개입할 가능성이 높다.
  ② 인위적 표출로 인하여 오차가 커진다.
  ③ 결과의 일반화에 문제가 있다.

4) 눈덩이추출법

눈덩이추출방법(snowball sampling)은 조사자가 조사할 표본 사례들이 어디에 소재하는지를 잘 모르는 경우에 유용한 방법이다. 접근 가능한 소수 사례를 대상으로 조사를 수행하면서, 이들로부터 다른 추가적인 사례를 소개 받아 표본을 확보해 가는 방법이다. 눈덩이를 굴러가며 점점 커지듯 소수 사례에서 시작하여 서서히 표본 사례수가 많아진다는 의미에서 붙인 이름이다.

연구자는 우선 최초의 접촉자로부터 얻어낸 정보를 바탕으로 다음 접촉자로 연결범위를 확대해 나간다. 그래서 이러한 표본추출방법을 전략적 제보자 표본추출법(strategic informant sampling)이라고도 한다.

눈덩이추출법은 모집단에 대한 사전 정보가 거의 없어 이를 탐색적으로 연구할 때 주로 사용되는 방법으로, 질적 조사연구이며, 경찰의 탐문수사가 주로 이러한 방식으로 적용된다. 이처럼 모집단에 대한 적절한 정보가 없는 경우 표본의 선정방법으로 이러한 최초의 정보를 준 접촉자로부터 그들의 동료 또는 또래집단의 구성원들로 확대해 나가는 방법을 적용할 수 있다.

〈표 5-3〉 확률표본추출과 비확률 표본추출의 비교

구분	확률표본추출	비확률 표본추출
표본으로 추출될 확률	o(알려져 있음)	x
표본추출의 인위성	x	o
모수추정의 bias	x	o
일반화 가능성	0(대표성 가능)	x
표본오차의 추정가능성	0	x
시간과 비용	多	少

제 4 절 표본 크기 및 오차

1. 표본 크기

표본 크기(sample size)는 모집단에서 표본추출단위의 수를 몇 개로 하는 것이 적절한가에 대한 문제와 관련된다. 그런데 어느 정도의 크기로 표본을 추출하는 것이 최소의 비용으로 소기의 정확성을 확보할 수 있느냐의 문제가 중요시된다.

2. 표본 크기의 결정

확률적 표집방법으로 표본을 선정할 때, 표본 크기는 중요한 문제이다. 통상, 표본의 크기가 커질수록 대표성이 높고 모집단의 개별적 속성들을 대표할 확률이 높아진다. 표본 크기를 결정하는 데 있어서 가장 중요한 것은 연구의 목적을 고려하여 모집단의 속성에 따라 표본의 크기가 결정되어야 한다. 즉, 연구내용의 분석에 제약을 받지 않는 한에서 시간과 비용을 고려하여 표본의 크기를 결정해야 한다.

일반적으로 자료 분석을 위해 기초적인 통계방법을 적용하려면 최소한의 표본 수는 30사례가 필요하다고 하는데, 백분비의 안정성을 위해 최소한 100사례는 되어야 한다는 입장도 있다. 이는 표본의 크기를 분석할 변수의 종류와 수를 고려하여 최소 기준을 제시한 예이다.

3. 표본 크기의 결정방법

표본 크기의 결정방법 중 대표적인 것이 신뢰구간접근법이다. 이 접근법은 모집단 분산의 정도를 알고 있다는 가정 하에서 정확도(최대허용오차)를 결정하며, 표본의 적정크기를 산정하는 방법이다. 만약 모집단의 표준편차를 알지 못하면 표본의 표준편차를 활용한다. 이와 같이 원하는 표준오차와 신뢰수준을 정하면, 적정표본크기를 산정할 수 있다.

예를 들면, 인터넷쇼핑몰 이용자의 평균이용시간을 조사한다고 하자. 조사결과 표준편차는 25분으로 추정되며, 신뢰수준은 95%, 표본오차는 5분 이내로 하고자 한다면, 표본크기는 다음과 같다. 이때 95%의 신뢰수준에서 Z값은 '1.96'에 해당한다.

$$n = \left(\frac{Z \cdot S}{e}\right)^2 = \left(\frac{(1.96)(25)}{5}\right)^2 = (9.80)^2 = 96.04 = 97 \text{이 된다.}$$

따라서 조사자는 97명 이상의 인터넷쇼핑몰 이용자를 대상으로 조사를 해야 한다.

* 신뢰수준에 따른 Z값

신뢰수준	Z값
90%	1.65
95%	1.96
99%	2.58

4. 표본 크기의 결정 시 고려사항

1) 시간과 비용

시간과 비용을 고려한다면 되도록 적은 규모의 표본이 유리하다. 이는 표본의 크기를 크게 할수록 많은 비용과 시간이 소요되기 때문이다.

2) 모집단의 동질성

모집단의 구성요소가 이질적인 경우 동질적인 것에 비하여 그 만큼 표본의 크기를 증가시켜야 한다. 이질성을 나타내는 대표적인 통계수단은 표준편차이다. 만약 모집단이 동질적이면 더 작은 표본을 가지고도 정확하게 모집단을 추정할 수 있다. 이 말은 모집단이 완전히 동질적이라면 하나의 사례로 전체 모집단을 대표할 수 있다.

3) 연구방법

층화추출을 할 경우 추출오차는 각 층에서의 표본크기에 따라 좌우되며, 다른 확률표본추출방법에 비해 적은 수의 표본으로써 필요한 수준의 신뢰도와 최대허용오차를 확보할 수 있다. 따라서 전체표본크기와는 관련되지 않는다.

동일한 크기의 표본오차 하에서 표본의 크기는 집락〉 단순무작위〉 층화추출 순으로 표본의 크기가 크며, 이것 순으로 더 많은 표본오차를 초래함으로 대표성이 떨어진다.

일반적으로 실험연구에 비해 기술적 조사(실태조사)와 설명적 조사가 더 많은 표본의 크기를 필요로 한다.

4) 변수와 범주의 수

표본의 크기를 결정하려면 분석 범주를 어느 정도 할 것인가와 몇 개의 변수를 대상으로 연구할 것인가를 고려해야 한다. 이를테면, 교육 정도를 변수로 할 경우에 ① 고졸 이하, ② 대학 재학생 이상의 두 가지로 하는 경우와 이를 세분화하는 경우와는 표본의 크기에 따라서 각 cell에 사례수가 포함될 가능성은 달라진다. 극단적으로 어떤 칸에는 하나의 사례도 해당 안 되거나 한두 개밖에 해당 사례가 없을 수도 있다. 이때 만약 한두 개의 사례가 한 cell을 메운다면 그것의 대표성을 인정하기 곤란하며, 그러한 cell이 많으면 자료 전체의 의미가 없어진다. 따라서 연구 변수의 수가 많아지면 각 변수를 중심으로 각 cell의 대표성을 확보하기 위해서는 표본의 크기를 증가시켜야 한다. 즉, 변수의 범주가 다양하면 다양할수록 표본의 크기는 커야 한다.

5. 오차

1) 표본오차(sampling error)

표본오차란 표본추출과정에서 발생하는 표본통계량과 모집단의 모수와의 차이를 의미한다. 표본을 추출하는 목적은 표본을 기초로 모집단에 관한 정보를 얻으려는데 있다. 그러나 표본의 평균과 모집단의 평균이 일치하는 경우는 거의 없는데, 여기서 모평균과 표본평균의 차이가 표본추출오차이며 이를 표본오차라고도 불린다.

예를 들어, “95% 신뢰수준, 표본오차 ±3%”라는 의미는, 여론조사 결과가 모집단의 모수와 일치할 확률이 95%이고, 결과로 나타난 특정비율의 오차범위가 -3% ~ +3% 사이에 존재한다는 것을 의미한다. 표본추출오차는 표본조사의 성격상 필연적으로 나타나는 것이며, 표본이 모집단에 대한 대표성을 확보하는데 한계가 있기 때문에 나타나는 것이다.

표본평균의 표본추출오차 = 모평균 - 표본평균

표본이 충분히 크면 표본평균의 표본분포는 거의 정규분포를 이루며 이를 중심극한정리(central limit theorem)라고 부른다. 그리고 표본이 충분하게 크면(n ≧30) 표본분포가 정규분포에 가까워진다는 중심극한정리가 적용되는 경우에 정규분포를 사용하여 평균값의 표본추출오차를 구할 수가 있다.

2) 비 표본추출오차(non-sampling error)

비 표본추출오차란 표본추출오차 이외에 자료의 수집이나 처리가 정확하지 못하면 발생하는 것으로 일반적으로 측정상의 오차를 말한다. 이를 비 표본오차라고도 한다. 이는 실제 측정 상에 나타나는 오차이기 때문에 측정오차(measurement error)라고도 한다. 비 표본추출오차는 조사의 전 과정에 나타날 수 있으며, 체계적인 오차와 비체계적 오차가 있다. 오차의 원인은 다음과 같다.

❶ 개념의 잘못된 규정
❷ 조사 설계의 잘못
❸ 설문지 작성의 잘못
❹ 조사자의 잘못
❺ 자료의 편집이나 코딩의 잘못
❻ 집계 및 계산의 잘못
❼ 결과해석 및 보고서 작성 잘못 등을 들 수 있다. 비 표본추출오차를 줄이는 방법은 조사원을 훈련시키는 등의 방법으로 어느 정도 감소시킬 수 있다.

표본추출오차와 비 표본추출오차는 상호 독립적이다. 전체오차는 표본추출오차와 비 표본추출오차의 독립적인 기능에 의해 결정된다. 표본추출오차와 비 표본 추출오차 가운데 어느 것 하나라도 지나치게 클 경우 전체오차는 커진다.

여기서 표본추출오차가 감소한다고 하여 비 표본추출오차가 감소하는 것은 아님을 알 수 있다. 실제로 표본추출오차를 감소시키기 위하여 표본크기를 증가시키면, 비 표본추출오차의 발생 가능성은 그만큼 증가하게 된다.

제 Ⅳ 편 자료수집방법

제1장 자료수집의 방법

제1절 자료수집 유형에 따른 방법

연구결과는 연구에 사용된 자료의 품질에 따라 달라진다. 쓰레기가 들어가면 쓰레기가 나온다(garbage in, garbage out)는 말과 같이 품질이 좋지 않은 자료를 분석하여 얻은 정보는 좋은 정보가 못 된다. 또한 이를 이용하여 연구한다면, 결코 신뢰할 수 있는 연구결과를 기대하기 어렵다. 따라서 정확한 정보를 얻어 연구하기 위해서는 무엇보다도 신뢰할 수 있는 좋은 질의 자료를 수집하는 것이 무엇보다도 중요하다.

좋은 질의 자료를 수집하기 위해서는 현재 가용한 자료를 어떻게 찾아야 하는지, 그리고 만일 현재 가용한 자료 외에 새로운 자료가 필요한 경우, 이를 효과적으로 수집할 수 있는 방안을 포함하여 전반적인 자료획득 방법에 대하여 명확하게 이해할 필요가 있다. 일반적으로 연구에 사용되는 자료는 그 원천에 따라 1차 자료(primary data)와 2차 자료(secondary data)의 두 가지 유형으로 구분된다.

1차 자료란 연구목적을 위해 연구자가 직접 조사하여 수집·작성한 자료를 말한다. 따라서 연구자는 연구목적에 맞는 정보를 최대한 포함시킬 수 있고, 자료의 타당도, 신뢰도 등을 평가할 수 있다. 1차 자료의 대표적 예는 설문지, 관찰, 인터뷰 등이다.

단점은 2차 자료에 비하여 수집과정에서 많은 시간, 노력 그리고 비용을 필요로 하기 때문에, 연구목적에 맞게 모든 가용한 2차 자료를 먼저 확인한 후에 부족한 부분에 대해서만 1차 자료를 수집하는 것이 바람직하다.

2차 자료란 연구자가 연구목적을 위해 활용하는 기존에 이미 있던 자료를 말한다. 대표적인 2차 자료는 책, 보고서, 백서, 학술지 논문, 석·박사 논문, 정부나 각종 조사기관에서 발행하는 통계자료, 신문, 잡지 등을 들 수 있다.

이론적 배경을 검토하거나 가설을 설정하려고 할 때 2차 자료의 검토는 필수적이다.

장점은 자료를 수집하기 쉽고 비용이 저렴하다. 반면에 단점은 측정단위 및 조작적 정의가 본 연구와 다른 경우가 많고, 자료의 신뢰도나 타당도를 알 수 없다.

제2장 설문지법

설문지법(Questionnaire method)은 설문지를 이용하여 응답자의 답변을 조사하는 방법으로 가장 대표적인 1차 자료 수집방법이며, 다양한 방법으로 질문을 구성할 수 있기 때문에 융통성과 객관성이 높은 자료수집방법이다.

설문지[1]는 측정도구를 담고 있는 일종의 틀로서, 일련의 상호 관련된 질문으로 형성되어 있고, 질문들은 어떤 연구 문제의 파악을 위해 논리적으로 상호 연결되어 있다. 이 설문지의 조사를 통해 얻은 자료는 통계처리하게 된다.

그러나 설문지는 처음부터 신중하게 설계하여 작성해야 하며, 조사를 실시하기 전에 충분한 사전 검토를 거쳐서 설문지를 완성해야 한다. 왜냐하면, 설문지가 잘못 작성되면 조사된 자료를 효과적으로 분석하기도 어려울 뿐만 아니라, 유용한 정보를 얻을 수 없기 때문이다. 따라서 사전에 필요한 정보가 무엇인지를 명확하게 파악하고, 이를 효과적으로 조사 분석할 수 있도록 설문지를 작성해야 한다. 또한 척도 및 측정방법에 따라 사용할 수 있는 분석방법이 제한되기 때문에 적용하고자 하는 통계분석기법을 고려해서 설문지를 작성하여야 한다.

- **장점**: 조사과정에서 융통성을 발휘할 수 있으며 자료처리 및 결과해석과 분석이 비교적 객관적이고 용이하다.

---

1) 설문지는 응답자가 기입하는 것이 원칙이며, 조사표(schedule)는 일련의 조사문항들을 모아둔 것으로 조사자가 직접 기입하는 것이 원칙이다. 그리고 면접지침(interview guide)은 면접조사 시 면접자가 지켜야할 사항들을 모두 둔 것을 가리킨다. 관찰표(observation schedule)는 통제 또는 비통제 관찰시 이용하는 것이다.

- **단점**: 설문지가 잘못 작성되었을 경우에는 일단 분석이 어렵고, 의사결정에 도움을 주는 정보를 제공할 수 없거나 그릇된 정보를 제공할 수 있다.

제1절 설문지를 이용한 자료수집

자료수집방법들 중에서 가장 많이 사용되는 방법으로는 설문지를 사용하여 조사하는 설문지법이 있다. 이하에서는 설문지의 구성과 작성방법에 대하여 알아보고 설문지를 이용한 자료수집 단계에서 주의하여야 할 사항들에는 어떠한 것들이 있는지 살펴보기로 한다.

1. 설문지 활용이유

설문지법이란 연구문제와 관련된 많은 양의 정보를 표준화된 조사표에 따라서 통일적이며 일관적으로 얻을 수 있는 방법으로서 조사되는 내용을 표준화·객관화할 수 있으며, 응답결과의 차이를 객관적이고 정확히 비교 측정할 수 있다. 이처럼 설문지를 활용하는 이유는 다음과 같다.

❶ 설문지를 이용함으로써 결과의 비교 가능성을 높일 수 있다. 즉, 모든 응답자에게 동일한 내용을 동일한 방식으로 질문을 하게 되므로 측정도구의 변화에 따른 측정의 오류를 최소화할 수 있기 때문에 결과의 비교 가능성도 높아지게 되는 것이다.

❷ 빠른 시간에 핵심적인 정보만을 선별하여 비교적 솔직하고 정확한 정보를 구할 수 있다. 따라서 불필요한 내용은 설문지에서 삭제할 수도 있다.

❸ 응답자가 무기명으로 응답을 기록하는 경우, 매우 솔직한 응답이 가능하며 응답의 용이성과 정확성을 높일 수 있다.

2. 설문지 작성 순서

그림 2-1 설문지 작성 절차

연구목적 및 연구문제와 자료수집방법과의 관계 점검

↓

질문의 유형(type)과 양식(format) 결정

↓

질문의 초안 작성

↓

사전검사(pre-test) 거쳐서 질문지 재검토와 수정

↓

질문을 확정하여 인쇄

3. 설문의 유형

필요한 질문내용들을 선정하고 나면 질문의 유형을 결정하여야 한다. 질문을 어떠한 형식으로 제시하느냐에 따라서 응답의 질과 내용이 전혀 달라지기 때문에 질문의 유형과 질문 어구를 선정하는 문제는 신중을 기하여야 한다.

응답자가 자유롭게 응답하도록 하는 방식을 채택할 것인지, 아니면 여러 개의 가능한 보기를 제시해 주고 이 중 하나를 선택하게 할 것인지를 결정하는 것이다. 특히 응답의 유형은 얻어지는 자료의 내용을 결정하고, 분석방법의 선택의 범위에도 영향을 미치기 때문에 신중하게 결정하여야 한다.

질문의 유형을 구별하면 크게 개방형(open-ended) 설문 또는 비구조화된 설문과 폐쇄형(closed-ended) 설문 또는 구조화된 설문으로 나눌 수 있다. 일반적으로 한 설문지에는 두 가지 질문형식을 함께 사용하는 경우도 많다.

1) 개방형 질문

개방형 질문은 응답자에게 질문만 제시하고 그 질문에 대해 자유로운 응답을 기대할 때 사용한다. 응답자가 질문에 대해 자신의 의견을 자유롭게 표현할 수 있게 하는 방법이다. 이러한 개방형 질문은 최종 설문지를 계획하기 위한 예비조사나 심층적인 면접을 위한 많이 사용된다.

"귀하는 세계경제의 위기가 초래한 이유를 무엇이라고 생각 합니까?"
(   )

질문내용상 응답자의 독특한 관점이나 철학, 주관적 체험, 의견, 이유, 방안 등 내면적 · 주관적인 것을 묻는 경우에 대개 이 형식을 사용한다.

(1) 개방형 질문의 장점

❶ 응답자에게 자유롭게 응답할 수 있도록 제약을 가하지 않기 때문에 응답자에게 창조적이고 다양한 응답을 할 기회를 제공할 수 있고, 모든 가능한 의견을 얻어 낼 수 있다.
❷ 이를 통해 연구자가 알지 못하였던 새로운 사실과 쟁점을 발견할 수 있다.
❸ 연구자가 모든 가능한 응답범주를 알 수 없거나 생각해 내기 어려운 경우에도 사용할 수 있으며, 특히 탐색적 조사(exploratory research)와 예비조사(pilot study)를 통해 문제의 핵심을 파악하려고 할 때 사용한다.
❹ 자기 표현적이고 창의적이고 내용이 풍부한 응답을 얻을 수 있다.
❺ 대규모조사보다는 소규모조사에 적당하다.

(2) 개방형 질문의 단점

❶ 다양한 응답을 함으로써 자료처리를 위한 응답을 코딩(coding)하는 것이 어렵고 따라서 자료가 표준화되기 어려워 비교하거나 통계적 분석이 어렵다.

❷ 응답내용에 대한 분류가 어려워 자료의 많은 부분이 분석에서 제외되는 경우가 발생한다.

❸ 응답의 표현상의 차이로 인해 상이한 해석이 가능하고, 편견 개입의 가능성이 있다.

❹ 응답하는 데 시간과 노력이 많이 들고 응답자로 하여금 번거로운 느낌을 들게 함으로써 응답을 기피하거나 응답률이 감소하는 무응답률이 높다.

❺ 표현능력이 부족한 응답자에게 부적합하다(일반화 가능성이 낮다).

2) 폐쇄형 질문

폐쇄형 질문(closed-ended)은 연구자가 범주(보기)를 미리 제시하여 이 중 하나를 응답자로 하여금 이 중 하나를 선택하도록 하는 질문을 말한다.

〈폐쇄형 질문의 예〉

> **당신은 어떤 장르의 TV프로그램을 좋아하십니까?**
> ① 드라마 ② 다큐멘터리 ③ 오락 프로그램 ④ 뉴스

폐쇄형 질문에서 제시되는 응답항목은 응답자가 대답할 수 있는 모든 경우를 포함하고 있어야 한다는 점에서 총망라적[2](포괄적)이어야 한다. 또한 응답항목들은 그 내용이 중복되지 않고 서로 별개의 내용을 담고 있어야 한다는 점에서 상호 배타적[3]인 특성이 있어야 한다.

총망라성의 실례를 보면 다음과 같다.

(예) 당신은 몇 살입니까?

① 10세 이하 ② 11~20세 ③ 21~30세 ④ 41~50세 ⑤ 51세 이상

2) 응답항목이 총망라적이어야 한다는 의미는 응답에 있어서 가능한 한 응답을 모두 제시해 주어야 한다. 따라서 응답의 선택 항목은 사전검사 때 충분히 검토하여 빠지는 것이 없도록 해야 하며, 그 외에도 다른 응답이 있다고 생각될 경우 기타 항목의 '( )' 안에 기입하게 한다.

3) 응답항목의 상호배타성(중복금지)이란 응답항목들 간에는 내용이나 범위가 중복되어서는 안 되며, 한 응답자가 반드시 하나의 항목만을 선택하도록 해야 한다.

위 실례의 경우 31~40세가 빠졌기 때문에 총망라성을 위배하였다.

상호배타성의 실례를 보면 다음과 같다.

(예) 당신의 지출에 가장 많이 사용하는 용도는 무엇입니까?
① 생활비 ② 교육비 ③ 의료비 ④ 자녀등록금 ⑤ 식료품비

위 실례의 경우 교육비와 자녀등록금, 생활비와 식료품비가 중복됨으로 상호배태성에 위배된다.

(1) 폐쇄형 질문 장점

❶ 응답자들이 빠르고 쉽게 대답할 수 있다.
❷ 서로 다른 응답자들의 반응을 비교하기 쉽다.
❸ 응답이 간편하고 시간이 적게 걸리므로 개방형 질문보다 무응답이 적게 나와 회수율이 높다.
❹ 조사자의 편견 개입이 방지된다.
❺ 응답은 코딩하기가 쉽고, 자료 집계 및 통계분석이 편리하다.
❻ 구조화되어 있기 때문에 사생활과 관련된 질문문항에 대해 쉽게 반응할 수 있다.

(2) 폐쇄형 질문 단점

❶ 모든 가능한 응답 범주을 연구자가 제시하기 어렵다.
❷ 답을 모르거나 의견이 없는 응답자가 적당한 답을 추측하여 잘못된 반응을 하기 쉽다.
❸ 자세한 응답을 얻기 위해 종종 많은 범주를 사용할 경우, 오히려 그에 따른 혼란과 지루함을 제공할 뿐이다.
❹ 제시되는 응답범주가 제한적으로 인해, 응답자의 의도를 충분히 반영하지 못함으로서 편의(bias)가 생길 수 있다.

(3) 폐쇄형 질문의 양식(format)

폐쇄형 질문은 다음과 같은 여러 가지 양식이 있다. 어떤 형태를 사용하여야 할지는 부분적으로 질문에서 다루어지는 변수(명명, 서열, 등간, 비율)의 종류에 따라서 달라진다.

❶ **양자택일형**(yes-no question)**질문**: 양자택일형(찬부형)은 상반되는 두 개(dichotomous)의 범주 중에 하나를 선택하는 질문이다. 일반적으로 '예-아니오', '찬성-반대', '진-위', '있다-없다' 등의 양자택일을 요구하는 형식이다. 예를 들면, 다음과 같은 질문이다.

> **"귀하는 흡연을 해본 적이 있습니까?" (　)**
> ① 예　　　　　② 아니요
>
> **"귀하께서는 휴대폰 로밍 서비스를 사용해 보신 경험이 있으십니까?" (　)**
> ① 예　　　　　② 아니요

양자택일형의 장점은 간편하여 질문을 작성하기도 쉽고 응답자가 쉽게 답할 수 있으며, 자료의 정리와 분석이 용이하다. 하지만 응답자가 극단적인 관점에서 응답을 해야 하기 때문에 중간 정도의 의견을 갖는 사람의 파악이 어렵고(예를 들면, "모르겠다" 등), 두 조건만으로 상호 배타적이고 모든 응답을 망라할 수 없는 경우 자료 분석에서 의미 있는 정보를 얻을 수 없다는 단점이 있다.

❷ **체크리스트**: 체크리스트(check list)는 여러 개의 응답 범주 중 선택 개수를 제한하지 않고 응답자가 원하는 사항을 모두 체크하게 하는 질문 형태이다. 이 질문 형태는 인구통계학적 분류를 위한 자료를 포함하여 객관적인 사실의 응답을 얻는데 적합하다.

> **"다음 직업 중 가장 사회적인 신망이 높다고 생각하는 것에 체크 하시오."**
> □대학교수 □의사 □판·검사 □가수 □외교관 □과학자 □교사

❸ **선다형**(multiple choice question)**질문**: 선다형은 가능한 범주들을 전부 고려(총망라성)하여 그 범주들을 대표할 수 있는 몇 개의 응답범주를 3개 이상 제시하는 방식이다.

또한 제시된 이외의 답변이 나올 가능성에 대비하여 "기타" 항을 만들어 다른 의견을 구체적으로 적도록 유도하는 방법도 필요하다.

선다형의 장점은 자료의 전산처리가 용이하고 응답자가 손쉽게 응답할 수 있어 응답자의 협조를 구하기가 쉽다. 그러나 연구자가 가능한 모든 응답의 경우를 파악하기가 힘들거나 답지를 만들기 위한 노력이나 시간이 요구되는 등의 문제가 발생한다.

> "귀하는 노인을 위한 실버산업 중 가장 우선적으로 해결하여야 할 분야는 다음 중 어느 것이라고 생각하십니까?" (　)
> ① 주거 분야　② 여가활동 분야　③ 금융 분야　④ 생활 분야
> ⑤ 의료관련 분야　⑥ 기타(　　　　　　　　)
>
> "귀하께서 주로 이용하시는 포털 사이트는 어느 것입니까?"(　　)
> ① 다음　② 야후　③ 네이버
>
> "귀하께서 현재 종사하는 직종은 다음 중 어느 직업군에 속합니까?" (　)
> ① 공무원 ② 군무직 ③ 사무직 ④ 기술직 ⑤ 교육직 ⑥ 전문직 ⑦ 자영업
> ⑧ 기타(　　　)

❹ **순위형**(ranking question)**질문**: 순위형(서열형)질문은 응답자로 하여금 범주를 제시하고 응답자가 선호하는 정도를 파악하는데 사용할 수 있으며, 좋아하거나 싫어하는 순서대로 항목을 선택하는 방법이다. 하지만 제시된 응답범주의 수가 너무 많으면 응답자가 순위를 매기는 데 어려움이 있다는 점에 유념하여야 한다.

“노인을 위한 실버산업을 활성화시키기 위하여 가장 시급히 해결하여야 할 분야를 중요한 순서대로 적어 주십시오.”

① 주거 분야 ( ) ② 여가활동 분야( )
③ 금융 분야 ( ) ④ 생활 분야 ( )
⑤ 의료관련 분야( )

“귀하가 가장 참여하고 싶은 자원봉사 분야를 우선순위로 2개만 선택 하십시오.”

1) 1순위( ) 2) 2순위( )

① 사회복지 분야( ) ② 체육 분야( )
③ 환경 분야 ( ) ④ 교육 분야( )
⑤ 문화관광 분야( ) ⑥ 의료 분야( )

❺ **평정형**(rating question)**질문**: 평정형은 사회과학에서 가장 많이 사용되고 있는 질문 양식으로, 응답자는 자신의 의견이나 견해를 일정한 범주에 반응케 함으로써 반응의 강도를 측정하기 위한 설문이다.

대표적으로 Likert 척도로서, 일반적으로 척도를 홀수로 정하고 5점척도, 7점척도 등의 척도가 사용된다. 예를 들어, “나(공무원)는 직무에 만족한다?”라는 질문을 가정하고 이에 대한 응답범주를 / 적극 찬성 / 찬성 / 중립 / 반대 / 절대 반대 / 의 5점 척도로 나눌 수 있다.

5점 척도의 대표적인 예는 다음과 같다.

	아주 반대	반대	보통	찬성	아주 찬성
1) 요즘 남자는 여자 같다.					
2) 요즘 남자는 용감하지 않다.	(1)	(2)	(3)	(4)	(5)
3) 요즘 남자는 사람보다 돈을 중시한다.	(1)	(2)	(3)	(4)	(5)
4) 요즘 남자는 사랑보다 명예를 중시한다.	(1)	(2)	(3)	(4)	(5)
5) 요즘 남자는 생의 목표가 분명치 않다.	(1)	(2)	(3)	(4)	(5)
6) 요즘 남자는 격렬한 운동을 피한다.	(1)	(2)	(3)	(4)	(5)

❻ **어의차이**(Semantic Difference question)**질문**: 어의차이 질문은 어떤 대상이 개인에게 주는 주관적 의미로 하나의 개념을 여러 가지 차원에서 평가하도록 한다. 이 방식은 범주를 일일이 명시되지 않으며 일직선으로 도표화된 척도의 양 극단에서 서로 상반되는 형용사를 배열하고 그 사이를 5점 척도 또는 7점 척도로 하여 하나를 선택하게 한다.

어의차이 척도는 마케팅 분야, 특히 제품 또는 상표 이미지 조사에 많이 이용된다. 즉, "우리 회사 제품의 이미지가 소비자에게 어떻게 인식되고 있는가?" 등을 알고자 할 때 사용하면 좋다.

(예) 한국 남자들의 태도에 대해 어떻게 생각하십니까? 당신의 생각은 두 형용사 중에서 어느 것에 더 가깝습니까? 적당하다고 생각하시는 곳에 체크( )하십시오.

		아주 그렇다	그렇다	보통이다	그렇다	아주 그렇다	
느리다	:	__:	__:	__:	__:	__:	빠르다
가볍다	:	__:	__:	__:	__:	__:	무겁다
싱겁다	:	__:	__:	__:	__:	__:	짜다
낮다	:	__:	__:	__:	__:	__:	높다
간단하다	:	__:	__:	__:	__:	__:	복잡하다

3) 해당자 부수질문

해당자 부수질문(contingency questions: 의존적 질문)이란 연속적으로 꼬리에 꼬리를 물면서 앞의 질문에 답한 결과에 따라서 질문을 이어가는 질문이다. 이러한 질문의 경우 일부 응답자의 관련성은 그 앞의 여과질문(filtering question) 혹은 선별질문(screening question)에 의하여 결정한다.

1. 당신은 정기적으로 신문을 읽습니까?(여과질문)

   ① 예 (2번으로 가시오) ② 아니오(3번으로 가세요)

여기서 1번과 같은 질문을 여과질문이라고 하며, '2번으로 가시오'와 같이 앞 질문에 특정 범주에 응답한 사람에게 추가로 하는 질문을 부수적 질문이라고 한다. 여과질문은 부수적 질문에 응답한 사람을 걸러내는 역할을 한다.

이러한 여과질문과 부수질문을 효과적으로 구성하면 응답자들이 무엇을 답해야 하는지를 쉽게 알 수 있어, 자기에게 해당되지 않는 질문을 건너 뛸 수 있다. 반면, 질문지 양식이 단순하고 지시사항이 명확하지 않은 부수 질문은 제거하여야 한다.

4. 설문 작성 시 유의사항

1) 설문의 용어 및 내용에 관한 유의사항

❶ 가능한 한 전문용어의 사용을 삼가도록 해야 한다. 설문지 작성에 있어서 조사자가 범할 수 있는 가장 큰 오류는 응답자가 설문과 관련된 전문지식에 대해서 조사자와 비슷한 수준에 있다고 착각하는 것에서부터 발생한다. 예를 들어, 설문지를 구성 용어 중에 전자상거래가 있다. 그러나 이러한 용어는 특정분야에서만 많이 사용되고 있는 용어로서 일반 사람들이 쉽게 접할 수 있는 용어는 아니다. 따라서 설문대상이 되는 사람들이 용어를 쉽게 명확하게 이해할 수 있는 용어를 선택해야 한다.

❷ 선택형 설문의 경우 응답자들이 생각할 수 있는 모든 응답내용을 선택항목에 포함할 수 있도록 해야 한다(포괄성). 따라서 조사자가 제시하지 못한 응답내용도 자유롭게 응답할 수 있도록 맨 마지막 항목에 '기타'란을 따로 제시해 두는 것도 좋은 방법이 될 수 있다.

❸ 응답항목들 간에 내용이 중복되어서 안 되고 응답항목들은 서로 명확하게 구분되어야 한다(상호배타성). 예를 들어, 설문문항에 "거의, 가끔, 보통, 대개, 대부분, 일반적으로" 등과 같은 부사는 그 뜻이 명확하게 구분되지 않는다. 왜냐하면, 개개인마다 그 정도에 대하여 서로 다르게 느낌으로써 응답자들마다 선택기준이 달라질 수 있기 때문이다. 따라서 이러한 어휘를 사용하여 설문하면 정확한 응답을 얻을 수 없다. 다음은 잘못

된 문장을 소개 하면 다음과 같다.

"귀하는 이메일을 <u>자주</u> 이용합니까?"

❹ 하나의 설문에 두 가지 내용을 동시에 설문해서는 안 된다(이중 질문 방지). 예를 들어, "정부가 여성과 장애인 및 출산장려에 대한 특별 정책을 가지고 있습니까?"라는 정부정책에 대해 국민들의 의견을 조사하려는 경우 응답자는 무엇에 대하여 답변해야 하는지가 불분명하기 때문에 정확하게 응답할 수 없게 된다. 즉, 여성에 대해서 평가해야 하는 것인지, 아니면 장애인에 대해 평가해야 하는 것인지, 아니면 출산장려에 대해 평가해야 하는지, 이것도, 저것도 아니면 여성과 장애인 및 출산장려에 대해 총체적으로 평가해야 하는 것인지에 대하여 확신하지 못하고 갈등할 수 있기 때문이다.

❺ 대답하기 곤란한 설문을 직접 물어보거나, 개인의 사적인 정보나 사회적으로 민감한 주제에 대해 너무 자세하게 물어서는 안 된다. 예를 들어, 응답자의 연령이나 몸무게, 학력수준, 소득수준 등에 대한 정보를 얻고자 하는 경우에는 매우 조심스럽게 접근해야 한다. 따라서 응답자는 자신의 신분이 노출될 수 있다는 불안감을 느끼기 때문에 정보제공을 회피하거나 정확한 정보를 주지 않는 경우가 많다.

❻ 조사자가 원하는 유도 설문(편향된 질문)을 피한다. 이것은 설문내용에 대한 응답자의 이해를 돕기보다는 자신이 주장하는 바를 응답자에게 주입시키려는 의도가 숨어 있는 경우가 있다. 이러한 경우 응답내용은 응답자의 순수한 의견이 아니라 조사자의 의견으로 인하여 잘못 유도된 그릇된 정보가 될 수 있다. 예를 들면, "일반적으로 폭력은 나쁘다고 생각되는데, 귀하의 생각은 어떻습니까?" 혹은 "흡연은 건강에 유해하다고 생각되는데, 귀하의 흡연에 대한 생각은 무엇입니까?"

❼ 설문문항은 간단하면서 명료해야 한다. 설문의 핵심요소는 간결성에 있다. 같은 뜻을 전달하는 설문이라면 되도록 짧을수록 좋다. 응답자들은 긴 설문은 회피하거나 아예 응답을 하지 않은 경향이 있다. 문장이 길면

길수록 응답자는 그것을 중요한 것으로 생각함으로 더욱 조심해야 한다.

❽ 가능한 한 긍정적인 형태로 설문해야 한다. 부정적인 설문은 오해를 낳기 쉽고 때로는 부정적인 단어를 보지 못하여 정반대의 답을 할 수 있으므로 피하는 것이 좋다. 응답자의 오류를 최소화하는 방법 중의 하나는 부정적인 문항을 사용하지 않는 것이다. 예를 들면, "장애인에 대한 채용차별이 바람직하지 않다고 생각하십니까?"을 "장애인에 대한 채용차별을 어떻게 생각하십니까?"로 바꾸어 설문을 해야 한다.

❾ 용어는 가치중립적인 것을 사용해야 한다. '놀이문화'를 '노는 문화'로 한다든가 '북한'을 '북괴'로, 그리고 '일본사람'을 '왜놈'이라고 하는 식은 벌써 나쁘다는 가치를 부여하고 들어가는 것이라고 할 수 있다. 이와 같이 나쁘다거나 좋다는 인상을 갖게 하는 용어는 사용을 피해야 한다.

2) 설문문항들의 배열 및 순서상 유의사항

설문지를 구성할 적절한 질문들이 완성되면 조사자는 설문지상에서 어떠한 순서로 이러한 질문문항들을 배열할 것인가에 대하여 결정해야 한다. 일반적으로 질문문항들의 순서를 정할 때 고려해야 할 사항을 정리하면 다음과 같다.

❶ 설문지의 처음 질문(1번 설문)은 설문지 전체 내용을 짐작할 수 있는 질문이어야 한다. 따라서 처음 질문은 기본적이고 상식적인 수준에서 대답할 수 있는 내용이어야 한다.
예를 들어, "귀하께서는 현재의 직무에 만족하십니까?"라는 질문으로 조사가 시작되면 응답자는 이 조사가 "직무만족에 관한 설문이구나"라고 짐작해 볼 수 있다. 따라서 응답자는 질문 응답에 대하여 큰 부담을 느끼지 않게 됨으로써 조사에 쉽게 응할 수 있게 된다.

❷ 응답자가 대답하기 쉬운 질문은 전반부에 배치하고, 응답하기 어려운 질문들은 후반부에 배치하는 것이 좋다. 예를 들어, 자원봉사에 관하여 조사를 하고자 하는 경우, 자원봉사에 대한 경험 유무와 같이 손쉽게 대답할 수 있는 설문은 앞 부분에 포함시키고, 각 자원봉사단체를 속성별로

평가하거나, 자원봉사단체들 간의 차이점과 특정 서비스에 대한 만족도를 물어보는 것과 같이 응답자의 신중한 판단을 요구하는 질문들은 되도록 뒤쪽에 배치하는 것이 바람직하다.

❸ 응답자의 인구통계학적인 질문(성별, 연령, 결혼여부, 직업, 학력, 교육수준, 소득수준 등과 같이 개인의 신상)과 개방형 질문은 설문지의 맨 뒤에 배치하는 것이 좋다.

만약, 개인적인 신상정보를 설문지 맨 앞에서 질문하게 되면, 응답자의 경계심을 높이고 경우에 따라서는 자존심을 건드리는 결과를 초래할 수도 있기 때문에 인구통계학적인 질문들은 가능한 맨 뒤에서 하는 것이 바람직하다.

❹ 설문문항 간의 고정반응(set response 피하기: 응답군)이 조성되지 않도록 배치한다. 고정반응이란 동질적인 내용의 질문을 계속 묻거나, 같은 형식의 문항을 한데 모아둠으로써 앞의 질문이 뒤의 설문에 연상 작용을 유발하여 모든 질문 응답이 일정한 방향으로 응답해 버리는 경향을 말한다. 특히 같은 주제에 관한 질문일 때 일어나기 쉬우며, 이러한 경우에는 질문을 서로 떨어뜨려 놓아 변화감 있게 문항을 배치하는 것이 좋다.

❺ 일반적인 문항을 특별한 문항보다 앞에 둔다. 즉, 설문지 내의 질문을 일반적인 것을 질문하여 알고자 하는 내용의 전체적인 윤곽을 설정한 후에 세부적인 사항을 질문한다.

5. 예비조사(Pilot test)

예비조사란 조사연구 문제를 정확히 알지 못하는 때에 핵심적인 요점과 요소가 무엇인가를 명백히 하기 위해 실시되는 탐색적 성격의 조사를 말한다. 즉, 일정한 조사에 대한 정보를 다각적·전문적으로 획득하기 위한 준비과정으로서 기초조사라고 할 수 있다.

하지만 탐색적 조사는 조사 및 연구문제에 대해 사전지식이 결여된 경우 문제 영역을 결정하기 위한 조사인 반면, 예비조사는 문제영역은 결정되었으나 조사문제의 핵심적인 사항을 찾아내기 위한 조사에 해당한다.

예비조사를 위한 방법으로 첫째, 조사대상 선정 시 대표성이 있는 대상을 인위적으로 골고루 선택한다. 둘째 대상으로부터 자료를 수집할 때는 조사목적과 조사대상에 따라 조사의 폭과 깊이 및 넓이를 조정하여 수집한다. 셋째 조사원에게 재량권을 부여하여 신축성을 높인다. 넷째 결과의 객관적 처리 못지 않게 전체적인 종합판단도 중요하며, 조사 후에도 전문가와 상의하는 것도 좋은 방법이다.

	예비조사(pilot study)	사전조사(pre-test)
시간성	연구의 초기단계에서 연구문제와 관련하여 수행한다.	설문지 작성 후 설문지의 타당성을 높이기 위해 수행한다.
목적	조사문제를 규명하며, 가설을 명확히 한다.	설문지 작성의 타당성 및 신뢰성 등을 검정한다.
형식성	비조직적 조사로서 설문지 등 자료 수집도구의 초안 이전에 실현된다.	조직적 검사로서 자료수집도구의 초안이 이루어진 후 그 타당성 및 신뢰성 등을 검정한다.

6. 사전조사(pre-test)

설문지 초안까지 작성되면 본 조사에 들어가기에 앞서 본 조사에서 실시하는 것과 똑같은 절차와 방법으로 설문지가 잘 구성되어 있는지를 검사해 보는 것이다.

즉, 본 조사를 실시하기 전에 일정한 수의 사람을 대상으로 설문지에서 잘못된 문제점들을 미리 찾아내어 수정함으로써, 본 조사를 보다 원활하고 효과적으로 수행할 수 있도록 해야 한다. 따라서 설문지의 타당성을 높이고, 본조사의 예행연습(rehearsal)의 성격을 갖는다. 사전조사에서 고려할 사항을 요약, 정리하면 다음과 같다.

❶ 사전조사의 대상은 실제 연구에 참여할 대상으로 실시한다. 예를 들면, 공무원들을 대상으로 연구가 이루어진다면 지역 내의 일부 공무원들을 사전조사 대상으로 실시한다.

❷ 사전조사 대상의 수는 철칙이 있는 것은 아니나, 약 20~50명 정도면 적당하다. 사실 인원수보다는 예상되는 문제점을 얼마나 잘 찾아줄 수 있는가가 더 중요하다.

❸ 문항의 내용, 형식 등이 적절한가를 파악한다. 이해가 되지 않은 문장에는 밑줄을 긋고, 좋은 표현이 있으면 직접 적어 달라고 부탁하는 것도 좋다. 또한 설문지의 어떤 부분, 어떤 문항이 대답하기가 가장 어려운지도 지적하도록 부탁한다.

❹ 응답누락이 많은 항목은 재검토한다. 응답자에게 의미가 없는 문항이거나 이해를 하지 못하는 문항일 경우 응답에 누락될 가능성이 크다.

❺ 사전조사의 결과를 반영하여 설문지를 수정・보완한다. 이때 전문가로 구성된 검토진의 의견을 들으면 좋다. 수정・보완한 설문지는 필요한 경우 사전조사를 한 번 더 할 수 있다.

❻ 응답이 한쪽으로 치우치게 나타나지는 않았는지 그리고 응답이 일관성이 있는지를 파악하여 원인을 찾아 수정한다.

제 2 절 설문지 적용방법

설문지를 이용하여 자료를 수집하는 방법은 크게 전화조사, 우편조사, 인터넷조사으로 나눌 수 있다. 최근 컴퓨터기술의 발달로 이들을 사용하여 자료 수집을 보조하는 방법인 컴퓨터보조 서베이 정보수집(Computer Assisted Survey Information Collection, CASIC)방법이 빠른 속도로 발달하고 있다.

1. 컴퓨터 조사

컴퓨터 조사란 컴퓨터를 이용함으로써 응답자로 인한 오차를 줄이고 비용을 절감하려는 것이다. 여기에는 CAPI와 CASI가 있다.

1) 컴퓨터 보조 개인면접(CAPI)

CAPI는 면접자가 면접 프로그램이 내장된 컴퓨터를 휴대하고 면접응답자를 방문하여 응답자들 앞에서 컴퓨터에 내장된 설문을 직접 읽고 응답자의 응답을 입력하는 조사를 말한다. CAPI 활용은 조사비용의 절감과 시간절약 그리고 자료입력과정에서 발생 가능한 비 표본오차를 줄일 수 있는 장점이 있다.

2) 컴퓨터 보조 자기면접(CASI: Computer Assisted Self-Interviewing)

CASI는 응답자가 컴퓨터 스크린 상의 설문을 읽고 자신의 답을 직접 입력한다는 점이 CAPI와 다르다.

※ CATI & ARS의 특징

CATI	- 컴퓨터를 이용한 전화조사(Computer Assisted Telephone Interviewing)는 컴퓨터를 이용하여 실시하는 조사로서 표본추출을 정교하게 할 수 있다. - 응답항목의 순서를 자동으로 순환하도록 하며, 조사가 끝난 후 응답결과를 자동저장 · 처리하도록 한다. - 조사자를 통제하기 쉬우며, 조사자에 의한 응답표기의 실수를 방지할 수 있다. - 필요한 경우 설문내용을 쉽게 변경할 수 있다.
ARS	- ARS(Automatic Response System)조사는 사전에 입력된 전화번호에 자동으로 전화를 걸어 녹음되어 있는 내용을 들려준 후, 응답자가 자신의 의견과 일치하는 항목의 번호를 누르도록 하여 자료를 집계하는 방법이다. - '자동응답시스템'이라고 하며, 특히 설문조사나 홍보수단으로 활용된다. - 조사공간에 제약이 없고 설비가 용이하다. - 조사거부나 응답거부율이 다른 조사에 비해 높으며, 단방향조사로서 조사의 설득률이 낮다.

2. 우편조사법

1) 우편조사

우편조사법(mailed questionnaire)이란 응답자에게 설문지를 우편으로 발송하여 응답자로 하여금 이를 완성하여 동봉한 반송용 봉투를 이용하여 조사자에게 반송하게 하는 방법이다.

우편조사는 면접자나 설문하는 사람이 없음으로, 응답자가 설문내용에 대해 이해하지 못할 경우 정확한 응답을 얻기 어렵다. 또한 회수율이 낮은 문제가 있지만 방대한 지역에 걸쳐서 조사를 하는 경우에 일반적으로 사용되는 방법이다.

(1) 장점

❶ 시간과 공간의 제약에 의해 크게 구애받지 않음으로 비용이 절감되며, 특히 지리적으로 광범위하게 분포된 조사대상에 대한 조사에서 조사비용을 크게 줄일 수 있다.

❷ 면접이나 전화면접 등 면접조사에서 쉽게 접근할 수 없는 다양한 대상을 포함시킬 수 있다.

❸ 면접자와 인간관계가 없어도 조사가 가능하므로 면접자의 개인적 특성에 따른 조사의 오차를 줄일 수 있다.

❹ 응답자가 충분한 시간적 여유를 가지고 응답할 수 있도록 한다.

❺ 설문에 대해 응답자의 사생활과 익명성이 보장된다.

(2) 단점

❶ 최대의 문제점은 낮은 회수율이고, 회수에 많은 시간이 걸린다.

❷ 응답내용이 모호한 경우에 확인할 방법이 없으며, 응답자의 진위여부를 확인할 수가 없다.

❸ 응답시기를 통제하지 못함으로 무작정 기다리지 못하고, 상당 기간이 지난 뒤에 회수되는 사례는 처리가 곤란한 문제가 있다.

❹ 무자격자의 응답에 대한 통제가 어렵다.

2) 전자우편조사

전자우편조사(e-mail survey)란 설문지를 이메일의 형태로 작성하여 다수의 사용자들에게 발송하고, 응답자들이 완성된 설문지를 다시 이메일의 형태로 회신하는 방식이다. 대부분의 이메일 시스템에서 가능한 수신자 목록 기능을 활용하면 설문지를 매우 효과적으로 발송할 수 있다.

(1) 장점

❶ 일반 우편에 비해 보다 신속하게 발송하고 회수할 수 있기 때문에 시간이 적게 걸린다.

❷ 전화나 일반 우편과 비교해 볼 때, 메시지를 다수의 수신자에게 동시에 전달할 수 있다는 특징을 갖고 있다.

❸ 중복응답을 차단할 수 있다. 이메일조사에서는 기술적으로 중복 응답을 할 수 없게 함으로써 동일한 사람이 여러 번 설문에 참여하는 것을 예방할 수 있다.

❹ 비용이 적게 든다.

(2) 단점

❶ 표본의 대표성이 문제로 대두될 수 있다. 즉, 조사의 목적에 합당한 조사대상 모집단의 전자우편 주소를 확보한 후, 이들로부터 대표성을 갖춘 표본을 추출하는 것이 관건이 된다. 그러나 일반 국민들이 조사대상 모집단인 경우에는 전자우편 주소록 확보가 매우 어렵다. 이러한 경우 관련된 게시판이나 뉴스그룹을 통해 조사대상자를 선정하는 경우가 있는데, 이는 편의표본추출과 유사하게 되어 대표성을 확보할 수 없다.

❷ 응답자의 거부감을 유발할 수 있다. 조사자가 응답자에게 원하지 않는 설문조사를 이메일로 발송함으로써, 스팸메일로 간주되어 응답자에게 거부감과 무응답을 조장할 수 있다.

❸ 인터넷 속성 상 응답자의 이메일 주소가 자주 바뀐다든가 혹은 다수의 이메일 주소를 보유하고 있다는 점이다. 이러한 응답자의 이메일 주소 변경과 다수의 주소보유는 이메일 설문발송 전달오류의 가장 큰 부분을 차지하고 있다.

3. 전화조사법

전화조사법은 조사자가 조사대상자에게 직접 전화를 걸어 설문문항들을 읽어준 후 응답자가 전화상으로 답변할 것을 조사자가 기록함으로써 자료를 수집하는 방법이다. 이 방법은 간편하고 시간과 비용을 절약할 수 있다. 즉, 긴급하게 조사를 실시할 때, 표준화된 설문지를 이용하여 설문하는 방법이다.

(1) 장점

❶ 간편하고 시간과 비용이 절약된다는 점에서 여론조사나 시장조사에서 활용빈도가 커지고 있다.

❷ 전화번호부를 이용하여 비교적 쉽고 정확하게 표본을 추출할 수 있다.

❸ 조사자는 응답자의 외모나 차림새 등에 따른 응답자의 선입관 때문에 발생하는 응답의 오류를 배제(통제)할 수 있다.

❹ 직접 면접이 어려운 사람의 경우에 유리하며, 개별면접에 비해 응답률이 높다.

(2) 단점

❶ 표본의 대표성에 문제가 있다. 즉, 전화를 가지고 있는 사람만을 조사대상에 포함함으로 인해 전화를 소유하지 못한 사람은 배제되는 오류가 나타날 수 있다.

❷ 대인면접에 비해 소요시간이 짧음으로 인하여, 조사내용의 설문분량이 제한되어 있고, 응답자를 통제할 수 있는 방법이 한정되어 있으므로 많은 조사내용에 관한 자료를 수집하기 어렵다.

❸ 응답자가 응답을 거부하거나, 간단한 대답만 하는 경우, 혹은 마지못해 응답하는 경우 조사결과의 타당성이 저해된다.

4. 인터넷(온라인) 조사

1) 인터넷 조사의 의의

(1) 개념

인터넷 조사(internet survey)는 인터넷 상에서 이루어지는 조사를 말하며 웹 조사(web survey) 혹은 온라인 조사(on-line survey)라고도 한다. 이는 즉각적인 상호작용이 가능한 점이 기존의 자료수집 방법과 가장 큰 차이점이다. 시대가 변화되어 감에 따라 주된 조사 접근채널도 변화되어 오고 있다. 즉, 우편조사에서 개별면접으로, 개별면접에서 전화조사로, 전화조사에서 온라인 조사로 조사 접근방법이 변화되어 오고 있다.

한국의 사회조사의 경우를 살펴보면 1980년대까지는 개별면접 위주의 자료수집방법을 택했었으나, 1992년 이후 전화조사방법이 보편화되었으며(예 : 1992년 14대총선, 1995년 CATI시스템, 1996년 ARS & VMS), 1997년 이후부터는 온라인 조사가 많이 사용되고 있다.

(2) 실시방법

인터넷 조사는 HTML이라는 언어를 사용하여 웹 사이트에 올려진다. 인터넷 등과 같은 온라인(on-line)상으로 응답자를 모집할 수 있으며, 우편이나 전화 등과 같은 고전적인 방법을 이용하여 모집할 수 있다. 이 경우 응답자는 특정한 웹 사이트를 방문하여 지시에 따라 설문에 대한 응답을 하게 된다.

(3) 표본추출방법

❶ 무제한적인 방법이다. 이 경우는 설문작성에 참여하기를 원하는 모든 인터넷 이용자들에게 개방되는 것을 말한다. 이러한 경우에는 자기선발 편의(self-selection bias)가 발생한다.

❷ 선발을 하는 방법이다. 이 경우는 확보하고자 하는 표본의 특성에 기초하여 부과된 할당(quota)에 의해 응답자의 대표성을 조정하는 것이다. 선발

기준은 주로 인구통계학적 특징을 지닌다.

❸ 패널(panel)을 모집하는 방법이다. 이 경우는 패널 하우스를 운영하여 표본의 특성을 명확히 하는 방법이다. 각 연구를 수용하는 경우마다 조사하고자 하는 대상과 특성이 일치하는 패널만이 응하도록 구성하는 방식이다.

2) 인터넷 조사의 장 · 단점

(1) 장점

❶ **경제성**: 인터넷 조사는 조사대상자의 선정을 위해 면접원을 동원하거나, 조사된 자료에 대한 코딩(cording)과 펀칭(punching)을 하는 과정이 생략되므로 조사비용이 매우 저렴하다. 온라인 조사에 따른 비용을 현재 가장 일반적으로 쓰이고 있는 대인면접조사나 전화조사와 비교하면 대인면접조사에 비해서는 1/10, 전화조사에 비해서는 1/5정도의 비용으로 조사가 가능하다.

❷ **특정 표본선정**: 인터넷 조사는 다른 일반조사에서는 조사자가 접근하기 어려운 전문가집단이나 지역적으로 먼 거리에 있는 집단, 특히 해외에 거주하는 사람들을 조사대상에 포함시킬 수 있어 특정한 표본을 선정하는데 유리하다.

❸ **응답의 적극성**: 인터넷 자체가 이용자의 적극적인 참여를 필요로 하는 매체이므로, 인터넷 조사에서는 다른 조사와는 달리 응답자의 적극적인 응답을 기대할 수 있다.

❹ **조사의 다양성**: 인터넷 조사는 기존의 조사처럼 단순 서술식 설문에 그치지 않고, 그림이나 소리, 광고시안 등 특정한 형태의 멀티미디어 자료 제시가 가능하다. 따라서 기존 조사에 의할 경우는 소규모 그룹에 대해서만 가능했던 조사를 인터넷 조사에 의할 경우는 폭넓은 대상에게 적용할 수 있다.

❺ **조사기간 단축**: 24시간 조사가 가능하고 자료의 입력이 편리하다. 조사기간은 2-3일 정도로 매우 짧은 기간에 조사를 완료할 수 있다.

(2) 단점

❶ **표본의 대표성**: 인터넷 조사는 컴퓨터 통신망을 통해 인터넷을 이용하는 사람을 대상으로 하기 때문에 전화 등에 의한 조사에 비교한다면 조사 이용매체가 상대적인 폐쇄성을 가진다. 컴퓨터의 보급과 네트워크에 대한 접속이 늘어나고 있기는 하지만 제한적이기 때문에 이를 이용할 수 있는 사람에게만 가능하다. 따라서 인터넷 가입자가 한정되어 있는 현실에서는 모집단의 대표성에 심각한 문제가 생길 수 있다.

❷ **응답자 의존성**: 일반조사가 이용자를 직접 찾아내는 방식인 것과는 달리, 인터넷 조사는 인터넷을 사용하는 사람의 자발적인 참여에 의존하는 때문에 인터넷 가입자의 적극적인 참여가 없으면 불가능하다. 이처럼 인터넷 조사는 조사과정이 응답자에게 지나치게 의존한다는 문제점이 있다.

❸ **실시기간 문제**: 인터넷 조사는 응답자 의존성이 강하기 때문에 제한된 시간 내에 대표성이 있는 표본을 추출하는 데 어려움이 있다. 이러한 어려움을 해결하기 위해 패널을 구성하고, e-mail을 통한 조사를 병행해야 한다.

❹ **응답자의 프라이버시 침해 우려**: 인터넷 조사는 PC통신망의 개인정보 보호 장치가 미흡한 경우 설문대상자의 사생활이 침해받을 가능성이 크다.

3) 인터넷 조사의 오차요인

인터넷 조사에 의할 경우의 오차요인은 크게 표본오차와 비 표본오차로 나누어 살펴볼 수 있다. 표본오차에는 모집단의 문제와 표본에 대한 접근성 문제가 있고, 비 표본오차에는 면접원의 편향, 응답자 관련오차, 측정도구 관련오차가 있다.

(1) 표본오차

❶ **모집단의 문제**: 인터넷 조사는 네티즌들을 대상으로 하기 때문에 전 국민을 대상으로 하는 전화조사에 비해서는 체계적인 편향의 가능성이 상

대적으로 더 높다고 볼 수 있다. 그러나 전화조사를 위한 모집단이 되는 전화번호부 등재율이 70%라는 점을 감안하면, 온라인 조사도 충분한 네티즌의 자료를 확보한다면, 표본의 대표성에서 전화번호부에 상응하는 모집단을 갖출 수 있다.

❷ **표본에 대한 접근성 문제**: 인터넷 조사에 있어서 표본에 대한 접근성, 즉 조사자가 조사대상자들과 접촉하여 성공하는 확률은 4.5% 정도로 추정되고 있다. 이 확률은 인터넷조사가 전화조사에 비해 응답자에 대한 접근율이 크게 떨어지지 않는 것을 보여주는 것이다.

❸ **표본오차의 개선방안**: 인터넷 조사의 체계적인 편향을 극복하기 위한 방안으로, 기존의 2차 자료(통계청 인구센서스 자료 등)를 준거로 하여, 표본오차를 최소화하기 위한 가중치 최적화 모델을 만든다.

(2) 비 표본오차

인터넷 조사는 전화조사에 비해 상대적으로 비 표본오차의 가능성은 낮은 편이며, 특히 면접원들이 면접과정에서 만들어 낼 수 있는 면접원 편향과 응답자들의 소극적인 태도로 야기되는 무응답률(태도유보)에 따른 오차요인은 전화조사에 비해 매우 낮다고 볼 수 있다.

5. 집단조사법

1) 의의

❶ 집단조사법이란 조사대상자를 개인적으로 접촉할 수 없는 경우 집단적 · 집합적 조사를 하는 방법이다.

❷ 조사대상자를 한자리에 모아 놓은 후 설문지를 일제히 배부하고, 응답자 자신에게 직접 기입하도록 하여 회수하는 방법이다.

❸ 주로 기존의 조직체를 대상으로 하여 그 구성원들에게서 자료를 얻고자 하는 것이므로 해당 조직체의 적절한 협력을 구해야 한다. 예를 들면, 공무원을 대상으로 직무만족도를 조사하고자 하는 경우 '공무원교육원'에

연수하는 공무원들을 대상으로 설문지를 조사하는 것과 같다.

❹ 응답자들이 모이면 먼저 조사의 취지를 설명하고 협조와 양해를 구하고 나서 설문에 자세한 응답요령이 있음을 지적하며, 각자가 그 지시대로 응답을 기입하도록 당부한다.

2) 집단조사법의 장 · 단점

(1) 장점

- 조사를 쉽고 빠르게 조사할 수 있으며, 비용을 절감할 수 있다.
- 조사의 설명이나 조건을 동일하게 할 수 있다.
- 응답자들이 동시에 직접 대화할 기회가 있으므로 질문에 대한 오류를 줄일 수 있다.

(2) 단점

- 조사대상자 집단이 확률표본추출에 의하지 않고, 조사자의 판단추출에 의해 추출하는 것이므로 응답자집단이 모집단을 적절하게 대표할 수 없다.
- 응답자의 개인별 차이를 무시함으로써 조사 자체의 타당도가 낮아지기 쉽다.
- 응답자가 옆 사람이나 다른 사람의 영향을 받을 가능성이 높다.
- 출석자들에게 교통비나 일당을 지불할 경우 비용이 발생할 수 있다.

제3장 관찰법

제1절 관찰법의 의의

관찰(observation)이란 인간의 감각기관을 매개로 하여 사물이나 현상을 인식하는 가장 기초적인 방법이다. 즉, 연구대상을 조작하거나 통제하지 않고 일정한 시간에 걸쳐서 연구대상의 행태를 지켜보고, 들으며 관찰결과를 기록하는 방법이다.

관찰법은 일반적으로 조사연구 시의 자료수집방법일 뿐 아니라 조사결과의 해석에 부가적 자료를 수집하기 위한 방법으로도 사용되며, '탐색적 조사'에도 보통 잘 이용되며, 계량적인 연구자료 수집방법보다는 '질적인 연구'의 자료수집 방법으로서의 의미가 크다. 따라서 피관찰자의 행동이나 태도를 관찰함으로써 자료를 수집하는 귀납적 방법에 해당된다.

관찰법은 면접이나 질문지 조사를 통해 얻기 어려운 자료를 얻는 데도 사용될 수 있으며, 또 다른 조사에서 얻은 자료를 보완하는 데도 사용되며, 또 문제형성이나 가설구성을 위한 정보를 얻는 데도 사용될 수 있다.

관찰이 과학적 조사방법이 되기 위해서는 ① 계획된 조사목적에 도움이 되어야 하고, ② 관찰결과를 체계적으로 기록할 수 있어야 하며, ③ 타당성과가 신뢰성에 대한 검증과 통제가 가능해야 한다.

관찰법을 통해 자료를 수집하게 되는 경우의 장점과 단점을 살펴보면 다음과 같다.

1. 관찰법의 장점

❶ 종단적 분석이 가능하다. 즉, 면접이나 실험은 시간에 의존적이지만, 관찰은 자연적 상태에서 조사함으로 장기간에 걸쳐 조사가 가능하기 때문이다.

❷ 면접법이나 질문지법에 비해 피조사자의 노력이 적게 든다.

❸ 피조사자가 조사에 비협조적이거나 면접을 거부할 경우 피조사자의 협력을 덜 필요로 하는 관찰이 더 효과적이다.

❹ 면접이나 질문지법으로는 얻을 수 없는 자료에 대하여도 관찰에 의하면 자료를 얻을 수 있다.

❺ 조사의 현장성과 즉시성을 특징으로 한다. 조사자가 관찰 현장에 있기 때문에 그 사실을 정밀하고 진실된 모습을 포착할 수 있다.

❻ 피조사자가 자기행위나 감정을 말로 표현하지 못하는 경우나 표현능력이 부족한 비언어적 행동에 관한 관찰이 가능하다. 예를 들어, 관찰대상이 동물이나 어린이들의 행태인 경우 관찰로서 파악할 수 있다.

❼ 응답과정의 오차를 최소화할 수 있다. 질문에 대한 응답이 아니라 행동으로 나타난 것을 관찰하기 때문에 응답과정에서의 오류를 줄일 수 있다.

2. 관찰법의 단점

❶ 관찰활동에 있어서 관찰대상 집단의 구성원으로서 가장하는 것이 어렵다. 예를 들어, 폭력조직이나 윤락여성집단과 같은 집단에서 조사자가 그 집단의 집단구성원으로 침투하기도 힘들고, 그 집단구성원으로 행동하는데 애로점이 크다.

❷ 관찰자가 관찰대상 집단의 다른 조직구성원들과의 접촉관계로 인하여 관찰자 자신도 모르는 사이에 감정적 작용을 받아 관찰에 있어서 객관성을 잃어버리기 쉽다.

❸ 참여관찰의 경우 관찰자의 주관이 개입될 가능성이 많고, 그 관찰에서 얻

은 자료의 표준화가 곤란하다. 그 결과 다른 연구자에 의한 동일한 반복적인 관찰이 이루어지기가 극히 힘들게 된다.

❹ 대개 관찰자가 현지에서 장기간 체류해야 하므로 관찰에 따른 시간・노력・경비가 많이 든다.

❺ 관찰대상 전부를 동시에 관찰하지 못한다는 한계를 지닐 수 있다. 예를 들어, 공무원의 근무성적 평가 시 평가자가 모든 평정대상의 능력을 한꺼번에 관찰할 수 없는 것이라든가, 국가 간의 전쟁에 대한 관찰이 지역적・시간적으로 어렵다는 것을 들 수 있다.

❻ 관찰한 결과를 관찰자마다 서로 다른 해석을 하게 됨으로써 객관성이 결여될 수 있다. 예를 들어, 공무원의 근무태도와 관련하여 직장에 지각을 하게 되는 경우를 놓고, 어떤 관찰자는 공무원의 사기저하로 인해 그렇다고 할 것이고, 어떤 관찰자는 공무원의 게으름 때문에 그렇다고 하는가 하면, 또 다른 관찰자는 통근거리가 멀어서라고 해석하는 등 관찰자의 주관이나 편견이 작용하기 쉽다.

❼ 호손 효과(Hawthorne effect)가 나타날 수 있다. 호손 효과란 일종의 반응성으로, 누군가로부터 자기가 관찰당하고 있다고 느낌을 가질 때 평소와는 다르게 행동하는 것을 말한다.

❽ 대상자의 내면적인 특성이나 사적문제, 과거 사실에 대한 자료를 수집할 수 없다.

❾ 관찰은 일시적인 장면을 조명한 것이어서 그 결과를 일반화하는데 제약이 있다.

❿ 관찰자가 선택적으로 관찰하는 경우가 있다.

제 2 절 관찰법의 유형

1. 참여관찰, 비참여관찰, 준참여관찰

1) 참여관찰

참여관찰(participant observation)은 관찰자가 관찰대상 집단 내부로 침투하여 그들 집단의 구성원의 일부가 되어 공동생활에 참여하면서 시행하는 관찰이다. 예를 들어, 교도소의 죄수문제를 연구하고자 하는 경우 조사자가 실제로 죄수노릇을 하는 경우라든가, 또는 인류학자들이 원주민들과 섞여 살면서 그들의 행태를 조사하는 방법 등이 여기에 속한다. 따라서 이 방법은 피관찰자와 의미 있는 접촉을 유지하기 위해 관찰자는 자신의 신분을 숨기게 된다.

(1) 장점

❶ 관찰한다는 사실이 밖으로 나타나지 않기 때문에 가장 자연적인 상태를 그대로 두고 관찰할 수 있다.

❷ 신념, 동기 등과 같은 외부로 명백히 표시되지 않는 사실도 직접 알아 낼 수 있다.

(2) 단점

❶ 관찰대상에게 관찰자의 신분을 숨기기가 어렵다. 만약 관찰자의 신분이 노출되고 관찰되는 사실이 알려질 경우 부정확하고 왜곡된 자료를 획득할 가능성이 높아진다.

❷ 관찰자가 관찰대상과 함께 생활함으로서, 동조화되어 객관성을 잃을 우려가 있다.

❸ 관찰자가 자신의 가치관이나 의미를 관찰대상에 주입하여 자연스러운 상태가 변질될 우려가 있다.

❹ 관찰한 사실을 즉각 기록하기 어려운 경우가 많다.

❺ 자료의 표준화가 곤란하다.

2) 비참여관찰

비참여관찰(non-participant observation)은 관찰대상자를 가능한 한 자유로이 방치해두고 관찰자가 제3자 입장에서 하는 관찰이다. 즉, 관찰자가 관찰대상 집단에게 자신의 신분과 조사목적 등을 알리고 그들의 허락을 받은 후에 관찰을 시행하는 방법이다.

(1) 장점

❶ 조직구성원이 아닌 관찰자가 객관적인 입장에서 전체를 정확하게 관찰할 수 있다.

❷ 자료처리의 표준화가 가능하여 자료의 신뢰성이 높아지고 자료수집의 반복이 가능하다.

(2) 단점

❶ 관찰을 받고 있다는 사실을 피관찰자가 알게 되는 경우, 관찰현상을 왜곡하는 문제가 발생할 수 있다.

❷ 조직적이고 체계적인 관찰을 하기 위한 관찰의 범위와 한계가 있다.

3) 준참여관찰

준참여관찰(quasi-participant observation)은 관찰자가 참여자임을 밝히고 관찰대상과 자연스럽게 어울리면서 객관성을 유지하는 방법이다. 이 경우는 참여관찰처럼 관찰대상의 생활전부에 참여하는 것이 아니고 생활의 일부에만 참여한다.

예를 들어, 사범대생들이 중・고교에 교생실습을 나가는 경우에는 교생이 교직원의 일상생활에 완전히 참여할 필요가 없고, 교직원들도 관찰을 당하는 것을 알고 있으나 일상 업무를 처리하는 데 지장을 받지 않는다.

(1) 장점

관찰자가 외부인으로서 관찰대상 집단에 참여하므로 새로운 것을 관찰할 수 있고, 관찰자의 행동이 자유스러우면서 항상 관찰대상 집단에 참여하지 않아도 괜찮은 점 있다. 또한 관찰자가 집단구성원과 어느 정도 동질성이 높은 경우 사용가능하다.

(2) 단점

성질상 준참여관찰의 대상이 많지 않으며, 적당한 관찰자의 선정이 어려운 점 등이 있다.

2. 통제(구조화된) 관찰과 비통제(비구조화된) 관찰

1) 통제관찰

통제관찰이란 사전에 계획된 절차에 따라 관찰조건(관찰 내용과 방법 및 절차, 시간 등)을 표준화한 것으로, 설문지나 조사표 등을 사용하는 비참여관찰에 주로 사용된다. 즉, 무엇을 관찰하고 기록할 것인가를 사전에 구체적으로 결정한 다음 체크리스트와 같은 도구를 사용하여 관찰결과를 기록하고 자료의 계량적 분석에 대비하는 방법으로 조직적 관찰이라고도 한다.

이 방법은 관찰자가 서로 다름으로서 나타나는 오류의 가능성을 줄여주며, 자료의 신뢰성을 높여준다. 연구문제가 명확하게 정의되어 있고, 어떠한 정보가 필요한지를 정확하게 알고 있다면 구조화된 관찰을 하는 것이 바람직하다.

2) 비통제관찰

비통제관찰이란 관찰조건(관찰 내용과 방법 및 절차, 시간 등)이 분명하게 표준화(규정)되지 않은 상태에서, 조사목적에 부합하는 자료이면 다양하게 관찰하는 방법으로 비조직적 관찰이라고도 한다.

이 방법은 연구문제가 아직 명확하게 규정되지 않은 상태에서 연구문제에 대한 주요요소를 확인하고자 하는 경우나, 연구가설을 명확히 구성하고자 하는 경우, 연구주제에 대한 다양한 측면들에 대하여 융통성을 가지고 파악하고자 하는 경우 유용하게 사용할 수 있다.

또한 관찰자가 서로 다름으로서 나타나는 오류의 가능성이 높기 때문에 분석 결과로부터 도출된 내용은 결론적인 사실로 취급되어서는 안 되고, 검정대상이 되는 가설로 취급되어야 한다. 따라서 이 방법은 '탐색적 연구'에 적합하다.

제 3 절 관찰법에서의 신뢰도와 타당도

1. 신뢰도를 높이는 방법

- 선발과 훈련을 통한 관찰자의 기술 역량 향상
- 유용한 도구의 사용(녹음기, 카메라 등)
- 되도록 같은 대상에 둘 이상의 관찰자에 의한 평가

2. 타당도를 높이는 방법

- 관찰내용에 대한 해석 시 관찰자의 해석 사이를 명확히 구분해야 한다.
- 면접법이나 설문지법 등 다른 자료 수집방법의 병행
- 훈련과 선발을 통한 관찰자의 기술 역량 향상

제4장 면접법

면접(interview)이란 면접자(조사자)가 피면접자를 상호대면(face to face)하여 질문과 응답 등 언어적 상호작용을 하면서 필요한 자료를 수집하는 방법이다. 즉, 질문과 응답이 주로 구두로 이루어지며 면접자가 질문을 하고 피면접자가 응답한 내용을 면접자가 기록하는 방법이다.

면접은 연구목적을 달성하기 위한 자료수집의 주된 도구로서 역할을 하기도 하지만 때로는 변수를 확인하고 가설을 도출하기 위한 탐색적 조사로서 사용되기도 한다. 또한 관찰이나 설문지 등 다른 자료수집 방법의 타당성 여부를 검토하거나 미리 예측하지 못한 결과를 추적하는 데 사용하기도 한다.

제1절 면접법의 특징

면접법이란 특정 연구의 목적을 위해 정보를 얻고자 구상한 언어적인 상호작용의 한 형식으로 규정할 수 있다. 그 목적에 있어서 연구자 또는 면접자가 응답자로부터 연구목적에 알맞은 자료를 얻어 낸다는 뜻에서 성격상 일방적이라 하겠으나, 면접과정은 면접자와 응답자 사이의 끊임없는 의사소통으로 이루어지기 때문에 그 자체가 하나의 사회적 상호작용이라 할 수 있다. 따라서 면접자료의 평가는 면접자와 피면접자가 교환하는 정보의 양과 질, 특히 그 질에 달려 있다고 볼 수 있다.

하지만 면접법은 조사자의 자질에 큰 영향을 받는 방법으로서, 조사자의 전문지식과 숙련성을 요구한다.

Warwick와 Lininger(1975)은 면접에 영향을 미치는 요인들을 면접자, 응답자, 면접 상황 및 연구주제의 내용과 같이 네 가지로 설명하고 있다.

❶ 면접자는 응답자들이 면접에 응하도록 동기를 유발시키고 질문을 하고, 모호하거나 불충분한 대답에 대해서는 캐어묻기(probing)도 하고 응답을 기록하는 등의 일을 하는데, 이 과정의 어디에선가 면접자는 편견을 일으키거나 조사과정 자체를 왜곡시킬 수 있다. 그 근원으로는 면접자의 인구학적 특성, 사회경제적 특성, 인간성, 면접기술 및 숙련도, 동기, 태도, 기대, 인지, 외형적 행동 등을 들 수 있다. 특히 면접자의 성, 연령, 사회계층, 용모 등의 제 특성이 응답자에게 영향을 미치는 것으로 보고되고 있다.

❷ 응답자는 정보제공자로서 가능하면 정확하고 진실하게 응답을 제공하는 역할을 해야 하는데, 응답자가 가지고 있는 인구학적 · 사회경제적 · 심리 행동적 특성들이 면접과정에 영향을 미칠 수 있다. 어떤 질문에는 응답 능력이 없거나 응답할 생각이 없을 수도 있으며, 여러 가지 이유나 핑계로 질문에 응하지 않거나 성실하게 응답을 하지 않을 수도 있다. 질문내용에 대한 곡해, 불완전한 기억, 의식적인 응답이나 회피, 허위진술 등의 응답자 오류를 가능한 줄일 수 있도록 노력하여야 한다.

❸ 면접 상황이란 면접이 일어나는 장소와 시간, 제3자의 존재와 그들의 개입여부, 지역공동체가 연구주제와 관련하여 일반적으로 지니고 있는 태도 등을 말한다.

❹ 연구주제의 내용이 면접자나 응답자의 흥미를 자극하여 원만하게 의사소통이 되도록 유도할 수도 있지만, 역으로 민감한 사안이나 사생활 침해, 난해도와 같은 요인들로 인하여 불안, 적대감, 공포 등의 반응이 유발되어 면접이 불가능한 경우도 있다.

따라서 면접조사의 정확도를 높이기 위해서는 이러한 요인들을 잘 고려하여 편의나 왜곡을 최소화할 수 있도록 하여야 한다. 면접자는 조사내용에 대하여 충분한 지식을 가지고 있어야 하며, 면접기술에 능숙해야 한다. 또한 면접자는 객관적·중립적 입장을 견지하여야 하며, 우호적인 태도와 성실성, 정직성을 갖추는 것도 필요하다. 면접자는 면접이 진행되는 물리적인 환경을 적절하게 고려하여야 한다.

응답자가 안정된 심리상태에서 면접에 응할 수 있도록 배려하는 기술도 면접의 성패를 좌우하는 중요한 요인이다. 무엇보다도 면접자와 피면접자 간에는 인간적이고 친근한 분위기를 만들어 가는 것이 중요하다. 면접자와 피면접자 간에 여러 특성들이 유사하였을 때 래포(rapport)가 잘 형성되므로 면접 상황이 유리해지는데, 특히 민감한 사안을 다루는 경우에 유사한 특성은 매우 중요한 요인을 평가되고 있다.

제 2 절 면접의 역할

❶ 면접은 관찰과 더불어 여러 가지 조사활동에서 사용될 수 있는 일반적 도구라는 것이다. 즉, 조사의 초기단계에 조사 분야나 대상을 한정시키고 가설을 도출시키는데 도움을 주며, 기타, 다른 기술(질문서 등)의 타당성 여부를 사전에 검사하는 데도 사용될 수 있다. 예를 들면, 공무원의 사기를 조사하고자 하는 경우 어떤 것을 조사하면 될까 하는 문제는 사전에 공무원들과 대화를 나누어 봉급액수나 승진문제 등이 사기와 관련이 크다는 것을 알아냄으로써 해결할 수 있는 것이다.

❷ 자료수집의 주된 도구가 된다는 점이다. 실험적 조사에서는 실험적 조작을 가하기 전에 기초적인 측정 장치를 얻는데 면접이 사용될 수 있고, 실험적 조작이 가해진 후에도 대상을 측정하는데 사용될 수 있다. 비 실험적 조사에서는 면접이 변수 간의 상관관계를 측정하는 데 사용될 수 있다. 이때에는 면접기술의 문제나 신뢰성과 타당성을 측정하는 문제가 더욱 중요성을 띠게 된다.

❸ 면접은 관찰이나 질문지법 등으로 얻은 발견을 명백히 하는 데 사용된다는 것이 다. 예를 들면 상관에게 부하가 공손히 예를 지키는 행위를 관찰하여 상관이 인격자라는 결과를 얻었을 때, 과연 상관이 인격자라 공손한 행위를 한 것인지, 그렇지 않으면 비위에 거슬리긴 하지만 상관이라 어쩔 수 없이 그러한 행위를 한 것인지는 부하와의 면접을 통해서만 밝혀낼 수 있는 것이다.

제 3 절 면접법의 장점과 단점

1. 면접법의 장점

❶ 응답의 회수율을 높일 수 있다. 면접법에서도 표본추출 대상자가 면접에 응하지 않고 거절하는 수가 종종 발생하지만 표본에 뽑힌 응답자는 거의 만나게 되므로 우편설문지에서 발생하는 회수율의 문제는 없다고 말할 수 있다.

❷ 표본의 폭을 넓힐 수 있다. 면접법에서는 설문지법과는 달리 글을 읽고 쓰지 못 하는 문맹자, 어린이와 같이 거의 모든 사람들에게 사용할 수 있는 이점이 있다.

❸ 융통성이 있다. 응답자의 면접분위기에 맞추어 정확한 답변을 얻을 수 있다. 응답자가 질문을 이해하지 못하였거나 잘못 이해하였을 때 질문을 반복할 수 있고 쉽게 알아들을 수 있도록 부연설명을 할 수 있으며 추가질문도 할 수 있는 융통성이 있다. 따라서 응답자에 대한 의존도를 줄일 수 있다.

❹ 누락 자료를 최소화할 수 있다. 즉, 각 질문에 대한 무응답 비율이 낮다. 모든 질문에 응답이 되었는지를 확인할 수 있기 때문에 질문의 완성도가 높은 이점이 있다.

❺ 면접자는 질문의 순서를 통제하여 응답자가 무질서하게 응답하지 않도록 할 수 있다. 설문지의 문항을 특정한 순서로 배열하는 데는 그만한 이유가 있을 때가 많은데, 자기기입식 설문지 응답에서는 순서를 마음대로 바꾸어 응답함으로써 응답상의 편의(bias)를 유발할 수 있지만 면접에서는 이 점을 통제할 수 있다.

❻ 면접환경을 통제(표준화)할 수 있다. 서로 다른 환경 아래서 응답이 이루어지는 설문조사와는 달리 면접은 개인의 프라이버시가 보장되는 조용하고 쾌적한 환경을 마련할 수 있으므로 면접환경을 표준화할 수 있다.

❼ 제3자의 개입을 통제할 수 있다. 응답자가 혼자서 대답할 수 있으므로 대리응답이나 타인으로부터의 영향을 통제할 수 있다.

❽ 복잡한 질문을 사용할 수 있고 정확한 응답을 얻어 낼 수 있다. 경험이 있고 잘 훈련된 면접자는 보충질문을 통해 응답자가 복잡한 질문에 응답하는 데 도움을 줄 수 있고, 캐어묻기(probing) 질문을 통해 응답자의 정확한 의도를 얻어낼 수 있다.

❾ 순간적으로 자연스럽게 나오는 반응이나 응답을 얻어 낼 수 있다. 설문지법인 경우에는 문항을 읽어보고 차분히 생각한 다음 응답을 하기 때문에 신뢰도가 낮아질 수 있지만, 면접을 하면 일부러 꾸며 내지 않고 즉각적인 반응으로 진솔하게 표출하는 응답을 얻어 낼 수 있다.

❿ 보충자료를 얻어 낼 수 있다. 면접을 하기 위해서는 현장을 방문하기 때문에 응답자의 환경조건이나 개인적 성품 같은 것에 대한 간접 자료, 우발적 반응이나 사건들에 대한 정보도 보충적으로 얻을 수 있다.

⓫ 개방형 질문을 유효하게 활용할 수 있다. 설문지법에서는 개방형 질문에 대한 응답률이 매우 낮기 때문에 개방형 질문을 제한하지만 면접 상황에서는 면접자가 질문하는 형식으로 응답을 구하고 기록을 면접자가 직접 하기 때문에 미리 구조화하기 어려운 내용의 질문을 통해 자료를 수집할 수 있다.

2. 면접법의 단점

❶ 절차가 복잡하고 불편하다. 즉, 사전에 전화를 해서 방문시간계획의 협력을 얻어야 하고, 조사대상자의 편리한 시간에 맞추어 일정을 잡아야 하며, 직접 찾아가서 만나야 하고, 좀 더 나은 응답을 얻을 수 있도록 질문을 준비해야 하는 등 여러 가지 복잡한 일이 많다.

❷ 시간, 비용, 노력이 많이 든다. 면접자가 응답자를 현장에서 일일이 만나 면접을 실시해야 하기 때문에 많은 시간, 경비, 노력이 소요되며, 또한 면접에서 얻은 자료를 정리하는 데에도 많은 시간과 노력이 요구된다. 아울러 면접요원을 선발하고 훈련하고 감독하는 비용과 인건비, 교통비 등 많은 비용이 요구된다.

❸ 면접자의 편견이 개입될 수 있다. 면접은 면접자와 피면접자 간의 상호작용을 통하여 이루어지기 때문에 동일한 유형으로 상호작용을 할 수도 없고 개인차가 있을 뿐만 아니라 응답자에 따라서 다른 반응을 보일 수 있다. 또한 면접자가 응답자의 응답을 잘못 기록할 수도 있다. 면접자의 훈련 부족 및 기술이 부족할 때는 이러한 편의(bias)발생률이 더 높아진다.

❹ 응답에 대한 표준화가 어려울 수 있다. 응답자에 따라 다른 질문을 하고 캐묻는 질문을 해야 하는 경우가 많은데, 이러한 것은 융통성을 높일 수 있다는 장점이 되기도 하지만 응답자의 응답을 표준화해서 비교할 때 곤란을 초래할 수도 있다.

❺ 익명성이 부족하여 개인적으로 꺼리는 내용에 대해 정확한 응답을 얻기 어렵다. 연구자가 익명성 보장, 통계적 처리용으로의 자료 활용을 강조한다고 하여도 낯선 사람과의 상호작용 상황에서는 익명성의 효과를 충분히 살리기 어렵기 때문에 자료의 신빙성에 한계가 있다.

❻ 대답하기 어려운 민감한 질문에 대한 응답을 얻어 내기가 어렵다. 익명성의 확보가 어렵기 때문에 개인의 사사로운 일, 감정적으로 민감한 내용, 사회적으로 말썽의 소지가 큰 쟁점 같은 것을 다루는 질문을 면접할 경우에도 응답을 회피하거나 불쾌한 반응을 보이기 쉽다. 따라서 자신의 생각

을 솔직하게 답변할 개연성이 감소한다.

❼ 접근이 용이하지 못한 경우가 있다. 예를 들어, 응답자들이 여러 지역에 흩어져 있는 경우에 손쉽게 접근할 수 없고 또한 응답자에게 불편함을 초래할 수도 있다. 응답자가 피곤하거나 다른 일에 전념하는 경우, 불편할 때 면접이 이루어지면 피로, 짜증, 불편 등이 초래되어 응답에 부정적인 영향을 미칠 수 있다.

❽ 면접자와 응답자 사이에 친숙한 분위기(rapport)가 형성되지 않거나 상호 이해가 부족한 경우 조사 외적인 요인들로부터 오류가 개입될 가능성이 높다.

제 4 절 면접법의 종류

면접법의 종류를 분류할 때는 질문의 성격, 언어구성, 질문의 배열순서 및 질문하는 방법 등을 기준으로 하여 얼마만큼 면접이 짜임새가 있느냐를 기준으로 구분하는 것이 보통이다. 즉, 구조화 정도에 따라서 면접은 구조화 면접, 반구조화 면접, 비구조화 면접으로 나누어진다. 또한 면접의 종류를 구분할 때 피면접자의 수에 따라 개인면접과 집단면접으로 나누기도 한다.

개인면접 또는 대면면접(personal interview)은 말 그대로 면접자가 피면접자를 개인적으로 만나서 자료를 얻어 내는 방법이고, 집단면접(group interview)은 한 사람의 면접자가 여러 사람을 만나 동시에 정보를 얻는 것을 말한다. 이 집단면접은 많은 양의 정보를 일시에 적은 경비로 얻을 수 있으며, 응답자의 입장에서는 타인의 존재로 인하여 보다 신중하게 진술하게 되고 서로의 의견을 교환함으로써 일치된 자료를 얻을 수 있는 장점이 있다. 그러나 집단 자체에서 형성되는 지위와 규범에 따라 개인의 의견이나 태도가 좌우된다는 문제가 있다.

여기서는 면접내용의 구조화 정도에 따라서 분류되는 구조화 면접, 반구조화 면접, 비구조화 면접을 살펴보기로 하겠다.

1. 표준화 면접(standard interview)

구조화 면접이라고도 부르며 가장 흔히 사용되는 유형이다. 표준화 면접은 사전에 질문할 것을 만들어 가지고, 즉 마련된 면접조사표(interview schedule: 질문항목, 질문형식, 질문항목의 배열순서, 언어구사 방법 등을 세밀히 규정한 것)를 가지고 모든 응답자에게 같은 순서와 어조로 질문하여 면접하는 방식이다.

따라서 면접 상황에 구애되지 않고 모든 응답자에게 동일한 방법으로 면접내용이 통제되고 표준화된 것이 특징이다. 조사표에 따라 면접해야 하므로 면접자가 임의로 설문표현을 바꾸거나 새로운 질문의 추가 또는 질문순서를 바꾸는 등의 행위를 할 수 없다.

(1) 장점

❶ 질문문항이나 질문순서에서 오는 오류를 최소한으로 줄일 수 있다. 동일한 질문을 같은 순서에 의해 조사하기 때문에 질문문항이나 순서가 바뀜으로 인해 발생하는 오류를 방지할 수 있다.

❷ 응답결과의 차이를 비교할 수 있다. 이것은 응답자들에게 동일한 질문이 가능하기 때문이다. 따라서 동일한 질문에 대해 다양한 응답자들의 응답이 다를 수 있기 때문이다.

❸ 신뢰도가 높지만 타당도는 낮다.

❹ 면접결과의 수량적 표준화와 통계처리가 가능하다. 동일한 순서에 의해 동일한 질문을 사용하기 때문에 질문문항만 수량화할 수 있도록 작성하면 통계처리가 가능하다.

❺ 반복적인 면접이 가능하다.

(2) 단점

❶ 정해진 내용만을 조사하기 때문에 새로운 사실을 발견하기가 어렵다.

❷ 딱딱한 면접 상황이 이루어지는 경우 응답자로 하여금 방어의식을 갖게

하고 면접자와 응답자 간의 친근감(rapport)을 감소시킬 수 있다.

❸ 응답자의 지식을 충분히 끌어 낼 수 있는 신축성과 융통성이 없기 때문에 타당도는 낮다.

2. 비표준화 면접(unstandard interview)

비구조화면접이라고도 한다. 연구될 문제의 범위만 결정되어 있고, 구체적인 내용은 조사자가 면접 상황에 따라 융통성 있게 조사하도록 하는 면접이다. 또한 질문 자체가 고정되어 있지 않기 때문에 자유응답형인 경우가 많고, 응답자에게 응답할 내용에 대해 최소한의 지시나 방향을 제시할 뿐이다.

조사해야 할 주제만 주어지고 사전에 준비된 구체적인 내용이나 순서 없이 진행되는 면접이다. 즉, 질문의 문항이나 순서가 미리 정해져 있지 않고 면접 상황에 따라 적절히 변경될 수 있도록 되어 있는 비교적 자유스러운 면접방법이다.

이 방법은 심리치료에서 유래하였으며, 응답자의 가장 깊고 주관적인 느낌을 알아내기 위한 것으로, 대표적인 예로 심층면접(in-depth interview)이 있다.

(1) 장점

❶ 면접상황에 따라 융통성을 가지고 있다. 면접자는 응답자의 개인적인 특수 상황에 따라 질문의 어구나 순서를 조절할 수 있다. 즉, 면접자가 상황에 따라 계획에 없던 질문을 첨가하거나 준비한 질문을 생략할 수 있으며, 질문의 순서를 바꿀 수도 있다. 따라서 좀 더 정확한 응답을 얻을 수 있다. 또한 전혀 뜻하지 않던 새로운 사실이나 아이디어가 발견될 가능성이 높다.

❷ 면접결과의 타당도는 높지만 신뢰도는 낮다. 표준화 면접은 신뢰도가 높은데 비하여, 비표준화 면접은 타당도가 높다. 이는 응답자와 면접자 간에 협력(rapport)을 형성하기가 용이하고 언어적 상호작용이 표준화면접보다 더 자연스럽기 때문에 타당성 있는 자료수집이 가능하다.

(2) 단점

❶ 조사자의 면접능력이나 면접상황에 따라 신뢰도(일관성)가 달라짐으로 조사자(면접자)의 숙련된 면접기술이 필요하다.
❷ 면접결과를 정리하고 분류하여 부호화하는 데 어려움이 있다.
❸ 비용과 시간이 많이 필요하다.

3. 심층면접(in-depth interview)

심층면접은 비표준화된 면접의 대표적인 예로써 개인면접(personal interview)을 통하여 '질적 자료'를 수집한다. 심층면접은 숙달된 면접자에 의하여 1 대 1로 면접이 진행되며, 어떤 주제에 대하여 응답자의 의도, 신념, 느낌 등을 조사하게 되는데 면접자가 응답자의 숨겨진 의도를 파악하기 위하여 깊이 있는 질문을 하게 된다.

1) 심층면접의 기법

❶ '래더링'(laddering)은 마케팅 분야에서 발전된 기법으로, 연속적인 일련의 질문을 통하여 제품의 특성을 파악하는 것으로부터 시작하여, 응답자의 특성을 파악하는 기법이다.
❷ '숨겨진 내용에 대한 질문'기법으로 개인적으로 가슴 깊이 느끼고 있는 숨겨진 부분을 파악하는 기법이다. 따라서 이 기법은 일반적인 사람들이 느끼고 있는 공통된 가치나 생활방식에 초점이 맞추어져 있는 것이 아니라, 개인적인 문제나 개인적인 사정에 관련되어 숨기고 싶은 아픈 부분에 초점이 맞추어져 있다.
❸ '상징적인 분석'은 어떤 대상과 반대되는 개념에 대한 이해를 통하여 연구대상을 비교하고 분석하는 심층적인 기법을 말한다. 즉, 어떤 것을 배울지를 판단하기 위하여 배우지 말아야 할 것을 파악하는 경우가 이에 해당된다. 예를 들어, "자동차가 없다면 어떻게 될 것인가?"라는 질문을

통하여 사람들이 인지하고 있는 자동차의 중요성을 파악하는 경우가 이에 해당된다.

〈표 4-1〉 심층면접의 실례

면접원	홈쇼핑에 대해 어떤 느낌을 가지고 있나요?
응답자	이따금 일과 후 차 한잔 편하게 Cable TV에서 홈쇼핑 채널을 보며 쉬고 싶어요. 재미가 있어요.
면접원	왜 재미가 있다고 느끼시나요?
응답자	직장에서는 항상 논리적으로만 생각하고 행동해야 하잖아요. 홈쇼핑채널을 보면서는 아무 생각 없이 즐길 수 있지요. 스트레스가 없잖아요.
면접원	스트레스가 없는 것이 왜 중요한가요?
응답자	직장에서는 상사나 동료로부터 항상 스트레스에 시달리지요. 내 집에서는 스트레스를 내가 통제하거나 심지어 없앨 수고 있잖아요?

(1) 장점

❶ 응답자의 상당히 깊은 내용까지 파악할 수 있다.

❷ 자유스럽게 개인적인 의견이 교환될 수 있다.

❸ 응답결과가 어떤 응답자로부터 나왔는지 확인할 수 있다.

(2) 단점

❶ 심층면접을 진행할 수 있는 숙련된 면접자를 구하기가 어렵다.

❷ 면접을 통하여 얻은 자료를 분석하고 해석하는 것이 쉽지 않다.

4. 반구조화 면접(semi-structured interview)

구조화 면접과 비구조화 면접의 중간단계로 중요한 질문만 표준화시키는 방법이다. 그 밖의 질문은 비표준화하여 면접자가 자유재량을 가지고 자유로이 질문을 하거나, 질문에 대한 응답자의 반응에 따라서 상황에 맞는 적합한 부수적인 질문을 준비해 두고 필요에 따라서 활용한다.

1) 초점집단면접(FGI)

반구조화 면접 가운데 가장 잘 알려진 면접은 초점집단면접(focused group interview)이다. 이 초점집단면접법은 특정한 상황에 접한 사람들을 대상으로 하여 그 상황에 대한 태도나 심리적 반응과 같은 주관적인 경험을 집중적으로 묻는 방법이다. 즉, 초점집단면접은 '질적 연구'에서 사용되는 대표적인 자료수집방법의 하나로, 관심의 대상이 되는 연구주제나 문제를 초점집단의 자연스러운 토론과정을 통하여 발견하고 이해하려는 방법이다.

(1) 초점집단 구성

❶ 집단의 크기는 일반적으로 8-12명 정도이다. 면접대상의 수가 너무 적으면 다양한 의견을 듣지 못하게 되는 반면, 너무 많은 수의 응답자로 구성되면 한 주제를 집중적으로 토의하기가 어렵다.

❷ 집단의 구성원으로 공동체 집단은 참가자들이 서로 잘 알고, 토론 결과에 대해 공통의 이해관계를 가지고 있어야 한다.

❸ 토론 환경으로 사회자는 토론을 진행하는 동안 자연스럽고 편안한 분위기를 만들어서 응답자로 하여금 자신의 의견을 편안한 마음으로 표현할 수 있도록 만들어야 한다.

❹ 토론시간은 1시간에서 3시간 사이로 하는 것이 바람직하다.

❺ 사회자의 역할이 중요하다. 따라서 사회자는 의사소통 능력이 뛰어나야 하고, 능력이나 경험 그리고 주제에 대한 사전 지식이 풍부해야 한다.

(2) 장점

❶ 솔직하며 자발적으로 의사표시를 하게 되므로 타당성이 높다.

❷ 신축적이고 비용이 적게 들며, 결과를 신속하게 얻을 수 있다.

(3) 단점

❶ 참여자는 엄격한 표본추출에 의해 선정되지 않기 때문에 참여자가 의미있는 모집단을 통계적으로 대표한다고 볼 수 없다.

❷ 개인면접보다는 연구자가 통제하기 어렵다.

❸ 조사자의 능력에 따라 조사결과가 크게 좌우될 수 있다.

이상의 면접방법들 중에서 어느 것이 더 좋은 방법인가를 평가할 수 있는 기준은 없으나, 조사목적과 범위, 대상 및 면접 상황 등을 고려하여 선택하여야 할 것이다.

5. 특별 면접법

1) 반복 면접법(패널면접)

- 일정한 시간을 두고 동일한 질문을 반복하거나, 면접조사 기간에 동일한 응답자를 대상으로 반복적으로 면접하는 방법
- 주로 일정기간을 통해 응답자들의 태도 및 의견의 변화상태를 연구하는데 적용된다.
- 면접의 반복에 따른 결과의 왜곡(사전검사효과)이 우려되며, 응답자의 추적에 따른 추가적인 비용이 소요된다.

2) 집중면접

- 응답자들에게 그대로 질문을 하는 것보다는 응답자들이 자신에게 영향을 미치는 요소 및 자극이 어떤 것이며, 그것들이 어떠한 결과를 가져오게 되는가를 스스로 밝히도록 응답자를 도와주는 방법이다.
- 응답자로 하여금 경험한 일정한 현상의 영향에 대해 집중적으로 면접하는 방식이다.
- 응답자들의 본래 상황을 충분히 이해하고 그에 따라 일정한 가설을 만든 후 응답자들의 경험에 입각하여 그 가설에 대한 유의성을 검정하도록 한다.

3) 비 지시 면접

- 면접자가 어떤 지정된 방법이나 절차에 의해 응답자를 면접하는 것이 아

니고, 응답자로 하여금 어떠한 응답을 하든지 간에 공포감 없이 자유롭게 응답할 수 있는 분위기를 마련해 준 다음 면접을 하는 방법이다.

· 비표준화면접방법을 사용하며, 응답자의 응답에 대한 면접자의 영향을 최소화한다.

제 5 절 면접자의 태도

1. 면접 기술

1) 친밀관계(rapport)의 유지

관계의 형성도 중요하지만 친밀한 관계의 유지는 면접의 성패를 결정하는 열쇠가 된다. 따라서 면접자는 면접의 전 과정을 통해서 친밀관계(rapport)가 계속 유지되도록 노력해야 한다. 예를 들면 면접에서 나온 응답의 내용을 외부에 발표하지 않겠다고 한다든가 익명을 보장함으로써 관계를 계속 유지할 수 있다.

2) 면접자의 태도

면접자의 태도는 응답자의 면접내용에 따라 달라져야 한다. 예를 들면 사상이나 철학에 대한 면접은 음악이나 미술의 경우보다 엄숙한 태도를 면접자가 취해야 하는 것이다. 그러나 대체로 면접에 진지한 태도로 임하고, 응답자의 말에 깊은 관심을 보일 필요가 있다. 또 응답자의 의견에 지나친 찬성이나 반대의 태도를 보여서는 안 된다.

3) 반대질문

가끔 응답자들은 질문에 대해서 면접자가 어떻게 생각하고 있는지를 알기 위해서 거꾸로 질문하는 수가 있다. 이때 면접자는 “저의 얘기는 다음에 말씀드

리지요"와 같은 말로써 질문을 피하는 것이 좋다.

4) 응답시간

응답자에게 응답에 필요한 시간을 주는 것이 좋으며 또 응답자들이 질문을 제대로 이해 못하는 경우에는 다시 설명해 주는 것이 좋다. 응답자가 질문을 받았을 때 제일 처음 떠오른 생각이 가장 진실이며, 시간적 여유를 주면 거짓을 꾸미고 회피할 가능성이 있다. 그러나 충분한 시간이 있어야 '모른다'는 대답이 적고, 표면적이고 생각 없는 대답을 피할 수 있다. 정서적인 저항을 일으키기 쉬운 질문에 대해서는 시간적 여유를 주는 것이 더 효과적이다.

질문을 오해했거나 잘못 이해했을 경우는 한 번 더 반복해서 질문하는 것이 좋으며, 문항을 바꾸어 설명한 경우에는 물론 질문을 기록해 두었다가 참고하도록 해야 할 것이다.

5) 응답내용

'모른다'는 응답이 나올 경우에는 정말 모르는 것인가 아니면 다른 어떤 이유가 있는가를 면접자는 주의 깊게 파악하여 그에 대처하여야 한다. 또한 면접 중에 응답자의 대답이 먼저 말한 내용과 상반될 경우 면접자는 어느 것이 진실한 의견인지를 밝혀내야 한다. 이런 경우에는 "제가 잘못 들었는지 모르지만 제 노트에는..."라고 말함으로써 응답자의 체면을 지켜주면서 정확한 정보를 얻을 수 있을 것이다.

그리고 응답이 필요 없이 길어지거나 면접내용으로부터 이탈하고 있는 경우가 있다. 이 경우의 처리방법은 첫째, 화제를 돌리는 질문을 하여 응답자의 이야기를 면접이 필요로 하는 쪽으로 전환시킨다. 둘째, 응답자 이야기의 결론을 알아서 미리 앞질러 면접자가 말하여 이야기를 중단시킨다. 셋째, 응답자가 말하고 싶어 하는 내용을 미리 간단한 질문을 통하여 간단하게 말하도록 하여 처리해 버린다.

6) 캐묻기(probing)의 기술

캐묻기라 함은 면접과정에서 응답자의 대답이 불충분하거나 정확하지 못할 때 추가질문을 하여 충분하고 정확한 대답을 캐묻는 것을 말한다.

캐묻기 기술에 대한 일반적인 것을 보면 다음과 같다.

❶ 캐묻기에 대해 응답자가 대답을 했을 때 '예' '그렇겠군요' 등의 어구를 자연스럽게 사용함으로써 응답자의 대답에 관심을 표명하는 것이 좋다.

❷ 너무 간단한 대답을 할 때 면접자는 상대방을 응시함으로써 대답을 더 계속하도록 자극할 수 있다.

❸ 응답자의 대답을 되풀이함으로써 대답을 요약하면서 면접진행을 원만히 하도록 해준다.

❹ 캐묻기 질문은 비지시적이어야 한다. 예를 들어 "그것은 무엇을 의미하는 것입니까", "그 문제에 대한 선생님의 생각을 좀 더 구체적으로 말씀해 주세요" 등의 대답의 방향을 지시하거나 암시해서는 안 된다.

❺ 캐묻기를 할 때에는 적당한 곳에서 끝내야 한다. 때로 질문을 계속해서 캐묻게 되면 응답자가 일종의 불안을 느끼게 되어 관계를 손상시킬 염려가 있으므로 다른 이야기를 하여 응답자가 심리적으로 안정되었을 때 다시 그 질문을 하는 것이 좋다.

2. 면접결과의 기록

면접을 아무리 잘하였다 할지라도 면접자가 기록을 잘못하면 이 면접은 실패한 것이나 다름없다. 따라서 면접자는 면접에서 얻은 사실을 객관적으로 편견을 개입시키지 않고 기록하여야 한다.

면접자가 기록하는 세 가지 방법으로 ① 현장에서 기록하는 방법으로 응답자가 말한 대로 전부 쓰는 경우와 면접현장에서 요약해 두었다가 기록하는 방법이 있는데, 후자는 편견이 개입될 여지가 있다. ② 면접을 마친 후 기억하여 둔 것을 기록하는 방법이며, ③ 녹음기 같은 기계를 사용하여 기록하는 방법이 있다.

정확한 기록을 위해서는 다음 몇 가지 원칙이 지켜져야 할 것이다.

❶ 응답은 면접 중에 기록한다.
❷ 응답자가 말한 대로 받아쓴다. 말을 요약하거나 바꾸어서 쓰면 편견이 개입되기 쉽고 응답의 진의와 강조점을 모호하게 만들기 쉽기 때문이다.
❸ 질문목적에 관련된 것이면 사소한 것이라도 전부 기록해야 한다.
❹ 면접자의 코멘트나 캐물을 질문을 기록하도록 한다.
❺ 기록하는 일로 해서 응답자가 흥미를 잃지 않도록 주의를 해야 한다.

3. 면접의 종결

면접을 종결시키는 기술은 친절을 잊지 않고 응답자와 좋은 기분으로 헤어지도록 하는 것을 말한다. 그리고 응답자가 가지고 있는 의문점이나 의심을 떠나기 전에 모두 해결하여 주어야 한다.

제 6 절 면접오류의 근거

면접에서 발생하는 오류는 면접자로부터 생기는 오류와 면접진행상 생기는 오류로 나눌 수 있다.

1. 면접자로부터 발생하는 오류

1) 면접자의 외모

대체로 같은 응답자라도 면접자의 선정, 복장 및 훈련에 세심한 주의를 기울여야 한다. 또한 면접자의 성별에 따라서도 응답에 많은 차이를 가져온다.

2) 면접자의 중립적 태도

면접자가 어떠한 태도를 가지는가에 따라 응답의 방향이 달라질 수 있다는 것이다. 따라서 면접자는 중립적인(객관적인) 태도를 가지고 엄숙하고 진지하게 면접에 임하도록 해야 한다.

3) 면접자의 언어표현 영향

이것은 비표준화면접에 많은 것으로 생각되는데, 특히 자유응답식의 경우와 표현능력이 부적절한 응답자의 경우 면접자가 응답자의 의견을 속단하여 오류가 발생하는 것이다.

2. 면접진행상 나타나는 오류

❶ 질문방식, 즉 질문어구나 질문순서에 따라 응답에 많은 차이가 나타남을 유의해야 한다.

❷ 탐색적 질문에서는 응답자의 응답을 재확인하는 방향이라든가 방법에 따라 오류가 생길 수 있으므로 그 질문은 중립적이고 비지시적이어야 한다.

❸ 면접기록내용에서 나타나는 오류로서, 응답자가 귀찮거나 몰라서 아무렇게나 대답하는 것을 그대로 기록할 때 나타난다. 이럴 경우 응답에 상당한 차이가 나타난다.

❹ 응답자가 정확한 응답을 하였다고 해도, 기억에 의해 기록하거나 면접현장에서 요약할 경우 편견이 개입될 여지가 많다. 이 경우 테이프 레코드 등 기계를 사용할 수도 있으나 비용 등의 이유로 실제 적용하기는 곤란한 점이 많으므로 면접자의 훈련을 통해서 이를 극복하도록 해야 한다.

부 록

The Influence superior trust on the job productivity
and
the organizational commitment

The Influence superior trust on the job productivity and the organizational committment

Ⅰ. 서 론

신뢰할만한 누군가를 안다는 것은 공식조직이나 일상생활에서 있어 다양한 혜택을 준다. 신뢰는 사람들 간의 여러 사회관계들에 있어 번거로운 절차상의 문제를 생략할 수 있게 하며, 원칙적으로 복잡한 직무의 수행을 쉽게 만들기도 하고, 또한 신뢰관계 행위자들에게 심리적 만족감을 줌과 동시에, 보다 중요하게는, 각자에게 장차 닥칠지도 모르는 곤궁한 시기에 상호부조의 역할을 하기도 한다(이재혁, 1996). 또한 신뢰는 개인 및 조직의 건강을 위해서도 좋은 조짐을 갖는다. 신뢰는 조직 내 그리고 조직을 초월하여 사회적 질서를 위한 기초이며, 특히 복잡다단한 행정환경에 점차적으로 요구되는 성공적인 협력관계를 유지하기 위하여 중요한 영향력을 미친다. 이러한 신뢰는 조직구성원들이 각각 상대방들에게 대한 행태에 관심을 보이게 될 때 발생하며 따라서 이러한 신뢰는 조직결과의 성공을 위해 필수 불가결할 것이다.

조직결과의 성공을 위한 조직관리이론 모형에는 다양한 분류법이 있다. 이러한 분류법의 이분법적인 장치의 하나의 축으로서 관료제모형(고전적/공식모형)과 그것과 정반대 축으로서 인간관계모형이 있다. 조직에서 구조적 요인을 강조하느냐 사회적·심리적 요인을 강조하느냐에 따라 그 모형은 변화한다. 관료제모형은 획일적으로 집행되는 모든 상황을 통제하는 원칙과 규제를 가진 시스템으로 상정한다. 그리고 관료들은 공정성과 문서화에 기반을 둔 정책을 수행함에 있어 신뢰를 발전시킬 것이라고 추정한다. 또한 관료들은 안정되고 일상화된 환경에서 가장 효율적으로 작업할 것이라고 예상한다. 상사와 부하 간의 관계는 권위와 통제에 기초하고 있다. 조직구조와 대인간 관계에 관한 이러한 초점은 수 십년 간 공공조직 내에서 논쟁의 대상이 되어왔다. 반면 인간관계모형은 상반되는 고전적/공식적, 독재적 하향적 관리모형을 대체하기 위해 상향적 시스템을 계획하고 있다. 인간관계모형은 조직의 긍정적인 결과를 증대하기 위해

우호적인 작업환경을 창출할 목적으로 적극적인 조치를 강조하고 있다. 하지만 실제로 이러한 인간관계모형에도 관료제모형처럼 비슷한 통제 특징들의 일부가 존재한다.

Denhardt(1993:111)는 인간관계모형에서 관리자의 주요한 목표는 관리자의 소망과 더불어 부하의 복종을 확보하기 위한 가장 효율적인 방법을 찾는 것이라고 한다. 관리자의 진정한 목적은 우선 부하들로 하여금 규칙을 따르도록 강요하는 것은 아니지만, 관리자들도 자신들의 목적을 달성하기 위해 이러한 접근법의 활용에 일부에서 불만이 있다는 것도 알고 있다(Rainey, 1991:283). 관리자와 부하들 사이에 갈등이 발생하게 될 때, 가장 분명한 것은 관료제모형과 인간관계모형을 수용한다는 것이다. 조직의 긍정적인 결과를 달성하기 위한 관리 방법상의 견해의 차이로 관리자와 부하들 간에는 갈등이 종종 발생한다. 그러나 이러한 갈등이 발생하게 되면 관리자들은 재빨리 권위주의적인 모형으로 되돌아간다고 한다(Carnevale & Weschsler, 1992:474).

상사의 부하 통제에 근거한 조직이론에서부터 조직구성원들 사이에 협력적 업무관계에 기반을 둔 새로운 패러다임에 이르기까지 신뢰모형은 변화해 왔다. 신뢰모형은 조직목적을 달성하기 위해 부하들의 복종을 요구하기보다는 공동적인 기회의 발견을 추구하며 상사와 부하간의 거래에 초점을 두고 있다. 따라서 참여적 의사결정의 증대, 성과의 피드백 및 개방적 의사전달의 원활함 등은 상사신뢰의 증대와 더불어 긍정적인 조직결과를 유도할 것이다. 나아가 공공조직이 구성원 간에 믿을 수 있는 정보에 의존하게 될 때 상사신뢰 모형은 조직결과의 향상을 위한 중요한 대안이 될 수 있을 것이다.

이 연구의 목적은 상사신뢰(trust)가 조직결과, 즉 직무생산성과 조직몰입에 미치는 영향력의 관계를 확인하고자 하는데 있다. 또한 참여적 의사결정, 성과의 피드백 그리고 개방적 의사전달 등이 상사신뢰를 경유하여 구성원의 조직몰입과 직무생산성에 미치는 영향을 분석하고자 한다. 만약 이러한 변수들(참여적 의사결정, 성과의 피드백 및 개방적 의사전달 그리고 상사신뢰)과 종속변수들(조직몰입 및 생산성) 간의 어떤 관계가 발견된다면, 고객(시민)들을 강조함으로써 행정서비스를 극대화를 옹호하려는 관리자들에게는 자신들의 입장을 되돌아봐야 할 점들이 있을 것이다. 즉, 관리자는 조직결과를 극대화하기 위해서는 구성원들의 관심사에 대한 배려도 확대해야 할 것이다. 따라서 조직몰입과 직무생산성에 대한 상사신뢰와 그 선행변수간의 관계를 이해하는 것은 매우 중요하다고 할 수 있다.

Ⅱ. 분석모형의 인식적 기초

신뢰는 내부적인 조직의 관점과 외부적인 환경적 관점으로 대별해 볼 수 있다. 초창기 연구들은 대체로 정부의 신뢰와 통치 권력의 외재적인 관계가 주류를 이루었다(박종민,1991, 1997). 그리고 최근에는 공공조직에서 구성원들이 조직에 대해 갖는 신뢰수준에 대한 연구가 주류를 이루고 있다. 본 연구에서는 내부적인 조직관계에서 상사신뢰 연구에 초점을 두고자한다. 최근 몇 년간 신뢰는 공공조직 문헌에서 조직성과를 향상시키기 위한 주요한 요인으로 점차 발전되고 있다. 신뢰는 수많은 연구에서 개인적인 인간 행태 그리고 효과적인 집단 및 조직기능과 연계되어 있다. 그러나 신뢰에 대한 관심이 높음에도 불구하고 아직까지 신뢰역할에 대한 합의가 이루어지지 않고 있다.

신뢰는 다방면에서 개념화될 수 있다. 종종 신뢰는 인간의 갈등, 조직결과의 불확실성 그리고 문제해결을 포괄하는 상황과 관련이 되어있으며 협력에서 시작되는 적극적인 힘이라고 한다(Scott, 1992: 158). Luhmann(1979)은 신뢰는 어떤 상대방이 다른 상대방에게 공평하며 윤리적이며 그리고 예측 가능한 방법으로 행동하기 위한 확신의 수준을 나타낸다고 믿고 있다. 신뢰란 윤리적이며 공정하고 협박을 하지 않는 행태의 기대라고 말한다(Carnevale & Wechsler, 1992: 473).

Mishra(1996:265)는 신뢰란 상대방이 능력 있고, 믿을 수 있으며, 개방되고 그리고 관심을 보일 것이라는 믿음에 대해 자신을 취약한 상태에 두려는 자발성으로 정의를 하고 있다. Matthai(1989:29)도 신뢰를 구성원들이 불확실한 상황에 직면했을 때 조직의 약속이행과 행태들이 일관성을 유지하는가에 대해 구성원들의 확신에 대한 감정으로 정의를 한다. Kramer(1996:217)는 신뢰의 중요성과 그 신뢰의 문제점들은 최소한 부분적으로 상호 취약성(vulnerabilities)과 계층제적 관계에 내재하고 있는 불확실성으로부터 시작된다고 한다. Griffin(1967: 105)은 신뢰란 위험한 상황하에서 불확실한 목적을 성취하기 위하여 어떤 구성원의 행태에 대한 믿음으로 간주한다. 이처럼 신뢰에 대한 정의는 다양하다고 볼 수 있다.

Rempel, Holmes & Zanna(1985) 등은 대인 간 신뢰란 상사와 부하 간에 상호 믿음, 확신 그리고 비밀유지에 기반을 둔 대인간의 관계로부터 발전한다고 한다. Rotter(1967, 1971)도 대인 간 신뢰란 구성원들이 타인(부하, 상사)의 능력, 말 그리고 기록된 진술들이 믿을만하다고 여기는 개인들의 일반화된 기대라고 정의를 내린다. 또한 Luhmann(1979)은 조직 내의 대인 간 신뢰태도는 조직 구조적인 관계에 좌우되면서 변화한다고 한다. 그는 개인의 신뢰의 정도는 전반적으로 상사와 조직 사이에서 변화한다는 것을 가정한다. 그에 따르면 조직집행부의 의사결정과 행동 기반에서 조직구성원들은 조직에 대한 이미지를 갖게 되고, 조직에 대한 이러한 이미지는 구성원들이 자신의 상사와 직접적인 접촉에 근거해서 형성된다는 것이다. 따라서 상사와 부하간의 관계는 조직행태에 영향을 미치는 주요한 요인이라고 한다(Fulk, Brief, & Barr, 1985).

대인 간 신뢰는 관료제내부에서 대인 간 관계의 성공을 위해서라도 필요하다. 대인 간 신뢰가 존재하기 위해서는 상사와 부하들 각자는 상대방이 능력이 있고 그리고 공정하며 윤리적인 방법으로 행동할 것이라는 확신이 존재해야 한다. 특히 상사는 부하들의 정당한 행위를 지원하며 그리고 조직목표를 달성하기 위해 정보를 억제하거나 부하의 행위를 조작함으로써 부하들에게 불이익이 돌아가지 않을 것이라고 가정한다. 따라서 이 연구에서 중점을 두고자 하는 상사신뢰란 구성원들이 상사의 능력, 상호 믿음과 지원에 기반을 두는 것으로 정의하고자 한다.

Ⅲ. 상사신뢰의 개념적 모형

조직신뢰의 역할과 신뢰를 향상시키는 방안에 관한 많은 연구논문들이 있다. 그러한 경험적 논문들이 메타분석(meta-analysis)을 통해 조직신뢰에 영향을 주는 원인들을 찾아 이러한 원인들이 과연 행정조직에서의 신뢰향상에 기초 원인이 되는지를 밝혀왔다. 본 연구에서도 상사신뢰가 조직결과의 향상에도 영향을 미치는지를 확인하고자 한다. 다음의 [그림 1]은 본 연구에서 분석하고자 하는 상사신뢰의 선행변수와 그 결과와의 관계모형을 도식화 한 것이다.

이 연구의 문제제기는 조직의 구성원들(상사와 부하) 사이의 협력적 관계는 조직결과의 향상을 가져올 수 있다는 것을 가정하는 것이다. 특히 그것은 Denhardt

(1993)의 명제에서 추론되는 바, 상사는 부하에게 일방적인 복종만을 요구할 수 없기 때문에 관리과정에서 활동적인 참여자로서의 부하들을 참여시킬 수 있는 방법을 찾아야 한다는 것과 맥락이 일치한다.

그림 1 상사신뢰의 개념적 모형

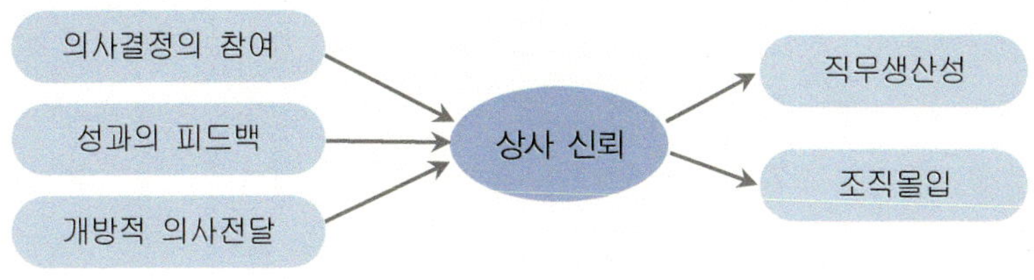

행정조직에서 신뢰를 구축하기 위해서는 모든 상사와 부하들 간의 신뢰수준을 향상시키는 전략이 요구된다. 이 연구는 상사신뢰를 증진시키기 위한 필요충분조건으로서 의사결정의 참여, 성과의 피드백 그리고 개방적 의사전달을 제시하고자 한다. 조직의 결과를 향상시키기 위해서는 조직 내・외적인 요인들이 영향을 미칠 수 있다. 특히 조직내적 요인이라고 할 수 있는 의사결정의 참여, 성과의 피드백 그리고 개방적 의사전달 등은 궁극적으로 조직결과 향상을 위해 매우 중요하다고 할 수 있다. 그러나 이러한 요인들이 조직내부에서 직접적으로 영향을 미치면 조직결과는 높아지겠지만, 문제는 이러한 내적요인들이 상사신뢰를 매개하였을 경우 조직의 결과가 어떻게 나타나는지를 파악하는 것은 관심의 대상이 될 수 있다는 것이다.

특히 상사신뢰는 개인적으로 상대 구성원에 대한 개인적 범위의 신뢰이며, 개인의 대인문제에 영향을 미치는 내재된 성격특성을 가지고 있으며, 조직신뢰[1]와 더불어 개인의 대인문제에 영향을 미치는 요소로서 조직내 구성원들의 행태에 중요한 영향을 미친다고 볼 수 있다.

---

1) Zaheer & Porrone(1998)은 대인신뢰와 조직신뢰는 상호관련성이 있으며 협력과정에서 역할은 각각 다르지만 모두 신뢰와 업무수행에는 높은 연계성이 있음을 보여주고 있다. 그들의 결과에 의하면 대인신뢰와 조직신뢰는 상호효과를 가지며 조직신뢰가 협력에 더 큰 영향력을 미치기는 하나 대인신뢰가 조직신뢰에 미치는 영향을 간과해서는 안된다는 것을 강조하고 있다.

1. 상사신뢰의 영향요인에 대한 선행변수

1) 의사결정의 참여

신행정론자들(Frederickson, 1971)은 공공조직의 외재적 및 내재적 관계를 위해 참여를 중요한 해결책으로 간주한다. 19세기 DeTocqueville(1835, 1956)은 '미국의 민주주의'의 관찰을 위해 플라톤의 「공화정」이라는 저서에서 공공조직의 참여를 언급했듯이, 참여는 역사적으로 강력한 뿌리를 가지고 있다. 하지만 관료제 모형은 효율성과 통제의 결정요소로 명령에 대한 엄격한 복종과 비밀성을 가진 종종 폐쇄된 시스템이다. 이러한 관료제모형 하에서 구성원들은 관리과정에서 의미 있는 참여자와는 대조적으로 통제를 받는 인적자원으로서 간주되어왔다. Karl Marx는 인간관계에서 높은 수준의 분업화, 표준화, 몰인간성(impersonality)은 구성원들 간의 소외감을 초래한다고 한다. 연구에 의하면 소외감과 두려움은 관료제의 낮은 효율성과 관련이 있다고 한다(Gibb, 1978). Waldo(1977)는 의사결정의 참여는 행정인들에게 중요한 편익을 가져다주는 중요한 패러다임의 변화라고 한다. 지난 50년 간 실증적 논거들은 참여적 관리의 효과성을 명백하고 일관성 있게, 그리고 강력하게 입증해왔다. 참여적 관리는 성과, 생산성 그리고 구성원의 만족에 긍정적인 영향을 미쳐왔다. 왜냐하면, 그것은 자율성 증대 그리고 소외감 감소라는 근본적인 인간욕구를 충족 시켰기 때문이라고 한다(Sashkin, 1984: 7-11).

의사결정의 참여는 상사가 의사결정에 부하들을 포함시키려는 의지이며, 그리고 부하들은 자신들이 의사결정에 참여한다는 것이 의미 있는 것으로 인식한다. 공공관료제의 맥락에서 효율성은 조직 구성원들의 참여적 경험에 좌우되며, 조직변화에 영향을 미치기 위한 구성원들의 노력은 구성원들 간의 신뢰감을 높인다(Nachmias, 1985: 137). 공공조직에서 개인의 성장과 조직의 성장을 위해 상사와 부하간의 관계는 상반되는 측면이 있다. 즉, 부하들은 상사들이 의사결정과정에 자신들을 참여시키려고 할 때만 성숙된 행태를 보일 것이라고 한다(Argyris, 1964). 성공적인 상사가 되기 위한 효과적인 전략은 상사가 부하들을 의사결정에 참여시킴으로서 서비스 질과 생산성을 향상시키는 것이라고 한다(Denhardt, 1993).

하지만 참여적 관리를 증대시키기 위한 하나의 어려움은 상사와 부하들 간의 갈등가능성의 증대에 있다. 갈등은 종종 조직에 권력을 가진 사람들에게는 하나의 위협으로 간주되고 있다. 그리고 그 갈등은 조직의 불안과 관련되어 있다. 그러나 조직에 충분한 신뢰가 존재할 때 갈등은 긍정적인 힘이 될 수 있다. Robbins(1994)는 갈등은 건설적인 적이라고 한다. 왜냐하면 갈등은 현상(status quo)에 도전하며, 토론의 건전성(robustness)을 증대시키며 그리고 조직의 긴장을 완화시키기 때문이라고 한다. 갈등은 대부분의 조직에서 피할 수는 없지만 적절하게 유도한다면 갈등은 생산성의 향상을 가져온다. 따라서 불가피하게 갈등이 일어나는 조직의 인적자원을 효율적으로 관리할 수 있는 비결은 인적자원을 분열시키기보다는 오히려 계속 단결해 나가는 노력이 필요하다(Carnevale, 1995:131).

이와 같이 의사결정의 참여는 구성원들로 하여금 의사결정과정에 참여하기 위한 동기를 부여할 수 있고, 그리고 역할확대의 기회를 통해 효율적인 의사결정이 이루어짐으로써 상사신뢰의 향상에도 기여할 수 있을 것이다. 따라서 본 연구는 다음과 같은 가설을 제기한다.

가설 1 : 의사결정 참여가 높을수록 상사신뢰 수준은 높아질 것이다

2) 성과의 피드백

피드백은 모든 개방체제(open system)에서 중요하며 그리고 전반적인 조직 효과성에 있어 가장 중요한 차원들 중에 하나로 간주된다. 피드백의 정의를 과거에는 조직현상으로 보는 견해가 지배적이었는데, 최근에 들어 개인의 관점, 즉 개인에게 정보를 제공해 주는 연구가 활발히 진행되고 있으며, 피드백을 조직이나 개인 모두에게 유용한 정보자원의 하나로 접근하는 견해가 대두되고 있다(Ashford & Cummings, 1983). 피드백은 작업수행의 효과성에 대한 직접적이고 명확한 정보를 제공해주는 것이라고 정의하며(Hackman & Oldham, 1976, 1980), 상사로부터 부하에게로 그리고 부하에게서 상사로 향하는 두 가지 방법의 정보교환을 필요로 한다. 개방된 의사전달과 중요한 정보공유는 조직성과를 향상시키기 위해 중요하다.

피드백은 정보적(informational) 기능과 동기부여적(motivational) 기능을 가지고 있다. 전자는 피드백이 자신의 업무행위역할을 명확히 하거나 새로운 행

위를 배울 때 도와주는 기능을 한다. 그리고 개인으로 하여금 자신들의 행위를 사전에 정의된 목표와 비교하고 자신들의 행위나 목표를 어떻게 조절할 것인가를 결정하도록 해준다. 명백한 피드백이 주어지지 않는다면 사람들은 자신의 행동방향을 바꾸어야 하는지, 얼마나 노력을 더 기울려야 하는지에 대해 판단을 할 수 없을 것이다. 후자는 피드백이 성공적인 과업수행 사실을 알려줌으로써 개인의 성취감을 부여해 줄 수 있다. 이러한 성취감을 위해 자신의 성과에 대해 판단할 수 있고, 이러한 성과에 대한 정보가 과업자체로부터 얻을 수도 있고 타인으로부터 얻을 수도 있는데 이를 위해 피드백은 필수적이다. 또한 과업 행위 및 결과와의 보상 간의 연계성에 대한 믿음이 형성되면 동기를 더욱더 자극할 수 있다. 또한 피드백은 오류수정장치(error-correction device)로서 궁극적으로는 조직성과에 긍정적인 영향을 미치며 조직의 문제점과 해결책을 규명하는데 도움을 준다. Larson(1989)은 구성원들로부터의 피드백은 행정기관에 전반적인 성과를 향상시킨다고 한다. 이러한 성과에 대한 정보(피드백)가 구성원에게 주어지고 보상에 대한 약속으로서 기능을 한다면, 이는 구성원들의 근속의사나 조직몰입에 긍정적으로 작용을 한다고 한다. Witt & Hellman(1992)도 높은 수준의 피드백과 의사결정의 참여는 상사와 부하 간의 관계 그리고 조직효과성에 유의미한 영향을 미치고 있다고 주장한다. Zand(1972)도 신뢰관계가 구축되고 성장하기 위해서는 모든 구성원들 사이에 반드시 의미 있는 의사결정의 참여와 피드백이 있어야 한다고 주장한다. 그러나 신뢰적이지 못한 환경에서의 구성원들은 자신의 생각을 말하지 않을 것이며, 구성원들은 정보를 마음속에 간직하며, 문제의 심각성을 보고하지도 않을 것이며 심지어 상층부로부터 나오는 명백한 메시지조차도 의심을 하게 된다고 한다(Diffie-Couch:1984).

따라서 성과에 대한 피드백은 효과적인 업무수행과정이나 절차를 향상시키기 위한 필요한 정보를 관련 구성원들에게 제공함으로써 개인의 성과 향상을 원활히 할 수 있고 또한 받은 정보를 표준적인 성과기준과 비교함으로써 실수를 알고 줄여 나갈 수 있으며 또한 자기의 성과를 극대화할 수 있으므로 상사신뢰에 영향을 미칠 것이다. 따라서 본 연구는 다음과 같은 가설을 제기한다.

가설 2: 성과 피드백이 원활할수록 상사신뢰 수준은 높아질 것이다

3) 개방적 의사전달

많은 연구자들은 시간이 지남에 따라 상호개방성과 협력의 유형에 초점을 두고, 그리고 협력을 공유된 목적을 달성하기 위해 함께 노력하는 것으로 정의하면서 구성원들 간에 신뢰와 관련된 상호작용관계의 측면에서 신뢰의 행태를 연구하여왔다. 따라서 협력과 신뢰는 아주 밀접하게 관련되어있다. Lewick & Bunker(1966)는 신뢰를 세 단계, 즉 초기단계, 발전단계 그리고 성숙단계로 분류하면서 각 단계는 상이한 성격을 띠는 동태적인 현상이라고 주장한다. 즉, 상대방에 대한 기록 또는 신망이 알려져 있지 않는 초기단계는 억지력(deterrence)에 기초를 두면서 협력실패에 대한 처벌의 위험 때문에 신뢰가 발생한다는 것이다. 둘째 발전단계는 지식(knowledge)에 기초를 두고 신뢰는 상대방의 성향을 충분히 알고 상대방의 행태를 예측할 수 있는 믿음에 기초하고 있다. 마지막으로 성숙단계는 정체성(identification)에 기초를 두고 각 상대방은 과거의 관계 때문에 다른 상대방의 가치를 이해하고 동의하는 단계라고 정의한다.

이러한 발전단계법과 일관되게 사회심리학자들은 이러한 상호작용관계는 협력과 신뢰를 위한 기회를 찾는데 기초하고 있다고 한다(Argyle, 1991;Johnson & Johnson, 1989). 대화를 통해 상대방을 이해하고 신뢰구축을 위해서라도 종종 정확한 개방된 의사전달이 필요하다. 일상적인 의사전달은 각 상대방의 선호, 가치 그리고 문제해결에 대한 접근법에 관해 정보교환을 이루게 하고, 그렇게 함으로써 지식에 기초를 둔 신뢰의 발달을 유도할 수 있다. 과업, 경력 그리고 대응성과 관련된 의사전달만이 신뢰와 관련이 있고, 반면에 대인 간의 의사전달은 신뢰와 관련이 없다고 주장한 Butler & Cantrell(1994)도 차후 연구에서 대인 간의 의사전달이 신뢰형성에 영향을 미친다고 하였다. 특히 직무와 관련된 의사전달이 신뢰창출에 영향을 미친다는 것이다. 요컨대 신뢰는 접촉과 일상적인 대화에 의해 지속되며, 이러한 대화는 구성원들 간의 부족함에 대한 상호적인 이해를 보장하고, 나아가 상호신뢰와 조직학습을 증진시킨다는 것이다(Phillips, 1997; Schein, 1993).

Graen & Scandure(1987)는 최초의 상호작용관계는 상사의 요구에 대한 부하의 반응을 검정할 때 발생한다. 상호작용관계는 각 구성원들의 역할들이 일상화될 때까지 지속되며, 이는 종종 상사와 부하 간의 관계로 묘사되고 주로 정보공유와 의사결정참여로 이루어진다. 상사와 부하 간의 행태가 상호의존적이고 높은 질의 관계를 위해 상호연결성이 크면 클수록 충성심, 지원 그리고 신뢰가 더욱 더 크게 일어날 것이다. Penley & Hawkins(1985)은 의사전달의 중요성에 대해 상사와 부하 간의 의사전달의 유형과 신뢰 사이에는 강력한 관계가 있다는 것을 주장한다. 따라서 본 연구는 다음과 같은 가설을 제기한다.

가설 3: 개방된 의사전달이 많을수록 상사신뢰 수준은 높아질 것이다

2. 상사신뢰와 생산성, 조직몰입과의 관계

상사신뢰 향상으로 인하여 발견된 가장 보편적인 2개의 긍정적인 작업결과로 본 연구에서는 생산성 향상과 조직몰입의 강화를 제안한다. 상사신뢰와 직무생산성 및 조직몰입 변수들에 관한 연구들이 일반적으로 일치되는 견해는 신뢰가 조직의 장기적인 안정성과 구성원들의 원만하고 행복한 조직생활을 보장함으로써 직무생산성과 조직몰입에 영향을 미칠 것이라는 점이다.

1) 직무생산성

어느 조직에서든 구성원 간의 신뢰가 돈독할 경우 직무생산성은 높아질 것이다. 하지만 공공조직에서 구성원들 간에 신뢰가 상실되면 보다 많은 번문욕례(red type)의 필요성이 제기되고 결국 조직효과성의 손실을 초래할 것이다. 민간조직의 구성원들보다 공공조직의 구성원들이 자신들의 조직에 대해 더 냉소적이고 불신적이라고 말하고 있다. 따라서 공공부문의 대인신뢰를 향상시키는 것이야말로 구성원들의 역기능적인 태도와 행태를 완화시키고 나아가 생산성을 향상시킨다고 한다(Kanter & Mirvis,1989).

공공부문 생산성이란 서비스 산물을 생산하기 위해 사용된 인적·물적 자원을 포함하는 모든 자원의 투입에 대한 서비스의 질적 측면이 포함된 산물이라고 한다(김인, 1996). 이러한 생산성은 대인간 신뢰를 통하여 구성원들 간의 관심과 그리고 결과에 대한 책임성을 부여한다.

Savage(1982)는 새로운 생산성을 향상하는 방법은 구성원간의 신뢰를 기초로 하고 있으며 그리고 새로운 비용 없이도 신뢰의 분위기를 조장하는 것이 생산

성 향상에 긍정적인 영향을 미친다는 것이다. 또한 구성원들이 자신들의 경험에서 축적된 모든 생각, 기술 그리고 지식을 활용할 때 생산성은 향상된다고 한다.

직무생산성 향상은 종종 문제해결의 향상으로부터 나온다. Zand(1972)도 높은 수준의 신뢰는 효과적인 문제해결에 있어 중요한 요인이라고 한다. Argyris (1964)도 신뢰는 개방성, 새로운 행태 실험 그리고 성과로 향한 피드백과 정(+)의 관계가 있다고 주장한다. 또한 신뢰는 집단문제해결과 의사결정 질에도 영향을 미친다고 한다. Peters & Waterman(1982)은 신뢰는 성공기업이 지향하는 핵심적 실마리라고 한다. Luhmann(1979)은 신뢰의 중요한 가치는 신뢰가 구성원들로 하여금 조직생활의 어려움을 완화시켜주는 것이라고 한다. Gibb(1965)도 구성원들이 부정적인 결과에 두려워하지 않고 자신들의 생각, 의견 그리고 노력을 표출하기 위해서라도 신뢰는 필요하다고 한다.

이와 같이 구성원들이 조직에 대해 가지고 있는 역기능적인 태도를 완화시키고 신뢰분위기를 조성하고 그리고 자신들이 조직을 위해 할 수 있는 기술과 지식을 활용할 때 직무생산성은 높아질 것이다. 따라서 본 연구는 다음과 같은 가설을 제기한다.

가설 4 : 상사신뢰 정도가 높을수록 직무생산성은 향상될 것이다.

2) 정서적(affective) 조직몰입

조직몰입은 조직목표와 가치를 받아들임에 있어 강력한 신념이다. 조직몰입은 조직을 위해 노력하는 의지이며 그리고 그 조직의 구성원으로서 남아있기를 원하는 소망이다. 정서적 몰입은 구성원과 조직 간 결합의 성격에 영향을 미친다. 즉, 구성원이 조직과의 일체감을 나타내며, 공공서비스에 동기부여를 증대시키는 중요한 역할을 한다. Liou & Nyhan(1984)은 정서적 몰입은 공공조직에서 몰입의 중요한 범주라고 한다. Balfour & Wechsler(1990)도 경험적 연구에서 공직과 정서적 몰입 간의 정(+)의 상관관계를 뒷받침한다. Romzek(1990)은 조직몰입은 정서적 애착(예를 들면, 공공서비스)에 기초하고 있으며 따라서 내재적 동기부여에 의해 영향을 받을 수 있다고 주장한다. 나아가 정서적 조직몰입의 증가는 공공부문 구성원들의 서비스 질을 확보하는데 필수 불가결하다고 제안한다(Romzek, 1990). 이러한 주장은 외재적 보상(예를 들면, 승진)을 제공하는 관리자의 능력이 정부에 의해 심하게 제한을 받고 국가재정의 유연성이 떨어지는 시대에 중요하다고 한다. Matthai(1989)도 특히 신뢰와 정서적 조직몰입의 관계를 평가하고 그들 간의 강력한 정(+)의 관계가 있다는 것을 확인하고(r=.74), 따라서 신뢰는 조직몰입의 예측변인이 될 수 있다고 결론을 내렸다. Pascal & Athos(1981)와 Kanter(1972) 등도 또한 신뢰와 정서적 몰입 간에는 정(+)의 관계가 있다고 한다. 하지만 Diffie-Couch(1984)에 의하면 불신은 조직몰입의 감소를 초래하며 따라서 신뢰구축을 위해서라도 상사로 하여금 구성원들에게 동기부여를 도와주는 것이 효과적인 전략이 될 수 있다고 한다.

이와 같이 높은 수준의 조직몰입은 상사신뢰를 필요로 한다. 신뢰가 없을 때는 타인의 궁극적인 의도에 대한 불확실성이 개인의 높은 몰입을 억제하기 때문에 높은 수준의 몰입을 조장하지는 못한다. 그러나 높은 신뢰는 구성원들이 완전히 몰입하게 할 확신을 제공한다. 따라서 본 연구는 다음과 같은 가설을 제기한다.

가설 5: 상사신뢰 정도가 높을수록 정서적 조직몰입은 높아질 것이다.

3. 분석모형의 준거 틀

이 연구는 상사신뢰를 통하여 의사결정의 참여와 성과의 피드백 및 개방적 의사전달의 변수들이 조직결과, 즉 직무생산성과 조직몰입에 미치는 영향력을 검증하고자 하였다. 위에서 언급한 가설 1에서 가설 5까지의 결합한 구조모형은 [그림 2]처럼 구성할 수 있다.

그림 2 연구의 분석 틀

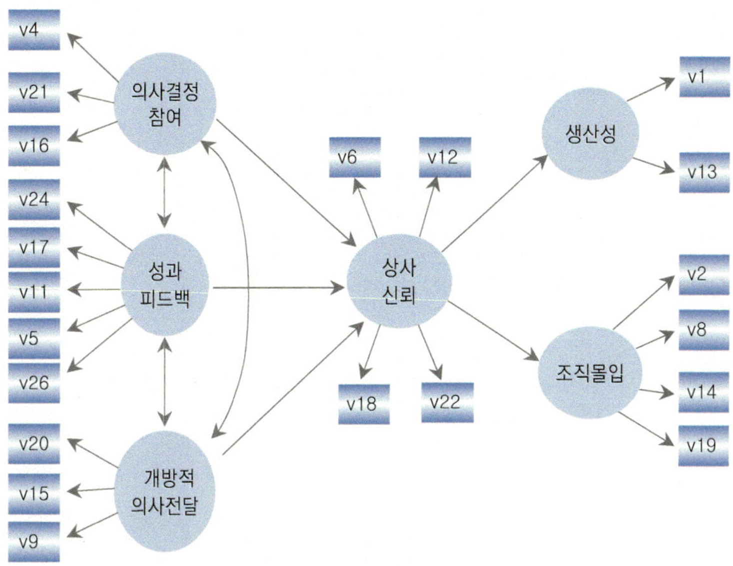

Ⅳ. 실증연구를 위한 조사 설계

1. 조사대상과 표본설계

1) 조사대상과 자료특성

본 연구에서 설정된 가설들을 경험적으로 검정하기 위해 횡단적 조사(cross-sectional study)를 실시하였다. 연구 대상자는 현재 현업에 종사하고 있는 공무원들을 대상으로 실시하였으며, 실증연구를 위한 모집단은 부산광역시청과 산하 5개의 자치구청, 경남도청 및 기장군청에 소속하는 공무원들을 표본으로 할당추출 하였다. 그리고 설문조사는 2005년 6월에 실시하였으며, 총 배포한 300부[2] 중 284부가 회수되어 94%의 회수율을 보였다. 그 회수된 설문지 중에

2) 설문지 배포지역의 총 배부수와 회수배부수를 보면 다음과 같다. 부산광역시청(50,

서 불성실한 응답을 제외한 결과 242부가 분석을 위한 자료로 활용되었다.

추출된 표본은 전체 응답자 242명 가운데 남성이 156명(64.6%)이고 여성은 86명(35.5%)으로 나타났으며, 직급별로는 7급이 89명(36.8%)으로 가장 높은 비중을 차지하였으며, 8급은 62명(25.6%), 6급은 42명(17.4%), 그리고 9급은 41명(16.9%)순으로 조사되었다.

2) 변수측정도구

본 연구의 변수를 측정하기 위한 문항은 총 24개로 5점 척도(매우 동의함=5, 매우 동의하지 않음=1)에 의해 측정되었다. 사용된 변수의 조작적 정의는 다음과 같다.

상사신뢰는 Nyhan & Marlowe(1997)에 의해 개발된 척도로부터 구성원들이 상사의 능력, 말, 위험에 대한 태도, 타인에 대한 기대로 정의해 4개의 문항으로 구성하였다. 정서적 조직몰입은 Meyer & Allen(1984)에 의해 개발된 척도를 수정 사용하였으며, 구성원들이 자신의 조직에 대해 느끼는 일체감의 정도로 정의를 내리고자 한다. 직무생산성은 조직실무자와의 논의를 통하여 조직 행태적 측면에서 업무를 처리함에 있어 작업의 업무량과 효과성 및 형평성이 제고된 것으로 정의를 하고 3개의 문항으로 구성하였다. 개방적 의사전달은 조직구성원들 간에 직무에 대해 의사전달이 자유롭고 개방적인 정도로 정의를 하였으며, 이를 위해 Ruppel & Harrington(2000)이 개발한 척도를 사용하였다. 의사결정의 참여는 의사결정에 있어 지위 및 권위 등이 배제되고 구성원이 업무설정이나 목표결정에 영향을 행사하는 것으로 정의한다. 따라서 의사결정 참여에 대한 측정을 위해 Thompson & Kahnweiler(2002)의 문항을 수정 변경하여 사용하였다. 그리고 성과의 피드백은 Harackiewicz & Manderlink(1984)의 설문문항을 변형하여 업무수행에 대한 평가가 어느 정도 긍정적으로 인식하고 있는지를 묻는 것으로 정의를 하였다.

---

47), 경남도청(50, 45), 기장군청(50, 42)이고 나머지 금정구청, 연제구청, 동래구청, 남구청, 사하구청 등은 30부를 배부하여 모두 30부를 회수하였다.

2. 분석방법

이 연구는 상사신뢰의 선행변수인 의사결정의 참여, 성과의 피드백 그리고 개방적 의사결정 변수들이 상사신뢰를 매개하여 조직결과, 즉 직무생산성과 조직몰입에 영향을 미치는지를 분석한다. 이를 위해 AMOS를 통한 구조방정식모형을 적용하였다.

연구 변인들 간의 관계 분석을 위해서는 회귀분석과 같은 다변량 분석기법을 사용할 수 있지만, 구조방정식모형을 통해 변인들 간의 관계를 규명하고자 한다. 이러한 분석방법을 선택한 이유는 관련변수들이 복수의 다항목으로 측정되어 있을 뿐만 아니라 변인들이 일련의 과정모형을 이루고 있는데, 이를 검증하기 위해서는 회귀분석, 확인적 요인분석, 경로분석 기법을 결합하고 있는(조현철, 1999: 37-39; 배병렬, 2000: 8-9) 구조방정식모형[3)](SEM)이 적절하다고 판단하였기 때문이다. 그리고 전체모형의 적합도를 알아보기 위해서는 X^2값과 기타 부합지수를 적용하였다. 분석을 위한 자료로는 공분산행렬[4)]을 사용하였다.

Ⅴ. 조사결과 및 논의

1. 연구 측정도구 분석

이 연구에서는 사용된 질문지의 측정변수들의 타당도(validity)[5)]를 검증하기

---

3) 구조모형은 측정모형과의 관계에서 이해가 가능하며, 이는 내생 잠재변수에 대한 측정모형과 외생 잠재변수에 대한 측정모형을 연결시켜주는 모형을 의미한다. 한편 측정모형은 이론(잠재)변수가 어떤 측정변수에 의해 측정되고 있는가를 나타내는 모형으로 요인분석의 과정과 유사하다. 여기서 측정변수는 설문 문항을 나타낸다. 이처럼 AMOS 분석은 표본자료에 대한 가설적 인과모형의 적합도를 평가하는 여러 가지 척도를 제공하고 있다. 구조방정식모형은 잠재변수간의 인과관계인 구조모형(structural model)과 잠재변수와 이를 측정한 지표간의 관계인 측정모형(measurement model)으로 구성된다.

4) 공분산행렬의 자료를 이용하면 상이한 연구에 대한 비교목적과 미지수 계산에 보다 안정된 값을 제공하고, 구체적인 단위를 유지하기 위한 의사전달의 효율성을 갖는다. 또한 측정단위와 관련성이 없는 경우에도 이 자료를 활용한다(김계수, 2001: 373).

5) 일반적으로 타당도는 부적절한 질문항목을 검증하는 것이다. 각 변수들의 경로계수 유의성여부를 판단하기 위한 t값들의 기각여부 기준점은 1.96($P<0.05$)보다 값이 크다(조

위해 먼저 확인요인분석(CFA)을 실시하였다. 확인요인분석 결과, 직무생산성 질문항목에서는 전체 3문항 중 2문항만이, 그리고 개방적 의사전달과 의사결정 참여 문항에서도 각각 1개 문항이 통계적으로 의미 없는 것으로 나와 그 문항은 분석의 대상에서 제외하였고, 이를 바탕으로 분석한 결과가 〈표 1〉에서 제시되어 있다.

척도의 신뢰성분석에서는 신뢰계수의 관점에서 이러한 구성개념(constructs)들은 대체로 높은 정도의 신뢰성을 나타내었다. 즉, 신뢰성계수(Cronbach α)는 측정의 내적 일관성을 나타내는 것으로 모든 값들은 바람직한 0.6을 초과하고 있다(Nunnally & Bernstein, 1995). 〈표 1〉에 따르면, 조직몰입, 직무생산성, 상사신뢰, 개방적 의사전달, 의사결정 참여 및 성과 피드백에 대한 신뢰성계수는 각각 0.824, 0.617, 0.7690, 0.8173, 0.6620, 0.7499로 나타났다. 따라서 본 연구에서 사용된 측정은 유효한 것으로 결론을 내릴 수 있다.

〈표 1〉 연구변수들에 대한 타당성 및 신뢰성 검증결과

연구변수	변수문항	요인점수(t값)	Cronbach α 계수
조직몰입	· 조직문제는 본인의 문제 · 나는 조직의 일부(reversed) · 조직근무의 보람 · 조직자랑	1.00★ 1.435(2.422) 2.721(2.703) 3.153(2.757)	0.824
직무생산성	· 조직에서 업무처리 부지런함 · 조직에서 주어진 업무처리에 최선	1.00★ 2.285(2.512)	0.617
상사신뢰	· 상사의 능력인정 · 상사의 신뢰 · 상사의 지원 · 상사에게 제안	1.00★ 1.022(8.634) 1.177(9.438) 1.055(8.552)	0.7690
개방적 의사전달	· 의사전달의 개방성 · 직무에 대한 동료대화 · 상사와의 대화	1.00★ 0.991(12.057) 1.103(12.829)	0.8173
의사결정 참여	· 과업진행에 대한 의견 · 직무협력 · 기획에 참여	1.00★ 0.939(6.731) 1.176(7.929)	0.6620

현철, 2003: 97). 이 연구결과 분석대상에 포함된 값들은 기각여부 기준점인 1.96($t > 1.96$, $p < 0.05$)을 초과한 것으로 나타났다.

연구변수	변수문항	요인점수(t값)	Cronbach α 계수
성과 피드백	· 직무 관련정보제공 · 상사에게 정보제공 · 상사의 성과인정 · 상사의 공정성평가 · 상사에게 직무변화의 설명	1.00★ 2.031(7.147) 1.554(6.432) 1.938(6.694) 1.409(5.469)	0.7499

주) ★: 모수추정과정에서 1로 고정시킨 항목

2. 연구모형 적합도 평가 및 모형 재구성

이 연구모형이 표본의 데이터와 부합되고 있는지를 파악하기 위한 방법으로, 일반적으로 많이 사용되는 적합도 기준으로는 카이자승(X^2), 기초부합치(GFI), 조정부합치(AGFI), 원소간평균차이(RMR) 등이 있다. 따라서 주된 이들 기준을 가지고 모형의 적합도를 검정하도록 한다.

이 연구의 기초모형(null model)에 대하여 전체를 대상으로 검정한 결과, X^2=444.856, df=181, X^2에 대한 p값은 0.000으로 카이자승값과 자유도 p값만 볼 때, 유의적인 값이 되어 연구모형과 분석자료가 적합하다고 할 수 없다. 그러나 카이자승 통계량이 매우 크고 그 확률값(p=0.000)이 매우 작아 유의한 차이가 존재하여 가설을 기각한다고 하더라도 실제로 분석모형이 현실을 제대로 반영하는 적합도가 좋은 모형일 가능성이 있기 때문에 카이제곱통계량에만 의존하여 모형의 적합도를 평가하는 것은 바람직하지 않다(조선배, 2000 :103-104). 그러므로 다른 부합지수를 같이 고려하여 분석모형을 수용할 수 있는지에 대한 결론을 내려야 할 것이다. 그리고 이 모형의 재구성을 위하여 연구 분석에서 나타나는 몇몇 모수의 수정지수(modification index: MI) 기준치 가운데, MI지수가 4 이상인 값 중에서 그 값이 큰 순서에 따라 반복적으로 모수를 자유화시키는 수정을 통하여 모형의 적합도를 개선시켜 나감으로써 최종수정 모형이 도출되었다.

따라서 이 연구의 최종수정모형의 결과 X^2=164.255, df=140, p값은 0.079으로 나타나 이 최종수정모형은 자료에 적합하다고 볼 수 있다. 그리고 최종수정모형에 따른 부합지수를 살펴보면, GFI(기초부합지수)나 AGFI(조정부합지수)가 거의 1에 가깝고 RMR(원소간평균차이) 또한 0.026으로 요구 기준치(0.05보다 작으면)

에 부합한 것으로 조사되었다. 그러므로 여러 가지 적합지수를 고려해 보면, 이 연구의 최종수정모형은 적합한 것으로 볼 수 있다. 〈표 2〉는 최종수정모형의 적합도 지수의 분석결과이다.

〈표 2〉 최종수정모형의 적합도 지수

모형	X^2	df	p값	GFI	AGFI	RMR
기초모형	444.856	181	0.000	0.861	0.822	0.040
제안모형	187.205	142	0.007	0.935	0.894	0.028
최종모형	164.255	140	0.079	0.943	0.905	0.026

3. 분석결과의 해석과 논의

이 연구에서 구조방정식모형을 활용하기 위해 사용된 변수들 간의 추정된 표준화된 경로계수와 관련하여 몇 가지 의미 있는 분석결과들이 〈표 3〉에 제시되어 있다.

첫째, 구성원들의 의사결정 참여가 상사신뢰에 영향을 미친다는 가설을 분석한 결과 연구가설과 관련된 모수의 추정치는 0.781(t값=2.116, $p<0.034$)로 통계적으로 유의미한 결과가 나와 연구가설 1은 지지되었다. 즉, 구성원들의 조직에 의사결정의 참여가 높을수록 상사신뢰에 영향을 미치는 것으로 나타났다.

그림 3 상사신뢰를 매개로한 직무생산성과 조직몰입의 구조모형

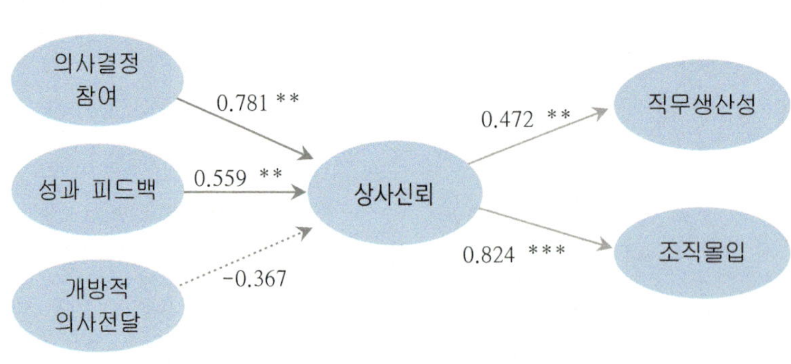

둘째, 구성원들의 성과에 대한 피드백이 상사신뢰에 영향을 미친다는 가설을 분석한 결과 연구가설과 관련된 모수의 추정치는 0.559(t값=2.248, $p<0.025$)로 통계적으로 유의미한 결과가 나와 연구가설 2가 지지되었다. 즉, 구성원들의 성과에 대한 피드백이 활성화 될수록 상사신뢰를 높이는 것으로 나타났다.

셋째, 구성원들 간의 개방적 의사전달이 상사신뢰에 영향을 미친다는 가설을 분석한 결과 연구가설과 관련된 모수의 추정치는 -0.367(t값=-1.261, $p>0.208$)로 통계적으로 유의미한 결과가 나오지 않아 연구가설 3은 기각되었다. 즉, 구성원들 간의 의사전달의 개방성이 높을수록 상사신뢰에는 영향을 미치지 않는 것으로 나타났다.

〈표 3〉 상사신뢰를 매개로한 직무생산성과 조직몰입의 영향효과

영향관계	표준화추정치	표준편차	t값	p값	비표준화추정치	비고
신뢰 ← 참여	0.781	0.386	2.116	0.034	0.816	**지지**
신뢰 ← 피드백	0.559	0.422	2.248	0.025	0.947	**지지**
신뢰 ← 의사전달	−0.367	0.237	−1.261	0.208	−0.299	기각
생산성 ← 신뢰	0.472	0.129	2.373	0.018	0.306	**지지**
조직몰입 ← 신뢰	0.824	0.122	2.715	0.007	0.332	**지지**

넷째, 상사신뢰가 직무생산성에 영향을 미친다는 가설을 분석한 결과 연구가설과 관련된 모수의 추정치는 0.472(t값=2.373, $p<0.018$)로 통계적으로 유의미한 결과가 나와 연구가설 4는 지지되었다. 즉, 구성원들 간의 상사신뢰가 높을수록 직무생산성에 영향을 미치는 것으로 나타났다.

마지막으로 상사신뢰가 조직몰입에 영향을 미친다는 가설을 분석한 결과 연구가설과 관련된 모수의 추정치는 0.824(t값=2.715, $p<0.007$)로 통계적으로 유의미한 결과가 나와 연구가설 5는 지지되었다. 즉, 구성원들 간의 상사신뢰가 높을수록 조직몰입을 높이는 것으로 나타났다.

이와 같이 연구의 분석결과 상사신뢰에 영향을 미치는 선행변수로는 의사결정의 참여변수와 성과의 피드백 변수로 나타났다. 그리고 상사신뢰에 영향을 미치는 결정요인들 중에서도 상대적으로 성과의 피드백보다는 의사결정의 참여($\beta=0.781$)가 상대적으로 상사신뢰를 높이는 것으로 판명되었으며, 성과의 피

드백 변수도 $p < 0.025$수준에서 정(+)의 효과가 있는 것으로 나타나 긍정적인 성과피드백 역시 상사신뢰의 중요성을 지각시키는데 긍정적인 영향을 미치는 것으로 조사되었다. 그러나 개방적 의사전달은 상사신뢰에 영향을 미치지 못한 것으로 조사되었다. 이는 조직 내의 의사전달이 표준화되어 있거나 형식적인 의사전달의 과정이나 경로들은 통상적인 조직운영 양식이기 때문에 상사신뢰를 높이지 못하는 것으로 판단된다. 그리고 매개변수인 상사신뢰도 직무생산성과 조직몰입에도 긍정적인 영향을 미치는 것으로 나타났다. 특히 상사신뢰가 높이 형성될수록 조직몰입은 크게 향상되는 것으로 나타났다(β=0.824). 한편 [그림 3]의 전체적인 구조모형의 경로를 바탕으로 직무생산성과 조직몰입으로 이어지는 영향을 더욱 구체적으로 살펴보기 위한 직접효과, 간접효과 및 총 효과를 구한 결과는 〈표 4〉와 같다.

〈표 4〉 직무생산성과 조직몰입에 대한 직접 · 간접 · 총 효과

구분	영향	의사결정 참여	성과 피드백	개방적 의사전달	상사신뢰
직무생산성	직접효과	-	-	-	0.472
	간접효과	0.368	0.264	-0.173	-
	총효과	0.368	0.264	-0.173	0.472
조직몰입	직접효과	-	-	-	0.824
	간접효과	0.644	0.461	-0.302	-
	총효과	0.644	0.461	-0.302	0.824

〈표 4〉에서 나타난 결과 직무생산성에 가장 많은 영향을 미치는 요인은 상사신뢰이고 다음으로 의사결정의 참여, 성과의 피드백 순으로 나타났다. 그리고 조직몰입에 가장 많은 영향을 미치는 요인으로도 상사신뢰였으며 그 다음으로 의사결정 참여 및 성과 피드백 순으로 나타났다. 이러한 결과는 상사신뢰를 매개하여 직무생산성과 조직몰입에 영향을 미치는 외생변수들의 간접효과보다도 상사신뢰라는 직접적인 영향력이 상대적으로 더욱 크다는 것을 의미하는 것이다. 특히 상사신뢰는 직무생산성에 비해 조직몰입에 약 2배의 강한 영향력을 미치는 것으로 조사되었다. 반면 외생변인 중에서 개방적 의사전달은 통계적으로 유의미하지 않은 것으로 조사되었다.

Ⅵ. 결론과 함의

이 연구의 주요 목적은 상사에 대한 신뢰에 영향을 미치는 주요한 선행요인들(의사결정의 참여, 성과의 피드백 그리고 개방적 의사전달)이 상사신뢰를 매개하여 직무생산성과 조직몰입에 미치는 영향력을 실증적으로 검증하는데 있다. 구조방정식 모형을 통하여 문헌에 기반을 둔 개념적 모형을 검증한 결과는 다음과 같은 시사점을 던져주고 있다.

매개변수의 영향경로를 살펴보면 의사결정의 참여와 성과의 피드백 변수만이 부분적으로 상사신뢰를 매개로 직무생산성과 조직몰입에 영향을 미치는 것으로 나타났다. 즉, 의사결정의 참여와 성과의 피드백은 부분적으로 상사신뢰에 대한 지각을 높임으로써 직무생산성과 조직몰입에 기여하고 있는 것으로 조사되었다. 다시 말하면 의사결정의 참여와 성과의 피드백은 상사신뢰를 고취시키는 과정을 통해 직무생산성과 조직몰입에 공헌하고 있다는 것을 알 수 있다. 이것은 Higginson & Waxler(1989) 등이 행정조직의 결과를 고취시키기 위해서는 신뢰문화의 개발, 참여적 의사결정의 강조 및 성과의 피드백을 강조한 것을 뒷받침한다. 그러나 개방적 의사전달은 상사신뢰에 영향을 미치지 못한 것으로 나타났다. 이것은 조직구성원들이 조직결과를 달성하기 위해 공식적 또는 형식적으로 자유스럽고 개방적인 분위기에서 주고받는 일상적인 직무대화는 상사신뢰를 높이는데 크게 기여를 하지 못한 것으로 판단되며, 또한 상이한 집단의 구성원들을 분석의 대상으로 삼음으로써 각 집단의 구성원들이 속해 있는 조직의 행정문화가 다름으로 인하여 통계적으로 영향력이 없는 것으로 판단된다.

신뢰란 행정조직에서 대인간 행태의 모든 변수들 중에서 가장 영향력이 있다고 한다(Golembiewski & McConkie, 1975). 그렇다면 신뢰란 성공적인 협력관계를 위한 전제조건인가? 아니면 오히려 구성원들 간의 성공적인 협력의 결과인가? 신뢰란 어떤 일의 결과로 생겨난 것이지만(배진아, 2004), 신뢰란 하나의 전제조건이며 구성원 스스로가 결정할 문제인 것이다. 구성원들이 상사에게 신뢰를 보냄으로써 신뢰를 받는 상사에게 강력한 책임감을 느끼게 할 수 있다. 따라서 신뢰는 논리적으로 보아 신뢰의 전제가 되는 바로 그런 행동을 하도록 만드는 것이다. 상대방이 나를 신뢰할 것인지의 여부는 전적으로 상대방 마음에 달려 있다. 상대방이 나를 신뢰하지 않거나 구조적인 조건들이 부정적인 영향을 미친다면 신뢰에 기초한 상호작용은 불가능하다. 근본적으로 신뢰란 한쪽이 원한다고 생기는 것은 아니다. 파트너 두 사람 모두가 서로 간에 신뢰를 입증했을 때 비로소 신뢰가 생긴다. 또는 그럼에도 불구하고 생기지 않을 수도 있다.

상사신뢰에 기반을 둔 행정조직은 또 다른 관리적 도전, 즉 문화다양성의 증대와 고객기대 충족에도 대처하게 된다. 행정조직에서의 동기부여는 개인의 기대감의 안정에 좌우되며 그러한 안정 속에서 조직의 자신의 목표를 추구하는 사명에 몰입하게 된다. 이러한 안정은 정치적 리더십의 변화에 의해 부정적인 영향을 받을지도 모르나, 그러한 영향력은 변화하려는 환경에 적응하려는 조직에서의 대인 신뢰 또는 확신에 의해 완화될 수도 있다. 따라서 대인 신뢰는 문화적 차이를 흡수할 수 있으며 협력의 장애물을 감소시킬 수도 있을 것이다. 따라서 성공적인 행정조직이라면 고객의 요구에 재빨리 대처할 수 있어야만 한다.

행정조직에서 신뢰를 증대시키는 것이 반드시 쉬운 과업에만 있는 것은 아니다. 구성원에 대한 의사결정의 참여를 확대하고 성과의 피드백을 제공하는 것은 많은 상사들에게는 어려운 변화일 것이다. 그렇지만 이 연구에서 의사결정의 참여는 대인 신뢰(β=0.781, $p<0.034$)의 선행변수들 중에서 가장 영향력이 크다는 사실이 밝혀졌다. 또한 이 연구에서 주장하고자 하는 것은 상사신뢰를 구축하는 것이 구성원의 직무생산성을 증대시키며 그리고 조직몰입을 강화시킬 수 있다는 것이다. 특히 이 연구에서도 상사신뢰가 조직몰입에 강한 영향력을 미치는 것으로 나타났다(β=0.824, $p<0.007$). 이러한 발견은 신뢰는 조직몰입의 예측변수라는 Matthai(1989)의 주장을 뒷받침한다.

그러므로 조직의 경쟁력을 높이고 조직에 대해 구성원들 근무의 보람을 느끼고 또한 구성원들 각자가 맡은 바 하고 있는 직무의 생산성을 효율적으로 높이기 위해서는 조직구성원들이 "이 조직은 나의 조직이다"라는 주인의식을 갖고 각자 맡은 일을 자율적으로 그리고 책임감 있게 처리해 가는 분위기 형성이 가장 중요하다고 본다. 그리고 이런 분위기가 형성된 조직문화는 구성원들에 대한 조직의 신뢰, 조직에 대한 구성원의 신뢰가 밑바탕이 되어야 생성될 수 있음은 두말할 나위가 없을 것이다. 따라서 일관성 있고 예측 가능한 구성원의 행태가 신뢰구축을 위한 필수적인 조건일 것이다,

그러나 본 연구의 한계는 다음과 같은 점을 들 수 있다. 첫째, 직무생산성을 측정하는 도구의 타당성에 문제점이 있을 수 있다는 것이다. 즉, 직무생산성은

상당히 애매한 개념으로 경험적 측정이 어려운 개념 중 하나로 이의 측정을 위해 실무자와의 논의를 통해 설문문항이 작성되었다는 점이다. 둘째, 이 연구의 외생변수들이 조직결과에 직접적으로 영향을 미치는 연구를 못한 점이 한계이며 차후 이를 보완할 수 있는 연구의 필요성이 제기된다. 셋째, 제약된 환경 속에서 이루어졌기 때문에 분석결과의 해석과 일반화에 한계가 있을 수 있다. 먼저, 부산과 경남이라는 특정 지역의 조직구성원들을 대상으로 조사가 진행되었다는 점에서 외적타당성의 문제를 지닌다. 이 연구는 횡단면적 연구로서, 시계열적 자료를 통해서도 인과관계 검증의 일반화가 가능하다는 점에서 한계가 있다. 그러나 이는 연구결과를 왜곡시키는 등의 근본적인 문제가 있는 것은 아니다. 보다 나은 통제변수와 시계열 분석이 이루어진다면 횡단적인 연구와 비교하여 그 분석 결과에 높은 신뢰성을 제공할 수 있을 것이다. 그리고 상사신뢰에 영향을 미치는 영향력을 조사하기 위해서 제한된 일련의 변수들에 초점을 맞추었지만, 그러나 이 연구모형의 외생변수들의 중요한 역할들도 또한 배제할 수 없을 것이다.

따라서 향후 연구에서는 본 연구에서 고려된 문제들이 실험적 환경에서 또한 조사되어야 할 것이며 상사신뢰를 통하여 조직결과에 영향을 미치는 보다 나은 모형을 개발하기 위한 맥락과 관련될 수 있는 또 다른 변수들도 고려한다면 훨씬 정교한 모형구축이 가능할 것으로 판단된다.

설 문 지

안녕하십니까? 바쁘신 중에서도 본 조사에 도움을 주셔서 깊이 감사드립니다.

본 설문지는 "**공공조직 종사자의 직무스트레스가 직무만족에 미치는 영향**"이라는 연구를 수행하기 위해 작성된 것입니다. 본 설문에 응하는 귀하의 개인적 사항이나 설문내용과 관련되는 모든 사항은 절대 비밀이 보장됨은 물론이고 무기명으로 처리됨을 알려드립니다. 아울러 조사된 자료는 통계법에 따라 순수 학문 연구 목적으로만 사용됨을 알려드립니다.

본 설문의 응답은 옳고 그름의 정답을 요구하는 것이 아니라 귀하께서 생각하시는 대로 응답해주시면 되시고, 귀하의 정성어린 응답이 본 연구에 매우 귀중한 자료가 됩니다. 한 문항도 빠짐없이 성의껏 그리고 진솔하게 응답해 주시면 감사하겠습니다.

2×××년 ×월

××대학교 행정학과 ××× 올림

Ⅰ. 다음 문항들은 **업무(일)에 관련된 것**들입니다. 각 문항에 동의하는 수준에 따라 해당 란에 체크(✔)표시를 해주시기 바랍니다.

	문 항	전혀 그렇지 않다	그렇지 않다	보통 이다	대체로 그렇다	매우 그렇다
1	나는 업무수행시 업무(일)수행을 위한 권한이 명확하지 않는 경우가 있다.	1	2	3	4	5
2	나는 업무수행시 처리해야 할 업무(일)가 명확하지 않은 경우가 있다.	1	2	3	4	5
3	나는 업무수행시 업무수행을 위한 책임이 명확하지 않는 경우가 있다.	1	2	3	4	5
4	나의 업무는 직무에 대한 기술서가 없다.	1	2	3	4	5
5	나는 애매한 지시나 명령 아래서 업무를 하는 경우가 있다.	1	2	3	4	5
6	나는 상대적으로 많은 업무를 처리한다.	1	2	3	4	5

7	나는 가끔 한사람이 하기에는 너무 많은 일을 하고 있는 것 같다.	1	2	3	4	5
8	나는 업무수행에 과중한 부담감을 느끼고 있다.	1	2	3	4	5
9	나의 업무는 일처리가 매우 힘들다.	1	2	3	4	5
10	나의 업무는 일처리가 매우 빠르게 요구된다.	1	2	3	4	5
11	나는 상황변화에 따라 내용이 다른 업무를 수행한다.	1	2	3	4	5
12	나는 업무수행을 위해 규정이나 방침을 어겨야 하는 경우가 있다.	1	2	3	4	5
13	나는 둘 이상의 상사나 동료로부터 상반된 업무상의 요청을 받을 때가 있다.	1	2	3	4	5
14	내가 하고 있는 업무가 조직에서 불필요한 일이라고 생각한 적이 있다.	1	2	3	4	5

II. 다음 문항들은 **직무만족 관련된 것**들입니다. 각 문항에 동의하는 수준에 따라 해당란에 체크(✔)표시를 해주시기 바랍니다.

	문 항	전혀 그렇지 않다	그렇지 않다	보통이다	대체로 그렇다	매우 그렇다
15	나는 우리 조직의 근무에 자부심을 느낀다.	1	2	3	4	5
16	나는 나의 업무에 만족을 느낀다.	1	2	3	4	5
17	나는 현 업무 수행에 성취감을 느낀다.	1	2	3	4	5
18	나는 나의 업무에 즐거움을 느낀다.	1	2	3	4	5
19	나는 나의 업무에 흥미를 느낀다.	1	2	3	4	5

※ 다음은 귀하의 **일반적인 사항**입니다. 해당란에 체크(✔)표시 또는 숫자를 기입 해주시기 바랍니다.

1. 귀하의 성별 : ①남( ) ②여( )
2. 귀하의 연령 : 만 ( )세
3. 귀하의 직급 :
   ① 9급( ) ② 8급( ) ③ 7급( ) ④ 6급( ) ⑤ 5급( )
   ⑥ 4급( ) ⑦ 3급( ) ⑧ 2급( )
4. 귀하의 종교 : ① 기독교( ) ② 불교( ) ③ 카톨릭( )
   ④ 원불교( ) ⑤ 없음( )
5. 귀하의 근무기간 : ( )년

참고문헌

[국내문헌]

강병서 외1, 연구조사방법론, 무역경영사, 2005.
강신택, 사회과학연구의 논리(개정판), 박영사, 2000.
———, 행정학의 논리, 박영사, 2002.
김경동 외1, 사회조사연구방법, 박영사, 1989.
김광웅, 방법론강의, 박영사, 1996.
———, 사회과학연구방법론, 박영사, 1989.
김광주 외5, 조사방방법론 강의, 삼영사, 2004.
김기덕 외5, 사회복지조사방법론, 박학사, 2008.
김두섭, 사회과학을 위한 회귀문석, 법문사, 1993.
김범종, 사회과학연구조사 방법론과 워크북, 석정, 1988.
김병진, 현대사회과학 조사방법론, 삼영사, 1991.
김찬경 외2, 조사방법론, 경희대학교, 1999.
김해동, 조사방법론, 법문사, 1991.
김해동 외4, 사회과학방법론, 한국방송통신대학, 1983.
김호정, 사회과학통계분석, 삼영사, 1998.
남궁근, 행정조사방법론, 법문사, 2005.
노화준, 정책평가론, 법문사, 2001.
문수백, 구조방정식 모델링의 이해와 적용, 학지사, 2009.
박동균, 사회조사방법론, 홍익출판사, 1998.
박석희, 관광조사연구기법, 일신사, 2000.
박용치, 현대사회과학방법론, 고려원, 1989.
박용치 외2, 조사방법론, 대영문화사, 2009.
소영일, 연구조사방법론, 박영사, 1994.
손영석 외1, 체계적인 설문 디자인, 비엔엠북스, 2008
신민철, 사회연구방법의 기초, 창민사, 2007.
안광호 외1, 사회과학조사방법론, 학현사, 2004.
안성수 외1, 사회행태과학을 위한 구조방정식 모델링 분석, 삼영사, 2009.
양정하 외6, 사회복지조사방법론, 학현사, 2006.

오택섭, 사회과학 데이타분석법, 나남, 2003.
이관우, 조사분석방법론, 형설출판사, 1990.
이군희, 사회과학연구방법론, 법문사, 2001.
이만갑, 사회조사방법론, 진명출판사, 1972.
이순묵, 공분산구조분석, 성원사, 1990.
이종환, 조사방법 및 통계분석의 이해와 적용, 공동체, 2008.
이준영, 조사방법론, 대영문화사, 2004.
이훈영, 연구조사방법론, 청람, 2008.
채서일, 사회과학 조사방법론, 제2판, 학현사, 2001.
한승준, 조사방법의 이해와 SPSS활용, 대영문화사, 2006.
홍두승, 사회조사분석, 다산출판사, 2000.
홍성렬, 연구방법론, 시그마프레스, 2001.

[외국문헌]

Babbie, Earl R., *The Practice of Social Research, 9th ed.,* Belmont, California: Wadsworth Publishing Co., 2001.

Baker, Therese L., *Doing Social Research, 3rd ed.,* New York: McGraw Hill, 1999.

Belenky, M.F. et. al., *Wonen's Way of Knowing: The Development of Self, Voice and Mind,* New York: Basic Books, 1986.

Blalock, Hubert M. Jr., *Social Statistics, revised 2nd ed.,* Singapore: McGraw Hill International Editions, 1988.

Campbell, Donald T. & J. C. Stanley, *Experimental and Quasi Experimental Designs for Research,* Boston: Houghton Mifflin Company, 1966.

Caplan, N., A. Morrison and R. J. Stambaugh, *The Use of Social Science Knowledge in Policy Decisions, Ann Arbor,* MI: Institute for Social Research, University of Michigan, 1975.

Dooley, D. *Social Research Methods, 4th edition,* NJ: Prentice-Hall. 2001.

Dunn, William N., *Public Policy Analysis: An Introduction, 2nd edition,* Englewood Cliffs, New Jersey: Prentice Hall, 1994.

Fetterman, D. M.(eds.), *Qualitative Approaches to Evaluation in Education,* New York: Praeger, 1988.

Goode, William J. and Paul K. Hatt, *Methods in Social Research, Singapore:* McGraw Hill International Editions, 1981.

Graziano, A.M. & M.L. Raulin, *Research Methods: A Process of Inquiry 4th edition.* Boston: Allyn & Bacon, 2000.

Heidenheimer, Arnold J. and Hugh Heclo Carolyn Teich Adams, *Comparative Public Policy: The Politics of Social Choice in Europe and America, 3rd edition,* New York: St. Martins Press, 1993.

Henderson, David K., *Interpretation and Explanation in the Human Sciences,* New York: State University of New York Press, 1993.

Henry, Nicholas, *Public Administration & Public Affairs,* fifth edition, Englewood Cliffs, N J: Prentice Hall, 1992.

Johnson, Gail, *Research Methods for Public Administrators,* Westport, CT: Quorum Books, 2002.

Kerlinger, Fred N., *Foundations of Behavioral Research, 4th ed.,* New York: CBS College Publishing, 1999.

Kuhn, Thomas, *The Structure of Scientific Revolution,* Chicago: The University of Chicago Press, 1970.

LeCompte, M. D., W. L. Millroy & J. Preissle (eds.), *The Handbook of Qualitative Research in Education,* New York: Academic Press, 1992.

Light, Richard J.and David B. Pillemer, *Summing Up: The Science of Reviewing Research,* Cambridge, Mass.: Harvard University Press, 1984.

Likert, R. 1982. A techinque for the measurement of attitude, Archive of Psychology 21.

McCool, David C., *Public Policy Theories, Models, and Concepts:* An Anthology, Englewood Cliffs, N J: Prentice Hall, 1995.

Miller, Delbert C. & N. J. Salkind (eds.), *Handbook of Research Design and Social Measurement, 6th edition,* Sage Publications, 2002.

Nachmias, David (ed.), *The Practice of Policy Evaluation,* New York: St. Martin's Press, 1980.

Nachmias, David and Chava Nachmias, *Research Methods in the Social Sciences, 6th ed.,* New York: St. Martin's Press, 1999.

Neuman, W. L. *Social Research Methods: Qualitative and Quantitative Approaches, 4th edition* MA: Allyn & Bacon, 2000.

O'Sullivan, Elizabethan and Gray R. Rassel, *Research Methods for Public Administrators, 4th ed,* Addison-Weseley, 2002.

Popper, Karl, *The Logic of Scientific Discovery,* New York: Basic Books, 1959.

Przeworski, Adam and Henry Teune, *The Logic of Comparative Social Inquiry,* N. York: Wiley, 1970.

Rudner, Richard S., *Philosophy of Social Science,* Englewood Cliffs, NJ: Prentice Hall Inc., 1966.

Wallace, David L., A case for and against Mail Questionnaire, Public Opinion Quarterly, 18, 1954.

Wallace, W. Logic of Science in Sociology, 1971, Aldine-Atherton.

Warwick, D. P., & Linger, C. A., The sample survey, New York, N. Y: McGraw-Hill.

찾아보기

저자약력

金 錫 龍

고려대학교 대학원(행정학박사)
부산대학교 지방행정연구센터 연구원

[주요 저서]

〈통계학과 SPSS활용〉, 경영과 컴퓨터, 2001.
〈공개형 해운전자시장 활성화방안〉, 한국학술정보 2006.
〈사회행태과학을 위한 구조방정식 모델링 분석〉, 삼영사, 2009.

Intro 조사 연구방법론[제3판]

2010년 3월 10일 제1판 1쇄 발행
2012년 3월 10일 제2판 1쇄 발행
2018년 2월 20일 제3판 1쇄 인쇄
2018년 3월 5일 제3판 1쇄 발행

저 자 김 석 용
발행인 김 광 식
조 판 아 람 기 획

07285
발행처 서울특별시 영등포구 선유로3길 10, 617호
도서출판 **탑 북 스**
등 록 2009.12.21 제 2016-000101 호
전 화 02)365-2223 팩 스 02)365-2224

정가 18,000원

ISBN 979-11-87343-73-8-93350